海洋渔业资源资产化管理

——制度透视与效率考量

Marine Fisheries Resource Capitalization Management
—System Perspective and Efficiency Measurement

秦　曼/著

经济管理出版社
ECONOMY & MANAGEMENT PUBLISHING HOUSE

图书在版编目（CIP）数据

海洋渔业资源资产化管理——制度透视与效率考量/秦曼著．—北京：经济管理出版社，2017.8

ISBN 978-7-5096-5302-9

Ⅰ．①海… Ⅱ．①秦… Ⅲ．①海洋渔业—水产资源—资产化管理—研究—中国 Ⅳ．①F326.4

中国版本图书馆 CIP 数据核字(2017)第 202629 号

组稿编辑：杜　菲
责任编辑：杜　菲
责任印制：黄章平
责任校对：赵天宇

出版发行：经济管理出版社
（北京市海淀区北蜂窝 8 号中雅大厦 A 座 11 层　100038）
网　　址：www.E-mp.com.cn
电　　话：(010) 51915602
印　　刷：北京玺诚印务有限公司
经　　销：新华书店
开　　本：720mm×1000mm/16
印　　张：14.5
字　　数：295 千字
版　　次：2017 年 8 月第 1 版　2017 年 8 月第 1 次印刷
书　　号：ISBN 978-7-5096-5302-9
定　　价：78.00 元

总　序

由中国海洋大学管理学院工商管理系“100 工程”（百万学术支持工程）支持，凝结着我们这个默默无闻的学术群体的集体智慧和辛勤汗水，承载着我们志存高远的学术理想和不懈追求的《工商管理系列专著》终于面世了，我的心被欣慰所充满，被感动所融化，一种自豪的情怀油然而生……

中国海洋大学管理学院工商管理系成立于 2001 年 11 月。在十几年的发展中，我们立足本学科领域的研究，确立科研重点，打造学术团队，凝练主攻方向，整合优势资源，采取了一系列的科研推动措施。在 2011 年十年系庆之际，我们启动了“100 工程”，同时规划了《工商管理系列专著》的出版事宜，系列专著的出版是“100 工程”的重要组成部分。如今，《工商管理系列专著》的面世，正是我们十多年以来重视学科建设、鼓励学术自由探索、支持创新性学术研究的体现，也是我们抒发学术感思夙愿的实现。

《工商管理系列专著》由中国海洋大学管理学院工商管理系的创收经费资助出版，充分体现了我们对于学科建设和学术研究的高度重视，可谓全系同仁学术道路上的一个里程碑。《工商管理系列专著》承担着记载与积累学术成果、弘扬和传承科研传统的使命，凝结了集体的智慧和力量。系列专著从不同侧面对管理理论和实践问题进行深入研究与探讨，提出具有前瞻性和战略性的学术思想与观点，颇具理论和实践价值。

作为高校中最基层的学术团队，我们求真务实，协作创新，执着追求，永不言败。我们深深懂得：追求学术的过程是艰辛而坎坷的，既是我们在学术的道路上不断进步的过程，也是我们久耐学术寂寞，稳坐“冷板凳”，坚持探索学术真谛的过程。我们肯定不是最优秀的，但我们一定是最努力的；我们肯定不是最成功的，但我们一定是最执着的。我们要用饱含生命智慧和心血的研究成果，默默地为丰富我国管理理论而添砖加瓦，为拓展我国管理实践而增光添彩。

出版《工商管理系列专著》的初衷有三：第一，进一步推进既定研究方向的科研活动深入开展，对科研活动做出阶段性的总结；第二，向管理理论和实践研究领域注入我们的学术思想，向学术界发出我们——这个最基层学术团队的微弱的呐喊，以示我们对学术的那一份追求和对世事浮躁的那一份淡定；第三，向社会各界求教，与同行学者共勉。

《工商管理系列专著》的主要特点有三：第一，作者理论基础深厚。系列专著的作者长期从事工商管理专业的科研和教学工作，具有较为深厚的理论基础。第二，研究具有前沿性。每一位作者都立足自己长期坚持的研究方向，对其最前沿的管理理论和实践问题进行思考和探索。第三，系列专著用途广泛。既可以用作管理理论研究的参考用书，也可以用作管理实践探讨的参考用书，还可以用作相关专业人士的学习参考用书。

我们自知才疏学浅，见识有限，恳请社会各界、同行学者对我们的浅薄之见不吝赐教。限于作者水平，系列专著的缺点和不足在所难免，敬请广大读者批评指正。

深情写来，是为序。

中国海洋大学管理学院工商管理系主任

王淼

于2014年秋

目 录

第一章　导论

第一节　选题背景与问题提出

长久以来，人们习惯认为自然资源取之不尽，用之不竭，因而对其实行资产化管理认识不足，但随着经济社会的不断发展，特别是工业化进程的加快，人类对自然资源的无序开发利用越来越严重，自然资源也变得越来越稀缺。17 世纪，一些经济学家开始思考自然资源的价值问题，即其经济属性，由此产生了资源资产化的理念。此后资源资产化研究方兴未艾，并逐渐发展为一门经济学科。我国海洋渔业资源资产化研究也正是基于自然资源价值问题的考虑而逐渐产生发展起来的。

一、海洋渔业发展背景

（一）海洋渔业资源衰竭已成为全球性问题

海洋蕴藏着丰富的资源。海洋渔业资源是保障沿海各国粮食安全、经济社会发展及人民福祉的重要资源，为人类的生存与发展做出了巨大贡献。

首先，海洋渔业资源是重要的食物来源。以鱼为例，富含的营养成分如微量营养素、矿物质、必要脂肪酸和丰富蛋白，是对饮食中所缺乏的维生素和矿物质的有益补充。鱼为 26 亿人口提供了至少 20% 的人均动物蛋白摄入量；50 年来，食用水产品的全球供应量增速已超过人口增速，1961 ~ 2013 年年均增幅为 3.2%，比人口增速高 1 倍，从而提高了人均占有量。世界人均表观水产品消费量已从 20 世纪 60 年代的 9.9 公斤增加到 90 年代的 14.4 公斤，再提高到 2013 年的19.7公斤，2014年和2015年已进一步提高到20公斤以上。其次，海洋渔业解决大量人口就业。据估计，2014年共有5660万人在捕捞渔业和水产养殖业初级部门就业，其中36%为全职就业。在经历了较长时间的上升趋势后，就业人数自2010年以来一直保持相对稳定，而在水产养殖就业的人数比例则从1990年的17%上升为2014年的33%。2014年全球在渔业和水产养殖就业的人口中，84%位于亚洲，随后是非洲（10%）和拉丁美洲及加勒比地区（4%）。在从事水产养殖活动的1800万人中，94%位于亚洲。2014年，女性在直接从事初级生产的人数中占19%，但如果将二级产业（如加工、贸易）考虑在内，女性在劳动力总量中则约占半数。最后，海洋渔业对经济的影响日益增大。水产品作为世界食品贸易中最大宗商品之一，约78%参与国际贸易竞争。对很多国家和无数沿海沿河地区而言，水产品出口是经济命脉，在一些岛国可占商品贸易总值的40%以上，占全球农产品出口总值的9%以上，占全球商品贸易总值的1%。近几十年来，在水产品产量增长和需求增加的推动下，水产品贸易量已大幅增长，而渔业部门也面临着一个不断一体化的全球环境①。

而在渔业创造就业机会、供应食物、推动经济增长与发展以及粮食与营养安全的同时，渔业发展却面临渔业资源质量下降、部分种群濒于灭绝的困境。世界渔业中心（WFC）2005年警告说，如果再不减少捕捞量，全球可能面临鱼类资源过度消耗的危机。根据联合国粮农组织调查，只有3%的海洋渔业资源处于未开发状态，21%的渔业资源可以少量提高捕捞努力量，而52%的资源目前处于充分开发状态，16%的资源处于过度开发状态，7%的资源遭到完全破坏，仅有1%的资源从衰竭状态开始恢复。2006年联合国环境规划署发布的《联合国环境规划署全球环境展望2007年度报告》中指出，由于各国对海产品等水产资源的需求不断增长，如不采取有效保护措施，全球可供商业捕捞的渔业资源可能在2050年前枯竭。同年，《科学》（Science）期刊的一份科学报告也发表了相似观点，该报告根据世界自然基金会（WWF）研究小组针对海洋健康状况长达4年的研究，提出由于人类滥捕野生鱼类和对水质的污染，2003年就已有将近29%的公海鱼类处于枯竭状态，若不改善，到了2048年，所有经济性鱼类及海洋生物都会枯竭，届时人类就没有海鲜可吃。人类对渔业的利用模式已经不可持续，有些渔场的渔业资源已经濒临崩溃。如位于加拿大纽芬兰岛东海岸的纽芬兰渔场，20世纪80年代后期和90年代初期，鳕鱼资源跌至了极低的水平，于是1992年7月被迫宣布暂停所有的商业捕鱼活动，但是此后仍未出现恢复的迹象，因此2003年宣布无限期地关闭②。

①② 联合国粮食及农业组织．世界渔业与水产资源状况（2016）［R］．2017.

为应对当今世界最严峻的挑战之一，即在气候变化、经济及金融不确定性和对自然资源的竞争日益激烈的背景下到2050年如何养活90多亿人口，国际社会于2015年9月做出了史无前例的承诺，由联合国各成员国通过了《2030年可持续发展议程》。该议程还为渔业和水产养殖业对粮食安全和营养所做的贡献及其在自然资源利用方面的行为规范设定了目标，以确保在经济、社会和环境各方面实现可持续发展。

（二）我国海洋渔业资源流失严重

中国拥有主权和管辖权的海洋面积达300万平方千米，按管辖海域面积排列，中国在世界海洋大国中排第五位。中国是海洋大国，海洋为海洋经济的发展提供了广阔的空间和得天独厚的自然资源，当下经济改革进入攻坚期，深度开放需要从战略全局关注海洋，才能迈向更广阔的海洋。据统计，每年我国海洋渔业产值占整个海洋经济产值50%左右，可见，海洋渔业在海洋经济中的地位举足轻重，其发展的经济效益、生态效益、社会效益直接决定着海洋经济的发展。

新中国成立后，百废待兴，海洋渔业作为“资源无限量供给”型产业理所当然充当起食物供给的重要来源，由于新的科技成果不断引入渔业生产中，在捕捞技术的快速进步下，捕捞力量不断增加，海洋渔业出现过度捕捞问题，渔业资源永不枯竭的神话开始破灭。我国沿岸和近海海域的大部分渔业资源因过度捕捞而几乎接近枯竭，近海鱼类的种群结构也发生了重大变化。捕捞上岸的渔业资源正逐步经历由底栖肉食性的上层种类向浮游生物食性的上层种类转变、由大规格高价值种类向小规格低价值种类转变、由成熟个体向不成熟个体的转变的过程。随着渔业资源的衰退，渔业生物的品种也发生了明显变化，在渔业资源生物中鱼类所占总产量的比重呈下降趋势，虾蟹类和贝类所占总产量的比重呈上升趋势，鱼类中传统的经济品种产量所占的比重显著下降。例如，历史上的主捕对象，除带鱼之外，乌贼、小黄花鱼和大黄花鱼等早已不具备商业捕捞的价值，而那些新开发的鱼种，当它进入商业捕捞阶段后，也马上呈现出群体衰退的迹象（王芸，2012）。

二、制度背景

《中华人民共和国国民经济和社会发展第十三个五年规划纲要》中明确提出“拓展蓝色经济空间。坚持陆海统筹，壮大海洋经济，科学开发海洋资源，保护海洋生态环境，维护我国海洋权益，建设海洋强国。”中共十八大报告也明确提出“提高海洋资源开发能力，发展海洋经济，保护海洋生态环境，坚决维护国家海洋权益，建设海洋强国"。现阶段我国已经把开发海洋战略上升到国家战略的层面，海洋渔业作为三大主要海洋产业之一，一直是备受关注的领域。早在2003年国务院颁布就出台了《全国海洋经济发展规划纲要》，旨在推进"渔业和渔区经济结构的战略性调整，推动传统渔业向现代渔业转变，实现数量型渔业向质量型渔业转变；海洋捕捞业逐步实施限额捕捞制度，控制和压缩近海捕捞渔船数量，引导渔民向海水养殖、水产品精深加工、休闲渔业和非渔产业转移；海水养殖业合理布局，改变传统的养殖方式，提高集约化和现代化水平；对产业结构进行调整，以水产品保鲜、保活和低值水产品精深加工为重点，搞好水产品加工废弃物的综合利用；重视海洋渔业资源增殖；采取放流、底播等养护措施，人工增殖资源"①。

自"十一五"规划以来，渔业发展主要指标已超额完成，但渔业发展仍存在很多制约因素，主要表现在资源环境的刚性约束。具体而言，近海的涉水工程项目因占用渔业水域资源，破坏了渔业生存栖息的场所；过度捕捞导致海洋渔业种群骤降，影响了渔业生态结构；沿海工业污染导致近海水域环境恶化，损害了渔业生产的环境基础。渔业产业发展正在遭受严重威胁，尽快突破现代渔业建设所面临的资源环境刚性约束问题的任务更加突出。因此，2011 年《全国渔业发展第十二个五年规划》（2011～2015 年）特别提出渔业发展应注重水产品质量安全和生态安全，更加注重资源节约、环境友好。同时为促进海洋渔业持续健康发展，2013 年国务院发布了《国务院关于促进海洋渔业持续健康发展的若干意见》，明确今后坚持生态优先、养捕结合和控制近海、拓展外海、发展远洋的生产方针，在加强海洋渔业资源环境保护的基础上，实现海洋渔业的永续发展。

通过对我国海洋渔业发展的整体规划与图景的梳理，不难发现保障海洋渔业发展的可持续性是一个宏大的系统工程，涉及渔业治理的方方面面。其中海洋渔业资源枯竭一直是渔民反映最强烈的焦点，在海洋渔业发展过程中，如何妥善应对海洋污染、过度捕捞等问题给渔业资源可再生功能带来的影响已成了当下渔业治理的重中之重，而确立能保证渔业资源可持续发展、维护渔民渔业权益的治理机制正是问题破解的核心所在。因此，研究我国海洋渔业资源治理制度，应当以可持续性发展精神为指导，建立健全科学的渔业治理制度，为海洋渔业可持续发展创造必要条件。

关于公共渔业资源的保护一直都是世界性难题，世界各国对渔业资源的管理都做出了很多努力，管理方式一般分为投入式管理、产出式管理、技术性管理三种。其中产出式管理是最先进的管理方式，也是西方发达渔业国家普遍采用的管

① 中国海洋经济信息网。

理方式，产出式管理的实质是渔业资源的产权化管理。

中国现有的渔业管理措施基本上都属于传统的直接控制或投入控制的范畴，主要的政策措施包括：①休渔制度。包括保护区制度、禁渔区和禁渔期、伏季休渔；②捕捞许可制度；③制定海洋捕捞强度的控制指标；④网目尺寸限制和渔获物幼鱼比例检查；⑤人工增殖制度；⑥渔业资源增殖保护费的征收制度；⑦其他制度，包括：200 海里专属经济区制度，1998 年起开始实施的海洋捕捞渔业零增长制度等。这些措施从执行效果上看，虽然效果明显，执行成本较低，但是由于这些制度本身还是典型的命令与控制模式，缺乏诱导渔民养护渔业资源的机制，抑制了渔民参与渔业资源保护的积极性和创造性。同时由于受政府部门自身利益和其他相关利益集团的影响，在具体执行方面还存在诸多问题。究其根源就在于海洋渔业资源产权制度的缺失，现有制度没有形成完整的体系而无法有效地发挥制度功能，具体表现为：

（一）进入权限制的混乱

国家规定了只有取得渔业捕捞许可证的企业和个人才能进行捕捞作业，但非法渔船大量存在，所以渔业资源的进入权处于比较混乱的状态。这种混乱的状态决定了我国海洋渔业资源成为自由进入资源的现实，自由进入资源的参与者自然会倾向于“搭便车”的行为和掠夺式的开采。这是我国海洋渔业困境的首要问题。另外，我国的渔业进入权没有分清捕捞进入和休闲进入的差别，不同性质的参与者面对不同的约束，统一的进入条件和管理方式显然不能提供有效率的管理。

（二）收益权不能得到充分体现

取得进入权的渔业经营者可以采取不同的方式获得渔业资源，即有其收益权，但我国在收益权问题上也存在着很大的缺陷。由于国有资源产权虚置，海洋渔业开发的巨大收益被转化为部门集体和个人利益；海洋渔业资源的无偿使用造成经济效益与资源消耗脱钩，资源成本差别无法体现，产品价格扭曲，经济效益评价失真；国有渔业资源产权分散，产权流动受阻等。这些都造成了我国海洋渔业资源性资产的流失，即海洋渔业资源的所有者对海洋渔业资源性资产的收益权未得到充分体现，从而使其部分或全部应收收益被其他单位或个人所取得。海洋资源性资产流失最终导致资源所有者所有权的损害和资源的低效利用，对海洋经济的可持续发展具有极其严重的阻碍作用。

（三）直接控制方法的固有缺陷

一些直接控制方法，如禁渔期和禁渔区制度，在禁止期限或禁渔区之外，容易产生捕捞努力量的投入高峰，产生内部激励，即在禁渔期内养精蓄锐，一旦开捕就出现“百舸争流”的局面，而且渔民为了在竞争中取胜，往往会改进捕捞技术，实际捕捞量因此也并不会因禁渔而下降，对渔业资源的危害很难降低；同时，直接控制往往意味着计划，实践证明，在信息不完全的情况下，计划往往会导致经济效率的损失，这与我国市场经济改革的目标不适应。

（四）管理环节薄弱

这主要表现在渔业管理缺乏有效的机制和整体功能以及渔政建设不能适应当前渔业管理的需要等方面。《渔业法》规定，我国对渔业管理实行地方负责制，监督模式实行“统一领导、分级管理”。我国的地区级渔业行政主管部门隶属于当地政府，并且行政管理部门与行政执法部门事实上合二为一；当地政府对本地区的渔业行政主管部门享有领导权，上级渔业行政主管部门对下级渔业行政主管部门只有业务指导权。此种管理体制运用就近原则，采取中央管理与地方管理相结合，以地方管理为主，责任分块，方便管理。然而渔业管理的条块性分割及宏观管理失效，地方政府在渔业资源性资产的监督管理中实际扮演了占有者的角色。这种区域式管理使地方政府陷于多种目标的困境，即生物性目标、经济目标、社会目标、政治目标，而现实情况是经济目标往往优于其他目标。地方政府出于自身经济利益的考虑，对违规行为视而不见、姑息纵容，甚至“以罚代禁”“罚了不禁”。从国家角度，地方政府的“无为管理”也是构成海洋渔业资源性资产流失的方面之一。

综上所述，现有管理措施对我国海洋渔业资源性资产的利用、保护和资源恢复起到一定的作用，但若以适当维持渔业生产者的渔业生产活动及渔业资源资产的合理利用和保护为评价标准，则我国现有的海洋渔业资源管理制度所起的作用很不充分，与其目标还有一定的距离，我国海洋水域中重复上演的渔业资源衰退的“共有资源的悲剧”就是有力的证据。因此，对海洋渔业资源资产实施产权化管理，建立行之有效的产权制度成为海洋渔业资源资产制度安排中相当重要的一环。

海洋渔业资源资产的产权制度不仅是决定海洋渔业资源资产利用效率的最主要因素，其本身也存在着一个价值评判的问题，产权制度的安排或产权结构的改变，都影响着资源配置的效率。或者可以这样理解，产权也是一种生产要素，在其他生产要素既定的情况下，对产权的不同配置方式将导致整个资源配置效率的不同，一定的产权制度安排决定着一定的资源配置效率。因而研究海洋渔业资源资产的产权变迁，考量产权的运行效率尤其重要。这既有对海洋渔业资源短缺、生态环境恶化以及可持续发展等问题的技术考量，也是为解决我国长期高度集中的计划经济体制下以行政手段配置渔业资源所导致的一系列问题而做出的重要战略选择。

第二节 理论方法与技术路线

本书旨在从经济学的角度，运用新制度经济学的相关理论分析海洋渔业资源资产产权制度的经济学理性，并运用成本—收益方法建立海洋渔业资源资产产权制度的效率模型，提出基于产权高效率的海洋渔业资源资产管理制度的构建方向。主要的研究方法有：

一、文献分析法

运用文献分析法，即对大量的已有的研究动态和成熟理论文献进行详尽剖析、梳理、归纳、分类，从而寻找到研究的突破口、空白点、深入点，并能得到更多的思维启迪。本书对新制度经济学产权理论的归类阐释、对制度效率演化理论的综述分析、对现有制度的归纳总结、对产权效率的理论综述等，形成了理论拓新的重要基石和平台，站在了前人研究成果的肩膀上，才能找到突破的方位。

二、定性与定量相结合的研究方法

定性分析主要是抽象出经济事物、经济现实的性质和特征，而定量分析则偏重对经济事实的量化分析。在本书中定性分析贯穿始终，定量分析主要集中在效率考量部分。在海洋渔业资源资产产权效率测度的过程中，有些因素可以计量，有些因素的计量则有很大难度，因此采用定性分析或者序数排列比较的方法进行研究，力求能得到较准确的结果。

三、成本—效益分析方法

成本—效益分析方法是新制度经济学和福利经济学常使用的方法，这一方法具有简便实用的优点，能对一些不可估量的制度变化价值做出定性的判断。本书的研究属于这一领域，所以在研究中较多采用了这一方法，通过成本、收益的对比来论证海洋渔业资源资产产权的运行效率。

四、比较研究法

比较分析主要用于以下两方面：一是对比分析我国各阶段渔业管理制度的演变特征，并从中归纳总结我国渔业管理制度的演变规律；二是比较分析新西兰、冰岛、日本等国家的海洋渔业资源管理制度现状，取得经验借鉴，从中探索构建中国海洋渔业资源资产产权制度的思路。

第三节　内容概要与创新总结

一、内容概要

本书基于制度经济学、产权理论、效率评价等的理论与方法，系统分析海洋渔业资源资产产权化的管理模式，在对现有渔业制度剖析总结的基础上，提出海洋渔业资源性资产产权效率的测度体系与方法及产权优化模型。

全书共分为九章：

第一章：介绍研究的背景和意义，回顾并分析了国内外相关研究进展，及本书的研究范围、研究内容、研究方法及主要创新点。

第二章：海洋渔业资源性资产产权效率研究的相关理论。主要包括产权理论、交易费用理论、效率理论和优化理论等。

第三章：剖析海洋渔业资源资产的概念涵界，分析其特性并从经济学角度进行解释。梳理渔业管理的发展脉络，阐述渔业管理的主要方法，提出海洋渔业资源进行资产化管理的必要性。

第四章：阐述中国海洋渔业资源的发展现状，分别从渔业法律制度、行政管理体制以及现行渔业制度安排等方面对现有海洋渔业资源资产产权制度进行评述，并分析其弊端，为建立高效的海洋渔业资源资产产权制度奠定基础。

第五章：我国海洋渔业资源资产的产权分析。界定海洋渔业资源资产产权的内涵与特点以及产权主体和产权的类型，在此基础上建立海洋渔业资源资产的产权体系。

第六章：海洋渔业资源资产的产权效率。明确海洋渔业资源资产产权效率的概念，分析影响产权效率的因素，建立海洋渔业资源资产产权效率的评价标准，在此基础上建立海洋渔业资源资产的产权效率的理论模型。

第七章：海洋渔业资源资产产权效率的测度。本书的核心，首先阐释了海洋渔业资源资产产权效率测度的依据、标准，测度流程，其次对产权制度的成本构成和运行效益进行分析和测算，在此基础上构建海洋渔业资源资产产权效率的测度模型，最后对该模型进行应用。

第八章：海洋渔业资源资产产权效率的优化。阐述了对产权效率进行优化的必要性，运用优化方法建立海洋渔业资源资产产权的优化模型。

第九章：我国高效率海洋渔业资源资产产权制度的设计。在前文基础上，找出高效率海洋渔业资源资产产权效率的提升路径，并且根据产权制度的设计要求、设计程序、设计方法设计出高效率的海洋渔业资源资产产权制度，提出两种发展方向。

二、创新总结

国内对资源资产产权效率的研究尚少，本书在一定程度上充实了这一领域，并开拓了资源资产产权效率研究的新空间。主要创新点有以下几方面：

第一，在深入研究渔业制度起源及发展基础上，全面、科学地分析了海洋渔业资源资产的产权效率以及影响产权效率的因素，构建了海洋渔业资源资产产权效率的理论模型。深入研究海洋渔业资源资产产权效率的具体测度方法，对产权制度的成本收益进行核算，构建了海洋渔业资源资产产权效率的成本—效益模型。

第二，运用优化理论对测度模型进行优化，构建海洋渔业资源资产产权效率的优化配置模型，并对不同性质的海洋渔业资源资产产权制度进行具体配置，提出海洋渔业资源资产产权化管理的路径。

第二章　产权化管理相关理论与文献综述

第一节　产权理论

产权经济学的研究内容之一是产权及其安排对经济活动的影响，不同的产权安排会导致行为主体不同的经济选择行为，从而产生不同的活动绩效，产权对绩效的影响机制是产权经济学的基本理论。

产权是经济所有制关系的法律表现形式。它包括财产的所有权、占有权、支配权、使用权、收益权和处置权等具体权能。在市场经济条件下，产权的属性主要表现在三个方面：具有经济实体性、具有可分离性、其流动具有独立性。产权的功能包括激励功能、约束功能、资源配置功能、协调功能等。产权制度以法权形式体现所有制关系，是用来巩固和规范商品经济中的财产关系，约束人的经济行为，维护商品经济秩序，保证商品经济顺利运行的法权工具。

古典经济学家对产权在经济发展进程中的重要地位早已有所认识。但是，直到科斯对外部性问题进行研究后指出：与传统福利经济学相比，交易成本的存在使资源配置过程需要考虑的因素更复杂，产权问题才越来越受到主流经济学的关注。经过诺斯、巴泽尔、阿尔钦、德姆塞茨等学者的努力，产权概念逐渐丰富，形成一个较完整的产权理论体系。西方产权经济学以交易费用和产权的概念界定为基础，运用交易费用为基本分析工具，把交易费用、产权关系、市场运行和资源配置效率联系起来，对产权及其结构安排在资源配置及效率方面的影响进行研究（吴宣恭，2000）。

一、西方产权经济理论的起源

现代西方产权经济理论作为西方经济学的一个新的分支，产生于20世纪30年代，其主要代表人为美国的科斯、德姆塞茨等人。现代西方产权经济理论的主要渊源有两个：古典经济学和制度经济学。

古典经济学认为市场交易中没有摩擦。科斯等人在建立自己的理论时，对这一假定进行了反思。在传统经济学“经济人”的假设条件及自由竞争理论下，科斯等人还接受了传统经济学中的局部均衡理论和边际分析方法。制度经济学的代表康芒斯在其《制度经济学》中就对交易进行了一般化总结，为科斯等人进行交易费用的深入研究提供了坚实的基础。

科斯发表的《企业的性质》以及《社会成本问题》是现代西方产权经济理论从产生到逐步成熟的重要标志。在《社会成本问题》中，科斯首次明确地提出了交易费用的概念。在此基础上，交易费用概念逐渐成为现代西方产权理论中最重要的概念，并被越来越多的经济理论纳入自己研究的领域之内。科斯所定义的交易费用是市场机制运行中产生的成本，它来自交易的稀缺性。主要包括获得准确的市场信息以发现价值的成本，以及产生于交易过程中交易主体之间进行谈判和履行协议的成本。交易成本虽然是个不太明确的概念，但是在科斯定理的框架下，可以对很多经济现象进行有实际意义的解释。

科斯定理是产权经济学的基础理论，形成于分析“外部性”问题的过程中，主要讨论的是关于交易费用、产权界定和资源配置效率三者之间的内在联系。实际上，科斯定理是后人在科斯论文的基础上加以总结后得出的定理，并非科斯本人提出。通常可以描述为科斯第一定理和科斯第二定理。科斯第一定理认为，在交易费用为零的情况下，产权的初始界定无关紧要，市场机制的作用将使资源得到优化配置。科斯第二定理在考虑正的交易费用存在的条件下，认为不同的权利初始界定可以带来不同效率的资源配置。

二、产权的界定及基本属性

（一）界定

产权（Property Rights）是财产权利的简称。最早将产权作为经济学的一个基本范畴引入经济分析的是科斯，科斯在《社会成本问题》中运用交易费用对外部性问题进行研究，提出了产权界定和产权安排的重要性，形成了科斯定理。

科斯（1960）认为："产权安排确定了每个人相对于物时的行为规范，每个人都必须遵守他人之间的相互关系，或承担不遵守这种关系的成本。"

之后围绕科斯定理的讨论，产权范畴逐渐明朗。学者们从不同的角度定义产权的概念，大概有以下几种定义方式：

一是权能论。阿尔钦（2004）在《产权：一个经典的解释》中提出，"产权是一个社会所强制实施的选择一种经济品的使用的权利，产权的强度由实施它的可能性与成本来衡量，这些又信赖于政府、非正规的社会行动以及通行的伦理和道德规范。产权体系是授予特定个人某种权威的方法，利用这种权威，可从不被禁止的使用方式中，选择任意一种对特定物品的使用方式（科斯，2014）。"也就是说，产权是个人对资产的利用选择。考特和尤伦从法律的角度认为"财产（权）是一组权利，这些权利描述一个人对其所有的资源可以做些什么，不可以做些什么；可以占有、使用、改变、馈赠、转让或阻止他人侵犯其财产的范围（考特和尤伦，1988）。"

二是关系论。费吕博顿和佩杰维奇（2002）认为，"产权不是指人与人之间的关系，而是指由于物的存在以及关于使用而引起的人们之间相互认可的行为关系。"产权分配格局具体规定了人们相应于物的行为规范。每个人在与他人的相互交往中都必须遵守这些规范，或者必须承担不遵守这些规范的成本。这样，社会中盛行的产权制度，便可以描述为界定每个人在稀缺资源利用方面的地位的一组经济和社会关系。

三是功能论。这种观点认为产权是一个社会基本的激励与约束结构。Demsetz（1967）从社会整体出发考察产权关系，把个人产权跟外部性效应相联结，并在资源稀缺导致竞争性需求的背景下揭示产权功能。他认为，产权是一种社会工具，其重要性就在于事实上它们能帮助一个人，形成他与其他人进行交易时的合理预期，这些预期通过社会的法律、习俗和道德得到表达。产权的所有者拥有他的同事同意他以特定的方式行事的权利。要注意的一个重要问题是，产权包括一个人或其他人受益或受损的权利。通过生产更优质的产品而使竞争者受损是被允许的，但是如果诋毁他就不行了。很显然，产权是界定人们如何受益及如何受损。

除此之外，《新帕尔格雷夫经济学大辞典》认为："产权是一种通过社会强制而实现的对某种经济物品的多种用途进行选择的权利"。《现代民法实用词法》把产权定义为"人身权的对称。指具有物质财富内容，直接和经济利益相联系的民事权利。"《牛津法律大辞典》把产权定义为："财产权指存在于任何客体之中或之上的完全权利。不要把财产权视作单一的权利，而应当把它视作若干权利的集合体。其中的很多权利可以在不丧失所有权的情况下予以让予。"

我国理论界对产权的论述已有不少，对国外产权经济学的介绍和传播也颇为迅速和广泛，但由于各自理解的不同，对产权的概念和理论也是“仁者见仁、智者见智”，难趋一致。段毅才（1992）通过对共同财产的重新理解对产权定义和产权界定问题进行了阐述。他认为产权是两种平等的所有权之间的权责利关系。张晖明（1994）对所有权和产权进行了区分，认为产权是在所有权（又称原始产权）基础上派生出来的各种权能的统称，产权制度必将从自然人产权制度过渡到法人产权制度，从而使所有权的实现过程商品化。李孔岳和罗必良（2002）指出产权和所有权都代表对稀缺资源的排他权规定，但是产权代表的是可以行使的、物品具有价值属性的排他性权利；而所有权是法律层次上所界定的，物品有价值属性的排他性权利，要加上处于公共领域内的有价值属性才构成完整的产权内容。

山东大学经济研究中心主任黄少安等（2003）认为，“谓产权，简言之，就是对财产的权利，亦即对财产的广义的所有权——包括归属权、占有权、支配权和使用权，它是人们（主体）围绕或通过财产（客体）形成的经济权利关系，其直观形式是人对物的关系，实质是产权主体之间的关系。”白暴力等（2005）指出在进行产权制度改革时，要注意区分所有权和产权，通过对产权的各种具体经济权利进行合理配置才是产权制度改革的目的。李亚玲（2008）在总结其他产权经济学家对产权所下定义的基础上把产权定义为财产权和行为权的统一体。产权边界清楚要求产权具有排他性和可转让性，明晰的产权既包括财产权的明晰也包括行为权的明晰。唐雯（2012）认为我国目前法律规定中的所有权不能包括产权的内容，应在法律层面引进产权概念。

综合各种产权的定义可以总结出产权概念的几个基本要点：①产权的重点是权利，是受到保护、制约和规范的，针对财产行使行为的权利。②产权问题要解决的是资源稀缺条件下，人与人之间的关系和行为规范。这些关系和行为规范可以通过正式的制度进行安排，也可以进行非正式安排，而且非正式安排的作用不可忽视。③产权是一束权利，由不同权能组成，基本的权能有占有、使用、收益和处分，这些权能可以分解和组合。④产权具有排他性、可交易性、可分离性和可转让性等特征，同时组成产权的各项权能可以根据效率要求自由分解和组合，形成促进资源优化配置的权能结构。产权的可转让性使资产能够被投入有效率的用途中，是资源达到优化配置的必要前提。⑤在实际经济运行中，产权有可能出现残缺现象（姚顺波，2003）。如果这种残缺是由于产权所包含要素的不完全界定导致，并不一定会造成效率的损失，产权界定是随其价值变动不断进行的动态过程，产权所包括的要素会随其价值变化而调整。

（二）产权的基本属性

产权并不是一个单维变量，它实际上是不同属性的一组权利集合。虽然产权有许多特点，但其中最重要的属性包括安全性（权益质量）、排他性、持久性（时效性）、可转让性、可分割性和强制性。一般而言，产权的质量越高，越有利于经济进步，但同时确保产权制度有效落实的执行成本也会越高。因此，在确立要构建的产权制度目标时，必须兼顾产权的质量及其执行成本。

1. 安全性

一种产权有可能会受到他人、组织或政府的挑战。产权的安全性指的是产权持有者能经受得起这些挑战并保护其产权的能力，即持有者能够掌控其产权的可能性。这种可能性的范围是 0 到 1 之间，安全性等于 1 意味着持有者能够完全掌握其财产权利，而安全性等于 0 则意味着持有者必然要失去其财产权利。

2. 排他性

产权学派的一个基本观点是：一个完整的产权必须包括排他的使用权、自由的转让权和独享的收益权，三者缺一不可。从中也不难看出，排他的使用权和独享的收益权都体现出这些权利是不容他人非法侵犯和占有的。可见，完整的产权必须是排他的，排他性是产权完整与否的必要条件。

在排他性的产权框架下，权利主体能够享受和承担由该项产权所产生的完整的收益和费用，能够以自己的独立意志对权利进行支配，实现资源的最佳用途，因此也具备对产权持有、利用和保护的最大的激励。一旦确立了产权关系，产权的所有者就拥有对资产的归属、占用、使用、收益和处置等各种权益。而如果一项产权，无论是所有权还是所有权以外的其他权能，能够被多个人所拥有和支配，那么，将不仅不能阻止权利人对该资源进行竞争性消费，放弃资源的长期价值，最终将导致该资源被加速耗竭，也会因权利客体的消亡而致权利本身不复存在。前述英国经济学家哈丁关于“公地悲剧”就充分地说明了这一问题。

3. 有限性（时效性）

产权有限性是指任何产权在其适用范围上都必须有明确的界限，即产权的使用是有限度的。一方面，产权的行使区域必须有界限，而且要明确。它约束了产权主体的行为。另一方面，产权整体组合中的每一项权利都有一个数量限度，无论是在产权分离还是产权合一的情况下，各产权利益的数量必须明确。

4. 可转让性

产权的转让性也称交易性或让渡性，是指产权在不同主体之间的转手和让渡。产权的转让性既是产权能够成为产权的重要属性，也是产权发生作用或实现其功能的内在条件。一般来说，产权的初始界定往往不是最有效的，而产权的转让具有修正产权界定次优化的作用。产权自由转让的意义在于使资源转移到最能有效地使用它的人手中，使其使用价值能最大限度地发挥出来。科斯和巴泽尔都对产权交易的作用给予了重要的强调，科斯认为：在交易费用为零的条件下，权利交易可以实现资源的最佳利用，即所谓科斯第一定理。而巴泽尔的产权理论认为："产权结构的优化常常是在产权交易过程之中完成的，而不是等到已经选定了合适的产权结构，再进行产权交易。交易过程正是进一步优化产权结构的方式"。

5. 可分割性

根据前面的定义，产权一般是对财产的各种权利的总称。作为一种权利束的组合，它为各项权利的分解提供了前提。产权的可分解性主要是指某项产权的各种权利可以分别属于不同的主体。这样，产权的不同权能就可以由同一主体行使转变为由不同主体行使，从而通过分工合作实现资源配置的优化。

6. 强制性

产权的运行应该受到社会规则系统的保护，防范其他人对产权的侵犯。如果出现侵犯产权的情形，侵权人必须付出相当的代价以使权利人可以获得相应的补偿。虽然法律不是产权的充分条件，也不是必要条件，但在现代社会，对产权的最有力的保护只能来自法律。尽管通过法律规定和明确解释的产权只是一部分，产权还要由社会的文化、习俗、伦理等支撑和维系，但那些缺乏法律支持的产权，由于不具有强制性，其可实施性只能被限定在一个极小的领域内，而且由于其他人对这些产权的侵犯不会招致任何惩罚，这些权利本身以及权利的行使将变得非常脆弱，权利的效能将不得实现。

（三）产权的功能

在影响人的行为决定、资源配置和经济绩效的制度变量中，产权的功能极其重要。产权的功能指产权对社会经济关系和经济运行的作用。这些功能是产权内在具有的，而不是人们设计的，它们和产权的属性相联系。只要有产权或实施了产权，产权就会产生相应的作用或具备相应的功能。黄少安在《产权经济学导论》中，将产权的基本功能总结为激励功能、外部性内部化、优化资源配置功能、约束功能和保障协调等功能。

1. 激励功能

产权主体有了属于自己的产权，不仅表示他有权利做什么，还界定了他可以获得的利益，或者有了获取相应利益的稳定依据或条件。这意味着如果经济活动的主体有了确定的产权，他的选择集合也得以确定，并且其行为也有了收益保证或稳定的收益预期，形成了利益刺激或激励。有效的激励可以充分调动主体的积极性，使其行为的收益或收益预期与其努力程度一致。产权的激励功能可以保证这种一致的实现。在分析经济活动时，强调产权的激励功能是基于经济人的人格假设，即假设追求自身利益仍然是人们从事经济活动的主要动力。但是产权的利益激励并不是人们从事经济活动的全部激励。由于人格结构的复杂性，人们从事经济活动除了追求自身利益外，还有利公、利他、满足兴趣爱好和成就感等动力。因此激励机制中如果只有利益激励并不完善，其他激励手段也是不可忽视的。

2. 外部性内部化

福利经济学中的外部性问题可以分为外部经济和外部不经济，由于其影响到资源配置，是福利经济学研究的重要问题。从产权经济学的角度看，外部性是在原有产权格局下，产权主体在原有产权范围内行使自己产权时产生的一个新权利。以外部经济为例，带来外部经济的产权主体一开始可能没有发现自己的行为使其他主体得到了无偿获得的收益。随着这部分无偿收益的重要性不断被产权主体所发现，产权主体会把这一外部效应作为一种权利提出来。这实际上也是一个产权划分或设置的问题。

外部性问题的产生是由于私人成本和社会成本或者私人收益和社会收益出现偏离。外部性会导致市场失灵现象，原因之一是没有对稀缺性资源进行产权界定。产权使每个行为主体对稀缺资源采取行为时必须遵守一定的规范。行为主体违反这些规范必须付出成本。因此，外部性问题的发生在本质上是产权界定和保护的问题。科斯（1960）指出由于政府干预同样会产生成本，政府干预也不一定能解决外部性问题的存在，因而没有理由认为市场和企业不能自己解决问题。只要对稀缺资源进行产权的界定，通过市场手段一样可以解决外部性问题。

德姆塞茨对科斯的社会成本解决途径进行了丰富。他认为由于资源的使用者不会考虑他们行为的全部社会成本，即使交易成本为零，外部性仍然存在。但是，通过产权处理使成本内部化会产生管理成本，失去专业化带来的效率。Fred（2006）认为，政府的干预会削弱财产所有权，使私人通过谈判解决社会成本问题更加困难。卢现祥（2002）对产权和外部性关系的分析结果表明，环境问题实际上是一个外部性问题。因此，产权界定作为解决外部性问题的有效手段，是利用市场手段解决环境问题的关键。

公共产品由于具有外部性特点是产权研究关注的对象。高雷等（2012）从“公地悲剧”的角度研究了草地退化现象与产权制度之间的关系。通过对300户牧民进行的实际调查，他们发现草地退化并不是“公地悲剧”造成的。由于草地具有多重效应，仅通过产权私有化把牧民个人生产行为的外部性内化并不足以减少草地退化现象，相关管理部门应该承担起保护草地生态建设与保护的责任。

政府对民众征税也可以视为民众对政府转移部分产权的过程，公民把自己的部分产权转移给政府，原因就是为了让政府在规模效应的基础上低成本高质量地提供公共服务和产品。从这一视角出发，夏文武（2011）在对绍兴市基础设施建设市场化的研究中指出，通过市场提供公共产品，最重要的制度保障是产权制度。李岩（2012）使用产权理论对财政分权制度进行研究，认为通过财政分权可以使公民转移给政府的产权（包括所有权、使用权和用益权等）逐步明晰并有机协调。政府可以通过构建与这一产权配置方式相协调的制度安排，影响财政支出效率、优化公共产品的供给，实现其职能的帕累托改进。

综上所述，一旦针对外部性问题对稀缺资源设置了产权，就有可能实现外部性的内部化。产权的有效界定可以通过外部性内部化的过程，使社会成本转化为私人成本，社会收益转化成私人收益。

3. 优化资源配置功能

经济资源的稀缺性促使经济活动当事人总是力图把自己的资源投入到机会成本最小的用途上。产权的资源配置功能是指产权安排或产权结构直接形成资源的配置状况、驱动资源配置状态改变或者影响对资源配置的调节。产权的资源配置功能主要表现在以下几方面：首先，对于没有产权或者产权不明晰的状况而言，设置产权就是对资源的配置。设置产权不仅依靠产权的界定来配置资源，与没有产权情况相比，设置产权还可以减少资源浪费，提高经济效益。其次，任何一种稳定的产权格局或结构，都基本上形成一种资源配置的客观状态。资源产权在不同地区、部门和主体之间的分布，基本上代表了各种生产要素的分布。再次，产权的变化必然改变资源配置格局。这一改变包括改变资源在不同主体间的配置、改变资源的流向和流量以及改变资源的分布状况等。最后，产权状况影响甚至决定资源配置的调节机制。

资源优化配置是提高社会总体经济效率的重要条件，而资源的合理流动则是资源优化配置的必要条件。为提高资源的利用效率，资源需要从效率较低的地方向效率高的地方流动。产权的存在和界定则为资源的这种流动提供了前提。产权的初始界定可能并不具备较高效率，这就意味着通过转让和交易，产权的使用效率就会提高。如果有效的产权制度得以建立，产权可以从低效率者手中转移到高效率者手中，整个社会的效率也会得到提高。

4. 约束功能

产权的约束作用表现在它能在一定范围内控制产权所有者和使用者的生产经营活动。产权关系既是一种利益关系也是一种责任关系。由于产权的责任是与获取利益紧密相连的，当生产经营主体获得明确的产权以后，产权主体就会从利益的角度去关心产权运营效果，关心生产经营活动的效益，从而产生出自我约束行为机制。这种约束有两层含义：一是由产权的排他性而产生的对非产权主体行为的约束，就是排除他人的侵占、偷窃或“搭便车”行为，从而降低产权的排他成本（即社会交易成本）。二是产权的责、权、利界区的确定而产生的对产权主体行为的约束，产权关系的确定既然明确了主体的权利和责任界区，就必然使外在责任内在化，即产权主体的一定经济活动所可能产生的不利后果（如亏损）和风险由产权主体自己承担。这就是对产权主体行为的约束。如排污费的收取就是对造成污染企业行为的约束，使其对环境、对周边居民造成的危害内部化为企业成本。

5. 保障协调功能

对于财产所有权充分的法律保护，会有力地鼓励经济活动当事人增加财富、有效地利用资源，从而促进社会经济的发展。只有当人们为了达到自己的目的，能够控制并使用他们所发现的东西；只有当他们能够合法地拥有自己的劳动所创造的成果时，社会的安定和发展才有可能。当一个社会持续而稳定地保护产权时，人们才会有从事财富创造活动的积极性，并筹划长远的经济活动，杜绝只考虑眼前利益的短期化行为。

（四）产权影响绩效的基本途径

源于产权自身特性的产权功能是产权自身客观具有的，这种功能的发挥需要通过一定的途径来实现。现代产权经济学认为在一个生产机制中，主体的财产界定问题是限定交易界限的有效约束，由于行为人总是在一定的产权结构中寻求效用的最大化，因此产权肯定会影响主体的行为和动机（卓思廉，2007），而这又会导致不同的行为结果。Montias 等（1973）曾提出过一个关于经济体制与经济结果之间关系的函数式：$O = F(E, S, P_S)$，其中 O 表示结果，F 表示它们之间的关系；E 表示环境因素；S 表示经济体制；P_S表示政策因素。在此函数的基础上，如果用绩效（Q）来表示结果；用产权（P）来表示经济体制与政策，用 U 来表示环境和其他影响绩效的因素，就可以得到一个新的关于产权与绩效的函数关系式：$Q = f(P, u)$。而产权自身要对绩效产生影响，必须要通过对经济生活中行为人的经济行为的作用才能实现。具体来讲，产权能够通过它的功能影响行为人的行为动机与目标，进而影响经济活动的绩效。

若用 M 来表示行为人的行为动机与目标，那么产权对绩效影响的关系式可以改写为 $Q = F[f(m), u]$，其中 $P = f(m)$。它们之间的关系如图 2－1 所示。

图 2－1　产权影响绩效的基本途径

产权通过“不同的结构对产权主体行为动机与目标的作用”是产权影响经济活动绩效的基本途径（陈志刚，2005）。通过对产权主体行为的影响，产权可以利用自身的功能，实现对资源的配置与收入分配的规范化，能够使行为主体明确自身所享有的权能界区与利益的限度，形成相对稳定的决策环境，激励与约束主体的行为，引导其将“外部性”行为内部化。最终实现“通过产权结构的优化来达到经济运行目标”的目的。

人类在海洋利用的过程中起着主导的作用，海洋利用的状况及海洋生物资源能否为人类社会的发展提供必需的物质资料，不仅取决于自然环境条件，还取决于人类做出的劳动、资本和技术等要素投入状况。在有限理性经济人假设下，人们对海洋渔业捕捞的投入、捕捞方式与捕捞强度的选择的决策取决于其通过努力能借助渔业资源获得的预期收益大小，而这些预期利益的获得，在不考虑自然风险的情况下，是由海洋渔业产权结构确定的，一定的产权结构通过权力的界定明确了各主体的利益分割。因此，在既定自然禀赋的基础上，海洋渔业资源的产权会影响渔民的利用行为从而导致不同的资源利用绩效。

三、产权选择理论

有意识的行为一般都是选择的结果，所谓没有选择的行为只是指进行其他选择的交易成本太高而无法实现。选择的实质是对不同关系下的成本和收益的权衡和比较；人们总是倾向于以成本最小的方式去实现自己效用最大化的目标；或者是在一定的成本约束下，人们总是倾向于选择使自己的效用最大化的行为方式，如在不能退出合作社或退出成本太高时，原来勤劳的人也会选择偷懒一样，因为他们多劳不能多得，所以偷懒是符合效用最大化目标的选择。

合约或产权制度安排也是人们的一种理性行为，一定形式和结构的合约或产权安排也是人们在一定约束条件下进行选择的结果，而进行制度或合约选择的主要约束条件就是交易成本。许多看来是无效率的制度，往往是因为没有完全考虑到交易成本约束，或者是没有从选择者效用最大化的角度考虑。

产权制度安排也是一种选择，因为这种行为是基于成本和收益（或效用）的权衡和比较，只是制度选择的主要成本约束是交易成本，甚至是完全在交易成本的约束下。因为，如果交易成本为零，在任何合约形式下，人们都会实现效用最大化，资源的配置效率肯定是最优的。

在其他约束条件一定的情况下，一种产权制度安排的交易费用如果比其他制度的都低，那么这种安排就比其他可供选择的制度安排更有效率（张五常）。人们也就更倾向于选择这种制度安排。如果人们选择新制度、进行制度创新以及从旧制度向新制度转变的成本为零，那么，人们一旦发现交易费用更低的制度安排时，就会立刻选择新的制度安排。但是，人们进行创新和制度转换是有成本的，我们分别称为制度创新成本（I_c）和制度转换成本（I_t），另外，我们把在一定制度下的交易成本称作制度运行成本（I_r），把交易成本以外的费用称为生产成本（P_c），同时把第 i 种制度形式下总收益称为制度收益（I_i）。

制度创新成本（I_c）是指发现和设计新制度的成本，诸如发现新的制度形式和新制度下的运行成本和收益以及进行相应的经济学、法律等社会科学的知识创新与发展；制度转换成本（I_t）是指在从旧制度向新制度转换过程中发生的一些费用，如进行关于新制度的学习、教育或培训，与反对者和政府进行游说谈判或贿赂，建立、宣传和执行新的法律，培养树立新的意识形态，改设新的机构组织、中介服务费以及转换过程中发生利益冲突和失误所造成的损失。制度的运行成本（I_r）是指在一定制度安排下进行监督、协调、获取信息、谈判、签约履约、解决纠纷以及“道德风险”带来的费用。

只有当人们预期新制度下的总收益（I_i）会大于制度的创新成本（I_c）、制度的转换成本（I_t）以及新制度自身的运行成本（I_r）和生产成本（P_c）等诸项费用之和时，制度变迁才有可能发生。即：

$$I_i > I_c + I_t + I_r + P_c$$

影响制度安排变迁的另一项成本因素，就是制度选择的机会成本（I_o），即在其他制度安排下或选择其他制度安排，人们能获得的最大净收益。只有预期在某种方式的制度变迁中所得净收益$[I_i - (I_c + I_t + I_r + P_c)]$高于现有制度下或其他方式的制度变迁的净收益时，该种制度变迁才会实现，即：

$$[I_i - (I_c + I_t + I_r + P_c)] > I_o$$

上述选择模型，对个人、组织及政府的制度安排和选择都是适用的。

四、产权制度变迁理论

产权制度是指由一定的产权关系和产权规则结合而成的且能对产权关系实行有效的组合、调节和保护的强制性约定和安排。它包括产权安排、产权结果安排及产权运行机制和有效的产权保护等。

产权的界定和运行离不开社会规则系统的支持，前文关于产权的经典论述中也提出过此类观点。这些规则系统可能来自两个类别：一是约束力较强的正式性规则，包括法律、政策等制度形式；二是约束力较弱的非正式规则，包括习惯、道德和文化传统等制度形式。如果某种产权得不到社会规则系统的支持，就不能成为某种制度化的产权形式，其界定也很难得到社会主体的认可和尊重；在运行过程中，对其的损害也很难得到有效的救济，这样的产权将不可能在社会关系中存在。现实中的产权基本上都是制度化的产权，产权必然要取得某种制度化的形式从而成为一定的产权制度。因此在实践中，产权与产权制度实际上是同质的。

关于产权制度的概念，本书认为，产权制度实质上就是制度化的产权关系或对产权关系的制度化，是划分、确定、界定、保护和行使产权的一系列规则。制度化的含义就是使既有的产权关系明确化、相对固定化，依靠规则使人们承认和尊重，并合理行使产权……制度变革就是通过规则改变，调整产权关系，改变产权格局（黄沙安，2004）。

产权制度变迁理论是由产权理论演化出来的。西方经济学家在产权理论的研究中发现“制度变迁的根本原因是人的经济价值提高，产权制度的演进是对人力资本价值引致的制度新需求的滞后调整”（Schultz，1968），“产权制度的变迁是为了保障外部性内在化的实现”（Demsetz，1967）。在这些研究的推进下，西方经济学开始重视产权制度变迁的理论研究。

在产权制度变迁理论的研究之初，西方经济学家关注于揭示产权制度的动态性与历史性。戴维斯和诺斯在研究美国经济增长时发现：“当一项制度的预期净收益超过预期成本，社会内就会出现改变现有制度和产权结构的企图”（Davis & North，1973）。诺斯与托马斯提出西方世界兴起的根本原因是要素相对价格变动后，经济组织要求产权修正，并有效推动了支配产权构建的制度发生变迁（North & Thomas，1973），而诺斯在1981年修正了这个观点，认为国家权力的介入会影响产权制度安排的供给（North，1981）。拉坦则发展了一个诱致性制度变迁模型，认为制度变迁的主体是企业家、官员、政客等创新意识较强的团体或个人，他们在工作、生活中的创新行为可能推动变迁，而这种变迁的直接动力来自技术变迁可能带来的新收入流（Ruttan，1984）。林毅夫（1989）在总结前人研究的基础上，将产权制度变迁的研究拓展到路径选择及路径依赖上，提出了强制性和诱致性制度变迁理论。这些理论研究构成了产权制度变迁理论的基础。

此后，对产权制度变迁的研究发展到对制度演化的研究上。一方面，研究者关注于正式的、规范的制度变迁。哈耶克研究发现，个体社会成员之间的互动及特定组织之间的互动会逐步演化出一种特定的可随着市场化扩散的内部规则（秩序），个体与组织之间的互动寻求对规则理解的一致性，这个过程中的冲突与协调是制度变迁的主线（Hayek，1988）。North（1995）认为研究制度演进中时间的效用具有重要意义，因为经济人的行为往往受到之前行为决策的影响。另一方面，理论界对非正式制度的演进也进行了研究。Billig认为非正式制度是正式制度的型构与变迁的土壤，其是促使经济制度朝着符合人类伦理规范的方向变迁的重要动力（Billig，2000）。恩斯明格的研究证明了正式制度与非正式制度是互补的，它们共同推进制度演进。

产权理论认为，经济增长的关键在于合理而有效的产权制度。国内学者也提出类似的观点："国家保护有效率的产权制度是长期经济增长的关键"（周其仁，2003）。产权对提升经济效率的作用在于：一方面，有效的产权安排可以减少企业间以及企业内的交易，降低交易成本，提高企业生产率。同时，清晰的产权可以降低企业生产中的监管成本，消除了由于产权不清所导致的外部性，形成有效的产权激励，可以实现生产中的最优。另一方面，清晰的产权安排可以促进生产资源的流动，实现生产资源的合理配置。产权明晰可降低交易费用，加速资源的合理流动。

在国内研究中，随着学者将国外成熟的制度经济理论不断引入国内的政策研究中，对产权制度变迁研究也不断成熟，并提出了一些具有中国特色的产权制度变迁理论。杨瑞龙（1993，1998）根据政府主导制度变迁的特殊国情，发展了"供给主导型制度变迁方式"和"中间扩散型制度变迁"两种制度假说。吴敬链（1997）提出了既得利益集团的干扰会阻碍新制度的变革，即使新体制更有效。何一鸣（2010）以产权管制放松两大定律（产权管制—公共领域—租金耗散；交易成本—管制放松—制度绩效）作为"内核"，将产权管制放松三大假说（原因假说、过程假说、绩效假说）构建为内核的"保护带"，得到了产权管制放松的理论范式。

除了关注与制度变迁的理论研究，国内学者关注的一个热点是制度变迁的绩效，在农村土地制度变迁方面研究较多。周其仁（2003）曾指出国家保护有效率的产权制度是长期经济增长的关键。张红宇（2002）则认为农地制度变迁推进了农村资源（土地、劳动力）的市场配置，运用市场机制盘活了农村的生产要素。钱忠好、冀县卿（2010）深入到农地产权结构内部，揭示农地产权结构的演化规律，研究农地产权结构变迁对制度绩效的影响（2010）。何一鸣、罗必良（2014）从产权管制放松的视角理解中国农地制度变迁，构建关于农地产权管制放松的博弈与经济效应模型，并运用 1958～2011 年的面板数据对理论假说进行反历史假设计量检验。从一定程度上讲，中国近 30 年的经济持续增长的基础来自农村改革，来自农地成功的制度变迁。

第二节　交易费用理论

交易费用理论是新制度经济学的核心内容。交易费用理论的提出拓宽了经济学的视野和范围，增强了经济理论的解释力，促进了新制度经济学的创立。关于交易费用的理论有很多观点，具体表述如下：

一、交易费用的内涵

科斯认为，交易成本是获得准确的市场信息所需要付出的费用，以及谈判和经常性契约的费用。这可从上面所引科斯的几段论述中归纳出，科斯本人并未完整地给交易成本概念进行界定。

另一新制度经济学的代表人物 M. Dietrich（1994）把交易成本定义为三个因素：调查和信息成本、谈判和决策成本以及制定和实施政策的成本。

Y. Barzel（1989）把交易成本定义为与转让、获取和保护产权有关的成本。一般地说，交易成本是个人交换他们对于经济资产的所有权和确立他们的排他性权利的费用。

马修斯（1986）提出了这样一个定义：交易成本包括事前准备合同和事后监督及强制合同执行的费用，与生产费用不同，它是履行一个合同的费用。交易成本与经济理论中的其他费用一样是一种机会成本，它也可分为可变成本与不变成本两部分。

威廉姆森的基本观点是，经济结构将促成交易费用的节约。把企业和市场视为治理结构而不是生产函数，认为节约交易费用是不同治理结构的共同功能，它们之间是可以相互替代的。交易费用的节约是通过把性质不同的交易分配于不同的治理结构来实现的。任何交易都是通过合同关系来完成的，不同的合同关系形成了不同的治理结构。不同的交易需要不同的合同关系，不同的合同关系便利不同的交易。只有选择恰当的治理结构形式才可能降低组织内部的交易费用，提高经济组织的效率。这就从节省交易费用的角度解释了各种经济组织的性质和存在理由（彭德琳，2002）。

张五常认为，交易费用实际上应该被称为制度成本。任何超过两个人的社会都存在制度，制度是使交易费用减少的产物。只要有制度存在就会有交易费用存在。张五常还认为，经济制度的组成和转变只能在选择理论的基础上作解释。现有制度的存在都是在局限条件下人们选择的结果。任何制度运用和制度变迁都是要花成本的。一种运转费用较低的制度，如果它节省的费用大于改变制度所需的费用，就会被采纳。

制度改变的主要障碍，是因为收集有关其他制度信息资料及说服或强迫既得利益者接受新制度都要付出成本。在此基础上，张五常进一步指出，交易费用可以用来分析制度选择，并提出了三种方法：一是研究实施成本；二是研究采用风险；三是研究国家行为。

二、交易费用的性质

（一）交易费用是对财富和自愿的损耗

科斯以前的古典和新古典经济学中，人们只认识到生产成本是一种损耗，只看到专业化和劳动分工对于降低成本有重要作用，却没有发现交易成本的增加。交换过程的代价十分高昂，作为损耗的交易费用有两类：一是必需的，如信息搜寻；二是纯粹的浪费，如由于人的机会主义行为引起的交易费用和诉讼费用等。

（二）交易费用主要是经济主体之间信息不对称的结果，是利益冲突与调和过程中损耗的资源

信息的不对称，知识、经验的差异为机会主义所利用后，交易费用会变大。因此，使信息变得便宜的制度、使时空得以缩小的政策和技术以及人们意识形态的改善，都能起到降低交易费用的作用。

（三）交易费用可以降低但无法彻底消除

降低交易费用的力量主要是制度和技术，随着分工不断深化，知识和经验的个体差异无法彻底消除；人们的认识不一致就导致只能有限地将其缩小而无法彻底地消除它。

（四）由于不确定性的存在，对任意一项经济活动，人们只能在事前根据不完备的知识和经验对交易费用的种类和数量进行估计，准确的计量只有在事后才能进行

由于人们难以在事前就对生产技术条件和生产制度结构的各种可能搭配进行详细的比较，交易费用的机会成本性质将变得令人难以捉摸。正因如此，在现实经济生活中，人们的经验、意识形态、习惯等会左右其决策并进而影响经济的发展（汤吉吉，2006）。

三、交易费用的计量

（一）宏观层面上的交易费用计量研究

宏观层面上对一国（或地区）交易费用的计量最具代表性的是瓦里斯和诺斯 1986 年提出的方法。关于交易费用的计量方法包括：①在人类行为理论的基

础上对交易费用进行定义——交易费用是“执行交易功能的成本”，“是在交易中为界定、保护、实施产权而消耗的资源的总和”。②对计量任务进行调整，只计量通过市场的各种交易费用，并把形成这些交易成本的活动定义为交易服务，因此计量的任务就是加总各种交易服务并计量其价值。③加总交易产业的价值。所谓交易产业就是在公开市场上为产权交换而提供交易服务的各种部门，包括金融业、房地产业、批发零售业、广告业、各种咨询业、保险业等，交通业除外。④加总除转移性支付外的国家公共部门为国防、教育、城市服务等活动支付的各种费用。⑤在非交易产业中划分企业职员的职业，一是提供交易服务的职业；二是提供转型服务的职业。⑥把以上各项对应于国家经济核算账户，加总交易费用。该总额就是该社会制度的运行成本。

（二）微观企业层面上的交易成本计量研究

为微观企业层面计量交易费用奠定了方法论基础的威廉姆森认为，尽管直接计量“事前”和“事后”的交易费用困难，但可以通过对制度的比较来对交易费用做出测算。可以根据这个思路对不同制度的交易成本进行比较。例如，如果要用 G_1、G_2 表示一组可供选择的制度安排，G^* 是被选中的安排，C_1 和 C_2 是制度安排方案所对应的交易成本，则：

若 $C_1 < C_2$，$G^* = G_1$

若 $C_1 > C_2$，$G^* = G_2$

因此，对于计量每一种制度安排方案下的交易成本，首先要揭示各类组织（制度）安排有区别的组织属性如何影响与组织相关的成本，其次要以差别化的方式将上述成本的发生与交易的各个可观察维度（如资产专用型、交易频率等）相联系。因此可得如下关系式：

$C_1 = \beta_1 X + \lambda_1$

$C_2 = \beta_2 X + \lambda_2$

其中，X 表示影响组织制度成本的可观察的特征向量，β_1 和 β_2 是参数向量，λ_1 和 λ_2 是未被观察到的因素，如决策者估计组织制度成本时的误差等。即使无法观察交易成本，仍可以通过分析交易如何导致各组织形式的效率差别来设计可检验的假设，并根据 β_1 和 β_2 的相对量建模预测。在实证分析中，观察到制度 G_1 的概率为 $P_r(C_1 < C_2) = P_r[(\lambda_1 - \lambda_2) < (\beta_1 - \beta_2)]$，X 取决于 $(\beta_1 - \beta_2)$ 的符号。以上假设很容易用定性选择模型（如 PROBIT 模型和 LOGIT 模型）加以检验。

第三节　效率理论

一、效率的一般基础

效率一直以来就是经济学理论研究的中心课题，而且经济学中关于效率的认识也存在着一个逐步深化的过程。本书要研究的是海洋渔业资源产权的效率，所以有必要先了解关于效率的一些解释。

（一）效率的一般解释

在马克思主义经济学中，恩格斯的“价值是生产费用对效用的关系”的观点，实际上揭示的就是经济效率的概念。在《政治经济学批判大纲》中，恩格斯写道：“价值是生产费用对效用的关系。价值首先是用来解决某种物品是否应该生产的问题，即这种物品的效用是否能抵偿生产费用的问题。只有在这个问题解决之后才谈得上运用价值来进行交换的问题。如果两种物品的生产费用相等，那么效用就是确定它们的比较价值的决定性因素。”后来，在《反杜林论》中恩格斯重申了这一观点，并强调指出，在共产主义社会也存在对效用和劳动花费的比较问题。这里，生产费用是指生产某个物品所必须花费的劳动时间，由活劳动和物化劳动消耗构成；效用则是指使用价值即社会需要的产品。如果一个经济社会能够以尽可能少的生产费用取得尽可能多的效用，这将体现为价值的最大化。人们讲经济效率，就是要争取以尽可能少的活劳动消耗与物质消耗，生产出更多的符合社会需求的产品。可见，恩格斯提出的“价值是生产费用对效用的关系”，实际上讲的就是经济效率的概念。

在西方经济学文献中，对效率问题分析的立足点也常是经济效率。在1906年出版的《政治经济学教程》一书中，帕累托提出了一个被广泛接受的效率概念：对于某种经济的资源配置，如果不存在其他可行的方案，使得该经济中的所有个人至少和他们初始时情况一样好，而且至少有一个人的情况比初始时更好，那么，这个资源配置就是最优的，即最有效率的。帕累托最优包括下面三个必要条件：第一，高效率的资源配置条件：任何投入的技术替代率对于使用这些投入来生产所有商品的全部厂商来说应该是相等的，同时也应该等于这些投入的价格之比。第二，高效率的产品组合条件：任何两种商品的产品转换率对于每一个生产厂商都应该相等，而且应该等于商品价格之比。第三，消费中的高效率条件：任何两种商品的商品替代率对于每一个消费者来说应该相等，也应该等于商品价格之比。把第二个条件和第三个条件结合起来有可能得出一个联结生产和消费的综合条件，即任何两种货物的商品替代率对于所有消费者来说都应该相等，同时也应该等于所有厂商两种相同商品的产品转换率，两者都应该等于商品价格之比。帕累托效率的充分条件是在相应范围内所有的等产量线和所有的无差异曲线必须是非凹的（即凸向原点或在特定情况下是一条直线）。凸的等产量线必然意味着在相应范围内高效率的生产可能性曲线凹向原点（阿兰·兰德尔，1989）。显然，上述帕累托效率是就经济效率而言的（李春龙，2003）。

（二）效率分类

经济效率是取得一定经济效益的效率。从取得一定经济效益的经济内容来分类，可分为劳动力的效率、资本的效率、技术的效率、资源的效率、基础设施的效率和制度的效率等。

1. 劳动力的效率

劳动力的效率也就是劳动力在一定时间内的劳动所取得的收益（个体劳动力劳动支出与劳动收入的差额），可用年工资额、月工资额、日工资额、小时工资额、计件工资等表示。

2. 资本的效率

资本的效率可以定义为一定量的资本在有限的时间内取得的收益。资本的表现形式是不同的，为了能够比较资本效率的高低，可以用单位时间内资本的利润率表示，也可以用单位时间内利润总额来表示。

3. 技术的效率

技术的效率一般表示为在一定的时间内利用某种技术所取得的收益。它可以分为技术开发效率和技术使用效率。技术开发效率是一定时间内开发某种技术的花费与转让该技术的收入之间的收益。技术使用效率可以分为直接使用效率和间接使用效率。技术直接使用效率是指在一定时间内使用某项技术所付出的费用与使用该技术取得收入的收益来表示。技术的间接使用效率还包括社会使用该技术对整个社会的生产生活所产生的效率。

4. 资源的效率

资源的效率是指在一定时间内使用某项资源所取得的收益。资源的用途不同，所取得的收益也不同，因此资源存在着配置效率。另外资源的大小也会影响效率，资源的量大会有规模效率的产生。

5. 基础设施的效率

基础设施的效率是指在一定时间内对基础设施进行投资或使用从而取得直接

经济收益与间接经济收益。

6. 制度的效率

制度的效率主要指在一定时间内采用某项制度对整个制度影响范围内所产生的收益（收入减去创新使用开发该制度的费用成本等）。制度的效率可以从两个方面理解：一是有制度比没有制度所产生的效率；二是对同一事物采取不同制度而产生的效率大小。

（三）效率的量化方法

如何将效率量化这是一个十分重要的问题。西方经济学家自 20 世纪初开始对测量效率的方法进行不断的探索和研究，Shah 和 Forsund 等将测定效率的方法概括为非前沿方法和前沿方法两种类型。20 世纪初，美国一些经济学家构建了一些非前沿方法量化研究效率，主要包括非参数统计分析、分组比较法和线性规划技术等方法，这些方法的共性是没有依据前沿理论和成本最小化理论，而是用平均成本或产出确定效率。1957 年，以美国经济学家为代表的前沿方法开始成为效率量化研究的主角，前沿方法就是将成本最小化的理论和前沿理论运用于效率量化研究中，建立了成本前沿或生产前沿与效率的关系，到目前为止，前沿方法大体可以分为确定性非参数前沿方法（Deterministic Non - parametric）、确定性参数前沿方法（Deterministic Parametric Frontiers）、确定性统计前沿方法（Deterministic Statistical Frontiers）、二值估计（或称二元性前沿方法）（Duality Consideration）和随机前沿方法（stochastic Frontier Approach）等几种类型。

我国也有一些学者对效率进行了量化分析，如成谢军（2005）采取全要素生产率指标对效率进行了实证分析。王茜（2007）采取各种指标对我国公共卫生支出的效率进行实证分析。周晓燕（2009）选用超越对数函数的随机前沿模型，对 1990 ~ 2006 年的分省数据进行实证分析，以估算我国各地区的生产效率，并分解其全要素生产率增长率。李兰冰（2012）运用 DEA 四阶段模型，将全要素能源效率（TFEE）解构为全要素能源管理效率（TFEME）和全要素能源环境效率（TFEEE），并对 2005 ~ 2009 年中国省级区域的能源效率现状、成因与提升路径进行了实证分析。但总体来看，在我国运用最广泛的是属于确定性统计前沿方法的数据包络分析方法（Data Envelop Analysis，DEA），它采用数学规划技术确定统计前沿，如郭均鹏、吴育华的超效率 DEA 模型的区间扩展，卢胜峰等（2007）的全国 31 个省份劳动力与社会保障部门的效率分析及数值优化，廖芹等（2005）的基于 DEA 方法和粗糙集的政府效率评估模型，么晓敏（2008）的辽宁省地方财政社会保险投入效率分析，周晓林（2009）的基于 DEA 的区域农地生产效率差异研究，赵雲泰（2011）的基于 DEA 的中国农地非农化效率及其变化，汪险生（2014）的基于 DEA 方法的农地非农化效率研究等。

二、制度效率研究

由于效率概念使用的广泛性，学者逐渐把效率与很多方面的内容联系起来，制度效率就是其中的一种有益结合。

（一）制度对效率的促进作用

制度不但具有经济功能，同时也是价值追求的手段（柯武刚、史漫飞，2000），制度追求的目标中包含多种价值，效率只是其中的一种，并且效率与道德并非完全不相容（布坎南，1985）。因而任何片面强调制度经济性功能而忽视其他价值功能的分析，都不足为制度分析所采纳。

制度对效率的影响是新制度经济学的一大发现，新制度经济学认为，制度之所以至关重要，因为它是决定一个社会经济绩效的最重要因素，这一观点在1973年诺斯出版的著作《西方世界的兴起》中得到了充分的论证，根据诺斯的研究，对经济增长起决定性作用的是制度性因素而非技术性因素，在技术和其他物质要素不变时，生产率也可能变化，也可以实现经济增长。例如，17～19 世纪中期，海洋运输技术并没有发生多大变化，但由于海洋运输变得更安全和市场经济变得更安全，因此，船运制度和市场制度发生了变化，从而降低了海洋运输成本，使海洋运输的生产率大大提高。所以他得出结论说：在技术没有发生变化的情况下，通过制度创新或变迁也能提高劳动生产率和实现经济增长。

根据制度经济学的理论，一项制度的建立都是为了获得潜在的收益，这便构成了制度收益；而且一项制度的建立和运行都是有成本的，这种成本对制度预期收益进行了一种扣除，因此，一种制度建立以后，即使实现了预期的收益，也不能简单地认为这种制度形式就是富有效率的，而是要在对其收益和成本比较的基础上才能下结论。这样，制度效率的高低就成为评价制度真实作用的一项指标（刘晶，2010）。

（二）制度效率含义

林毅夫（1994）指出："制度安排的选择将包括对费用和效益的计算。在生产和交易费用给定的情况下，能提供较多服务的制度安排是较有效的制度安排。换句话讲，如果两种制度提供的服务数量相等，那么费用较低的制度安排是较有效的制度安排。"这说明制度不仅是决定效率的最主要因素，而且其本身也存在着一个价值评判的问题，即制度效率问题。关于制度效率的含义，新制度经济学家也从成本与收益的对比来解释。制度成本主要包括制度变革过程中的界定、设计、组织等成本和制度运行过程中的组织、维持、实施等费用；制度收益则指制度降低交易成本、减少外部性和不确定性等的程度。制度成本与制度收益的变化可用图 2－2 表示。

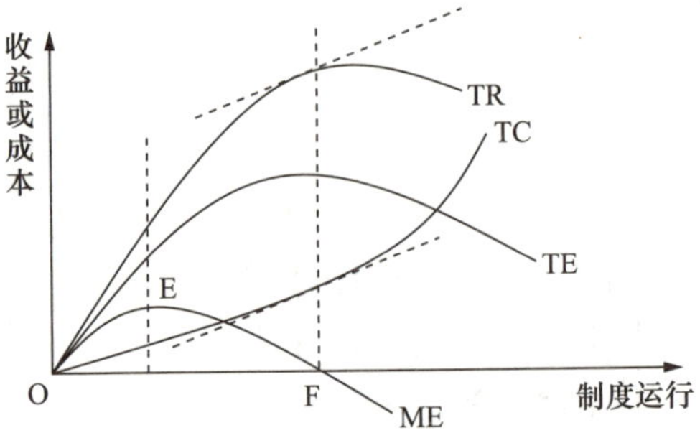

图 2－2　制度成本与制度收益

一般来说，制度变革既然得以进行，那么收益肯定是大于成本的，所以总收益曲线 TR 在变革过程中一般位于总成本曲线 TC 的上方（也可能在短期内 TR 位于 TC 的下方，但长期内 TR 肯定位于 TC 的上方），据此得出总效益曲线 TE = TR－TC，由此也可以得出边际效益曲线 ME，并且可以看出，在 E 点边际效益最高，在 F 点边际效益为零，但此时改革取得的效果最好，即此时收益大于成本的额度最大。

制度的效率有两种表示方法：一是假定制度所提供的服务或实现的功能为既定，则选择费用较低的制度是更有效的制度；二是假定制度选择的费用为给定，那么能够提供更多服务或实现更多功能的制度是更有效的制度。

（三）制度效率的决定

制度本身是一个系统。它由两部分构成：一是经济系统对其经济元及其子系统的各种约束和影响，称为制度要素集合；二是这些制度要素之间的关系构成的集合。各种制度要素构成的制度可形式化地表示为：

制度 =（{制度要素}，{不同制度要素之间的关系}）=（硬部，软部）

这里将制度定义进一步具体化，即将制度要素具体化为制度环境与制度安排；将不同制度要素之间的关系理解为制度结构。经过这样的处理，各种要素构成的制度就可作如下形式化的表示：

制度 =（{制度要素}，{不同制度要素之间的关系}）

=（硬部，软部）

=（{制度环境，制度安排}，{制度结构}）

=（{R，V}，I）

因此，研究制度效率的决定需要从制度安排的效率决定与制度结构的效率决定两方面来进行。

1. 制度安排的效率决定

在新制度经济学家看来，制度安排的效率决定主要取决于以下几个因素：

（1）制度的普适性（柯武刚、史漫飞，1994）。是指制度是一般而抽象的、确定的和开放的。它包含三项准则：一是制度应具有一般性。制度不应在无确切理由的情况下对个人和情境实施差别待遇。违背这一准则的制度一般都会削弱人们对它的服从，并因此降低制度的效率。二是制度应具有确定性。制度应当是简单而确定的，对违规的惩罚应当得到清晰的传达和理解。三是制度应当既具有稳定性又具有一定的开放性。总在变化的规则难以被了解，在指引人们的行动上效率也较低。因此，规则应当稳定。但稳定性的另一面是制度僵化的危险，必须要有一点调整的余地，以便允许行为者通过创新行动对新环境做出反应。

（2）其他相关制度安排实现其功能的完善程度（林毅夫，1994）。由于任何一种制度安排都是嵌在制度结构中，它必定内在地联结着制度结构中的其他制度安排，因而每一种制度安排的效率还取决于其他制度安排实现其功能的完善程度。最有效的制度安排是一种函数，尤其是制度结构中其他制度安排的函数。

（3）生产过程的技术性质。以上两点是从静态角度来看的，而生产过程的技术性质则是从动态角度来看的。生产过程的技术性质之所以会对制度安排的效率产生影响，主要在于任何制度安排的产生都是由一定的生产力状况和技术水平或性质所决定，随着生产力和技术的进一步发展和进步，制度安排必须做出相应的变化和调整。否则，制度安排的效率必然会降低。

2. 制度结构的效率决定

制度结构是由不同制度安排构成的系统，它的效率首先取决于构成这一结构的各单项制度安排的效率，因此，上述决定制度安排效率的因素同样是决定制度结构效率的因素。

但是，制度结构效率的决定与制度结构中某一项制度安排效率的决定又是不同的，因为任何制度结构都是由众多制度安排耦合而成的复杂的制度系统，制度安排之间总是存在着各种各样的相互依存性和关联性，它意味着制度结构的效率不可能通过简单加总单项制度安排的效率来说明。

与单项制度安排效率决定不同的是，制度结构的效率决定还受到制度配置状况的影响，正如经济效率是受资源配置的状况影响一样。这里所谓的制度配置，是指在一个制度系统中各项制度安排之间应当相互协调和匹配，以使整个制度系统能够发挥最大的功效。研究各种制度安排间的层次、关系、影响以及相互协调等问题，确定制度的最佳结构。制度结构之所以需要制度配置，主要在于制度结构中各项制度安排之间并非总是能够相互协调和匹配，即制度结构中各种制度安排之间并不一定总是耦合得很好。制度结构中单个制度安排的结合状态有三种情形，即制度耦合、制度冲突与制度真空。制度耦合指的是制度结构内的各项制度安排为了实现其核心功能而有机地组合在一起，从不同角度来激励与约束人们的行为。在制度耦合的情况下，制度结构内的各项制度安排之间不存在结构性矛盾，没有互相冲突和抵制的部分，从而能最大限度地发挥现有制度结构的整体功能。制度冲突是指在制度结构内部不同制度安排之间的作用方向不一致，在行为规范上存在互相矛盾和抵触，对于同一行为某些制度给予鼓励，而对另一些制度则加以限制。这将造成人们无所适从，行为紊乱，使制度结构系统不能发挥其应有的整体功能。制度真空则是指对于某些行为没有相应的制度安排予以规范，形成制度结构中的“漏洞”，造成制度功能的缺失，从而使人们的某些行为得不到有效的约束和规范，对社会经济带来危害（袁庆明，2003）。

三、产权制度效率研究

为了从产权的运营过程中获得经济收益，这就是产权制度的效率。

产权经济学家运用交易成本这一分析工具力图说明制度安排最优结构的状态。一种产权制度是否有效率，主要判断标准是看它在解决外部性问题上交易成本的大小（赵晓雷，1994）。最早研究产权制度效率的是科斯。著名的科斯定理实质上就是从产权安排角度对资源配置进行制度结构分析。科斯定理所包含的基本内容是，在交易成本为零的状态下，不管产权是如何界定的，市场交易都将导致资源配置处于帕累托最佳状态。但科斯又指出，市场交易成本为零，是很不现实的，一旦考虑到市场交易的成本，合法权利的初始界定以及经济组织形式的选择将会对资源配置产生影响。交易要有效率，交易成本必须低于交易所得。这就是科斯第二定理。在科斯理论的影响下，其他一些产权经济学家从交易成本不为零的角度讨论外部性问题，认为外部性之所以产生，是因为交易成本超过了交易所得。弗吕博腾和佩乔维奇认为：“事实上，大量的外部性的存在可以由较多的交易费用来解释。”德姆塞茨分析道：“将一种受益效应或受损效应转化成一种外部性，是指这一效应对相互作用的人们的一个或多个决策的影响所带来的成本太高以至于不值得，这就是该词在这里的含义。”使成本和收益外部化的一个必要条件是双方进行权利交易（内在化）的成本超过内在化的所得。这几位经济学家从另一角度推导出的结论与科斯是一致的，即市场交易效率取决于交易成本。在将外部性与确定、交换、监督或执行产权的成本相联系后，又进一步讨论了共有产权、国有产权、私有产权等制度安排，认为在共有产权和国有产权制度中，由于产权的边界不容易确定，谈判与监督的成本非常高昂，因而交易效率较低、外部性较大，而私有产权制度由于其产权界定的明确性，交易的受益效应或受损效应在很大程度上对交易当事人产生影响，即交易当事人承受了更多自身行为的结果，因而交易成本较低、效率较高。

产权经济学家对产权制度效率的分析有两点必须明确：一是产权必须明确界定。公共产权是未加界定的产权，私有产权是已界定给个人的产权，因而被认为是充分界定的产权。未加界定产权的作用是有限的，界定好的产权才能发挥制度功能。二是产权是可转让的。通常，产权的初始界定很少能够把产权分配给效率最高的使用者，假若产权是可转让的，市场是充分竞争的，那么，可以想见，产权最终会被转让到最有效率的人手中（徐秀英、石道金，2003）。

国内关于产权效率的研究主要体现在：李会明（1995）在《产权效率论》中提出了产权运行效率的说法，他认为：

产权运行效率 =（产权运行收益 − 产权运行成本）/产权运行成本

东北林业大学刘卫东的博士学位论文《产权的性质和原因的研究》中提出了产权资产效率或产权效率，具体表示如下：

$$E_i = \frac{P_{it}}{C_i t}\alpha\beta$$

式中：E_i 为第 i 种产权制度下的产权资产效率；P_{it} 为第 i 种产权制度下总资产 C_i 在 t 期内的收益；t 为时间；α 为资产技术水平调节系数；β 为规模效益调节系数。

或表示如下：

$$E'_i = P_{it}/C_{rpi}$$

式中：P_{it} 为 t 期内产权资产收益；C_{rpi} 为第 i 种产权制度或合约形式的交易费用。

湖南大学的赵晶在其硕士学位论文中也提到了产权效率，文中提出的产权效率，即实施了某种产权制度后的收益与该产权制度运行所花费成本之间的比较。表达式如下：

产权运行效率 =（产权运行收益 − 产权运行成本）/产权运行成本

或

$$E_0 = \frac{PR_0 - PC_0}{PC_0} \times 100\%$$

式中：E_0 为产权效率；PR_0 为产权收益；PC_0 为产权成本。

高磊（2010）在其博士学位论文中提出，产权制度具有效率生命周期的特征和机理，通常显示为效率产生、效率递增、效率递减和效率丧失的周期性过程，同时，他侧重研究在一定时期内，不同的产权制度接受者对产权制度变迁的不同反应敏感程度和适应能力，表现为产权改进而诱致的交易成本的变动率；将定性的评判标准量化，形成产权安排对降低交易成本以及降低作用程度的量化效率评估手段。

第四节　渔业管理的国内外研究现状

一、国外研究现状

（一）基于权利的渔业管理研究

国外学者虽然早就注意到资源配置方式对资源养护和利用效率的影响，但一直到20世纪50年代，经济学家才开始系统研究海洋渔业资源利用问题。加拿大经济学家Gordon曾在1954年提出：不把渔业资源当作私有财产而是作为公共财产，这样就难以避免渔业低效率发展和渔业资源的不合理开发利用。他的理由是，渔业产权划分不明确必然导致渔业发展处于非均衡状态，进而促使总渔获努力量增长过度，这样反而会把潜在的利润消耗掉，会以低效率来利用鱼类资源和投入的资本。经济学家Scott（1955）对Gordon的观点进行了补充。他认为，解决共有财产利用效率问题的关键在于确定“渔业资源单一归属权”。在20世纪五六十年代，Gordon的“共有财产问题”的理论得到了进一步的发展和完善——有限准入，即限制进入渔业是当时主要的替代方案，借以将渔业管理产权化。

自20世纪70年代以来，世界各国政府在限制性捕捞、增加税收、总可捕获量控制、个别可转让配额等方面都进行了各种尝试。在限制性捕捞方面，Homans和Wilen（1996）以加拿大两岸渔业为例，从理论和实证两个方面分析了捕捞的限制性准入。在增加税收方面，Wilen（1985）提出一些替代机制来控制总可捕获量，如提高潜在捕鱼努力量和增加渔民税收等。在总可捕获量控制方面，Wilen（1988）构建了现代化规制渔业模型，如从渔船限制和缩短捕鱼季节角度规制渔业，该模型用来控制可捕获量。Homansand和Wilen（1997）建立了一个开放可利用资源的规制模型，该模型假定管制者以目标为导向，根据安全存量来选择目标收获量，并按照行业捕获能力设定季节长度，进而实施捕获量配额。

在个别可转让配额方面，Christy（1973）提出个别可转让配额制度（ITQs）。他认为在某一品种渔业资源总可捕捞量的基础上，将其分成若干份，分配给渔业生产者，并允许在所获配额范围内自由捕捞，当渔业生产者渔获量达到配额时，禁止其继续捕捞，从而避免过度捕捞问题的出现。配额作为一种财产，也可以同其他财产一样在市场上进行交易。

Pauly 等（1989）简要回顾了关于渔业、发展和贫穷的渔业管理，通过分析第三世界不发达国家的特征，强调渔业和渔业管理的影响。他认为在第三世界国家中，解决渔业问题的关键环节在于为渔民和其他农村地区创造就业机会进行再投资。Buck（1995）提出个别可转让配额制度就是指把总可捕捞量根据一定标准划分成各种小单元，将它们逐个分配给个别渔民、个别渔村等，何时使用由这些渔民和渔村等决定，进而提高渔业经济的运行效率。随后，Reberte（1996）、Hannesson（2000）等学者也在新古典理论框架下丰富了 ITQs 制度理论。

（二）基于共同管理方式的渔业管理研究

共同管理被定义为“政府和使用者共同承担资源管理责任的一种制度安排”。Lane 和 Stephenson（1998）研究了渔业共同管理的组织机构、管理过程和决策支持；Pomeroyet（2001）将研究视角放在亚洲，分析了成功的渔业共同管理的影响因素。Davis（2008）以加拿大为案例分析了渔业共同管理计划成功实施的关键和阻碍。由渔民、渔业专家和政府共同参与管理的方式可以有效避免基于社区管理方式所带来的弊端，渔业资源使用者参与管理政策的制定可以增加内部激励性，通过渔业专家的科学建议与政府的公共管理权力来保障渔业管理机制的公平合理与效益。

（三）基于生态系统的渔业管理研究

基于生态系统的渔业管理方式是以生态系统为考虑，注重研究人与自然的关系。近年来有很多研究论文发表，已成为国外学者研究的热点问题之一，其中比较有影响力的包括：Murawski（2007）提出了关于海洋资源管理生态系统方式的 10 个认识误区；Gray 和 Hatchard（2008）讨论了利益相关者的参与和基于生态系统渔业管理方式的复杂关系；Hilborn（2011）提出了基于生态系统渔业管理的未来方向；Link 等（2011）从渔业科学和管理的角度探讨了西北大西洋的美加两国关于基于生态系统渔业管理的执行情况。

（四）渔业管理效果评估研究

Hillborn（2003）对世界渔业的状态进行了评估和预测，并分析了世界渔业发展的成败决定因素。英属哥伦比亚大学的学者们（Pitcher et al.，2006）通过专家问卷调查的方式对世界53个国家执行世界粮农组织的《负责任渔业行为守则》的一致性进行了评估，评估分为管理目标、管理数据及程序、预防性原则、种群、渔船和渔具、社会与经济因素和监控6个方面。其中，中国的评估成绩没有达到及格分数，加拿大的评估成绩为良好。Marchal等（2009）基于传统的渔业管理方式从管理过程、目标、策略和措施4个方面比较了新西兰和欧盟的渔业资源管理系统。Mora等（2009）通过专家调查法评估了世界海洋渔业的管理有效性，并通过计算探讨管理对渔业可持续性的影响。

二、国内研究现状

在国内的相关文献研究中，关于渔业产权化管理的研究成果较少。刘舜斌（2009）从渔业资源特性和理性经济人的视角阐述了渔业资源产权化是解决渔业问题的根本途径，提出了我国渔业资源产权化的模式及途径，论述了渔业资源产权化的组织形式，并探讨了建立配额管理制度的具体内容。刘国文（2011）提出渔业资源产权化管理应该是我国渔业资源管理科学发展的路径选择。

（一）渔业管理制度方面

马林娜、慕永通（2004）研究了个别可转让配额的发展、作用机理及制度优势，根据中国的实际情况提出了现行渔业产权制度存在的问题，并与个别可转让制度进行比较，得出ITQs的主要优势。杨正勇（2005）分析个别可转让制度的优势，说明治理渔业资源枯竭问题、实现渔业资源可持续发展的有效路径就是采用适合本国国情的个别可转让配额制度。杨正勇从Williamson的角度研究了中国对于引入ITQs时的交易成本，提出因为我国海洋渔业渔民很多、各个海域间存在很大的区别，当引入ITQs时实践操作中遇到的不确定因素就会增大，资产专用性程度很高，所以对于中国海洋渔业制度引入ITQs的交易成本巨大。

陈艳、慕永通（2005）通过研究海洋渔业资源的主要特征，从产权形态及资源租金出发，详细分析了基于产权的渔业管理制度，得出制定渔业产权制度可以有效提高渔业经济效率，实现渔业资源的可持续发展。

于会国、慕永通（2006）比较分析丹麦、荷兰和英国三个欧盟国家研究渔业产权形态，得出荷兰产权制度主要是通过对马力许可的限制和配额种类的限制来进行个别可转让制度的实施；丹麦产权制度是国有财产所有，通过限制入渔提升了渔业权价值，从而创造出良好的经济效果；英国渔业产权介于丹麦与荷兰之间，通常该产权的捕捞许可证、渔船功率等都与渔船有关。但当渔船卖出时，该产权可以与渔船分离开来，说明权利有很大的存在价值。

马林娜等（2006）结合我国的实际情况，分析了渔业资源配置的效率，指出各种配置措施及这些措施运行后的制度效果，指出解决我国海洋渔业资源的有效配置途径在于建立基于权利的渔业管理制度，并提出制定该制度可采取的有效路径。陈静娜等（2006）通过研究渔业产权的基本概念、类型及主要特征，提出为保证我国海洋渔业资源可持续利用，重要的是要建立基于产权的渔业管理制度，然后根据中国实际情况，指出中国海洋渔业进行产权化管理的路径选择。卢宁、韩立民（2007）提出通过建立 ITQs 为基础的渔业产权管理制度可以科学有效地解决我国海洋渔业资源的危机问题，重点分析了渔业产权制度建立过程中应该关注的主要问题，如产权时限问题、产权主体问题、产权转让问题及渔业产权的过度集中问题。张晓泉（2009）通过对国外发达国家的海洋渔业资源产权制度的分析借鉴，寻找出社区渔业管理及捕捞配额是适合中国的海洋渔业资源产权制度模式，并对这些措施进行了详细分析。吴飞飞（2012）根据渔业产权制度的历史变迁，用 DEA 方法对现行渔业制度进行评价，指出先行渔业资源制度所存在的问题，并选择出适合我国渔业发展的产权制度。王芸（2012）系统梳理不同渔业管理方法的演变逻辑和绩效，在此基础上对捕捞配额管理制度进行理论分析，并结合国外渔业配额管理实施的经验和我国实际情况设计基于配额管理的海洋渔业管理制度框架。

（二）渔业生态管理方面

张义龙（2006）首次在国内提出基于生态系统的渔业管理概念，初步对其概念、原则等理论进行了较系统的探讨，并且分析了目前生态系统管理的实践案例，以期生态系统管理的成功经验能对渔业管理有所借鉴。江红（2008）进行了东海渔业生态系统及其保护区情景模拟分析。高文梅（2009）提出渔业生态管理所应具备的理论基础，并将理论结合实际对我国莱州湾实施渔业生态管理进行了初步探讨，为渔业科学家和管理者更好地把生态系统因素纳入渔业管理提供理论参考。蔡利平、黄硕琳（2010）对生态系统方法的研究进行了综述，结合太湖生态系统的特征和太湖渔业资源开发利用的实际情况，提出在太湖渔业管理中运用生态系统方法的实施步骤。褚晓琳（2010）尝试探索应用基于生态系统的管理来解决东海渔业问题，并分析了预警性原则在我国海洋渔业管理中的应用，虽然未提及与基于生态系统的渔业管理的直接联系，但预警性原则却是我国实施基于生态系统的渔业管理很重要的一部分。黄太寿（2011）评析基于生态系统的渔业管理理论的世界前沿研究现状。王冠钰（2013）认为基于生态系统的渔业管理方式已经成为世界渔业管理的发展方向，她借鉴加拿大先进的管理经验，探讨我国未来生态系统水平的渔业管理模式。

综合国内外对海洋渔业管理的研究现状来看，规范性的研究多，实证性的研究少；对整个渔业管理的研究多，单独研究海洋渔业管理的少；对海洋渔业发展、海洋渔业管理机制的研究多，对海洋渔业管理制度、管理绩效综合考察研究的少，更多的只是注重对其中一个方面加以研究。因此，对海洋渔业的管理方式及综合绩效进行研究是当前渔业管理的薄弱之处，为本书的研究提供了潜在的空间。

第三章　海洋渔业资源资产产权化管理的基本问题

一般认为，海洋渔业资源是指自然界天然存在、未经人类加工但有利用价值的资源。正是渔业资源这种天然的特性，依据马克思的劳动价值论我们就会得出：海洋渔业资源是没有价值的。这种资源“无价论”，加剧了人们对海洋渔业资源的盲目开发与不合理利用，导致了渔业资源利用的严重浪费、生态破坏和环境恶化。

资产一般作为会计学概念出现。依据我国《企业会计准则》，资产是指企业过去的交易或者事项形成的，由企业拥有或者控制的，预期会给企业带来经济利益的资源。以上定义表明了资产的三种特性：是现实的资源、有明确的产权属性、能带来未来收益。

所以，在探讨海洋渔业资源资产产权化管理之前，有必要先了解海洋渔业资源概念、特性、海洋渔业资源到资源资产的转变条件等相关内容，作为海洋渔业资源资产产权化管理研究的基础。

第一节　海洋渔业资源资产的概念涵界

一、海洋渔业资源资产的界定

（一）海洋渔业资源概念

资源这一概念源自经济学，是作为生产实践的自然条件和物质基础提出来的。资源是一个动态概念，它的含义和表述，随着人们对它的认识和利用程度的深化而不同（方明、王颖，1991）。《辞海》中把资源概括为“资财的来源，一般指天然的财源。”按中国的传统解释，资源又称财源，即资财之源，财富之源。从广义上讲，人类在生产、生活和精神上所需求的物质、能量、信息、劳力、资金和技术等“初始投入”均可称为资源（辜阻胜、简新华，1994）。

《辞海》认为：“水产资源是指水域中蕴藏的各种经济动植物（鱼类、贝类、甲壳类、海兽类、藻类）的数量。渔业上对经济动植物的数量通常称为渔业资源。包括已成熟可供捕捞的部分和未成熟的预备捕捞的部分”。《农业大词典》和《中国农业百科全书》（水产业卷）中将渔业资源定义为：“水产资源是指天然水域中具有开发利用价值的经济动植物种类和数量的总称。又称为渔业资源”。渔业资源是发展水产业的物质基础，也是人类食物的重要来源之一。渔业资源状况不仅受其自身生物学特性的影响，而且还受栖息环境条件的变化和人类的开发利用而变动。此外，随着人类社会、科学技术和生产手段的日益进步，渔业资源的开发种类也在不断扩大。

海洋渔业资源是目前人类利用最重要的渔业资源，其种类繁多，主要的类别有鱼类、甲壳类、软体类、藻类和哺乳类等，各类群的数量相差很大。鱼类是渔业资源中数量最大的类群，全世界有 2 万多种，中国有记录的约 2800 余种，但主要的捕捞鱼类全世界仅 100 多种。甲壳类主要指虾类和蟹类。软体动物主要包括贝类和头足类，头足类包括柔鱼类、枪乌贼类、墨鱼类和章鱼类。藻类包括海带、紫菜等（陈新军，2001）。

（二）资源资产概念

1. 资产

关于资产，许多学者或组织都对其进行了定义，但这些定义各有特色，至今也没有统一。下面列举常见的几种（姜文来、杨瑞珍，2003）：

（1）《辞海》（1999 年）中讲：“资产是指某一主体由于过去的交易或事项而获得或控制的可预期的未来经济利益。”

（2）在联合国经济与社会理事会跨国公司委员会的《财务报告的主要目标与概念》（1988 年）中，“资产是报告公司由于过去事项而控制的资源（有形和（或）无形的），公司可望从这些资源中获得未来利益”。

（3）在国际会计准则委员会的《关于编制和提供财务报表的框架》（1989 年）中，“资产是指作为以往事项的结果而由企业控制的，可望向企业流入未来经济利益的资源”。

（4）在美国会计学会《公司财务报表所依恃的会计和报告准则》（1957 年）中，“资产是一个特定会计个体从事经营所需要的经济资源，是可用于或有益于未来经营的服务潜力总量”。

（5）中国《企业会计准则》（1993 年）对其定义为，“资产是企业拥有或控制的能以货币计量的经济资源，包括各种财产、债权和其他权利”。

尽管以上这些定义各有特色，至今也没有统一，但从其表述中，可以概括出资产的三个特性（王兆君，2003）：

（1）资产是一种经济资源，是能够带来经济利益的，这是资产的本质。经济资源是能够为人类提供产品和服务的资源。资产作为经济资源，关键在于其是否具有服务潜力和贡献能力、是否能够为拥有或控制它的经济实体或个人的生产经营活动服务。同时，资产存在的目的是为拥有它的组织或个人获取未来的经济利益，它总是处于生产经营过程中的。但是，至于它是否能够在事实上带来经济利益或者带来多少，则取决于资产是否被有效利用。并且作为经济资源，资产同样具有经济资源的稀缺性和有用性。

（2）资产是为某一特定的经济实体或个人所拥有或控制的。每一项资产总是特定个体的资产。某一个体拥有某一种资产，他对其未来经济利益的控制必须达到能享有其利益，加以排斥或对其加以管辖。

（3）资产是能够用货币计量的。虽然资产存在形式上的多样化，某些资产又难以用货币计量，但只要资产被用于运营或交易，它就能以货币计量的方式取得公认的价值标准。

由此可以看出，资产的可获益性、可控制性、可计量性与已发生性是资产的一些基本特征。

2. 资源资产

对于资源资产的概念，国内学术界表述各有不同，比较流行的定义如下：

李金昌等（1999）认为，资源资产是同自然资源价值密切相关的一个概念，是资源价值在财产关系上的表现，是人类资产和财富的重要组成部分。资源资产通常是指受人类直接或间接影响的，实际的或潜在的自然资源存量，其中包括一部分在经济活动参与下形成的资源存量，它们既表现为实物量，也表现为价值量及所有者的财产权，资源资产中比较重要的组成部分有生物、土地及相关生态系统，水及相关生态系统、地下矿产资源及空气等。

谷树忠（2000）认为，资源资产是国家、企业或个人所拥有的、具有市场价值或潜在交换价值的、以自然资源形式存在的有形资产。

上述资源资产定义各有侧重：李金昌等着重强调资产是在价值量和所有权基础上的自然资源存量；谷树忠的定义强调了资源所有属性和价值性能。

姜文来认为，界定资源资产的概念，除了深入了解资源和资产概念，还必须对资源演变为资源资产历史的过程进行剖析，只有如此，才能准确地界定资源资产。据此，他在吸收借鉴前人研究成果的基础上，认为资源资产的定义应为：资源资产是具有明确的所有权，且在一定的技术经济条件下能够给所有者带来效益的稀缺自然资源。

3. 海洋渔业资源资产

海洋渔业资源资产基于海洋渔业资源及资源资产两个概念结合而成，是一个具有双重属性的概念，即海洋渔业既是一种自然资源，又是一种资产，它的物质内涵为海洋渔业资源，是建立在海洋渔业生态系统的物质结构之上的。海洋渔业资源资产绝非简单的字面意思替换，而是渔业资源使用者行为方式的根本性转变。把渔业作为一种资源来看待，则资源使用者通常会加大开发力度，获取最大的资源量；而作为资产看待，资源使用者就会考虑最优开发时间，最优开发方法，将最大化经济租金作为首选，关注的焦点从最大化现金流转变为最大化资产价值。

海洋渔业资源不同于海洋渔业资源资产，资源转化为资产需要一定的条件：

（1）能够用现代技术取得，其物质实体具有使用价值，可作为经营对象，即属于物质财富的范畴。海洋广袤无垠，在深海中更是蕴藏着尚未发现的生物资源，现有科技水平的限制可能难以获得这些渔业资源，也就不能称其为资产。

（2）其价值可以用货币加以计量或合理估计，可作为商品进行交换。这是海洋渔业资源资产化管理所强调的价值量管理的前提。也就是说，能够在海洋渔业资源资产经营主体的会计信息载体中加以反映的资产必须是能够用货币确切计量，或者虽然还无法确切地加以计量，但可以合理地予以估计的资产。

（3）具有稀缺性。稀缺性是指相对需求而言供不应求。海洋渔业资源是可再生资源，从定义分析构不成稀缺性，但由于人类无节制地消费、使用，其利用速度已超过了资源的可再生承载能力，资源正日益枯竭，相对需求而言已达到供不应求的要求，具有明显的稀缺性。

（4）海洋渔业资源资产必须能够被其经营主体所拥有或控制，即产权主体尽可能明确，同时产权边界尽可能清晰，如果边界不清晰，就不能保证资产权益的清晰，也不能保证权益的完全实现。这里的“拥有”一般是指掌握其最终所有权，而“控制”一般是指享有资产的实际经营权或使用权。要判定一项渔业资源能否作为某一主体的资产入账，是否拥有其所有权并不是必要条件，如果经营主体对某项海洋渔业资源虽然不拥有其所有权，却长期控制着它的经营和使用权，就可以将其纳入会计核算系统加以核算和监督。这一条件对海洋渔业资源资产的确认非常关键。

（5）海洋渔业资源资产必须能为其所有者带来经济收益。一些海洋生物虽然可以被人类所发现获取，但经济价值较低或不能给人类带来一定的经济效益，如某些海洋植物资源，也被排除在资产之外。

综合上述条件，本书将海洋渔业资源资产定义为：在一定科技水平和社会经济条件下，具有明确的所有权，能够以货币加以计量或合理估计，从而为其经营者带来未来的经济利益的稀缺的渔业资源。

二、海洋渔业资源资产的基本特性

海洋渔业资源本身的特性决定了其产权界定不同于一般的海洋资源，资源的再生有限性、立体性以及非排他性构成了产权清晰界定的障碍。因此，海洋渔业资源的资产化管理必须建立在对海洋渔业资源资产属性充分认识的基础上。

（一）自然特性

海洋渔业资源是一类生活在海洋中可更新和再生的特殊资源，具有其自身特有的属性变化规律。概括起来，海洋渔业资源具有多样性、再生有限性、波动性、海洋水域空间立体性、游动性、隐蔽性等特点。

1. 多样性

由于海洋环境远比陆地环境特殊和复杂，海洋渔业无论是数量还是种类上都远远超过陆地渔业，极富生物多样性。到目前为止，地球上已被描述和命名的生物物种有近200万种，其中80%栖息在海洋中，除鱼、虾、蟹、贝类外，仅低等的海洋渔业种类就达20万种，而鱼类则为海洋中的高等动物，约有2万种。海洋中动物的种类远远多于植物，可称之为动物的世界。

2. 再生有限性

海洋渔业资源具有自身修复性。一方面，它可以通过海洋渔业自身的繁殖、补充和死亡以及水体的自我净化等过程，使资源得到更新和再生；另一方面，由于受到其生态环境中多种因素的制约和限制，其再生能力又是有限的。

海洋渔业资源能通过自身的调节不断更新和再生的特性就称为再生性。由于海洋渔业资源本身的再生能力有一定的限度，因而每年的渔获量也应有一定的限度，持续的过度开发会使资源衰竭甚至枯竭。

3. 波动性

一切渔业的生长、发育和代谢无不与其生长的环境密切相关。海洋渔业资源对栖息水域的环境因素，如温度、盐度、水流、溶氧量、营养盐等的变化有很大的敏感性，因而其数量常常出现波动。

虽然海洋渔业对环境的变化有一定的适应能力，但也有一定的耐量范围，超出耐量就严重影响它们的繁殖和生长甚至引起大量死亡，导致其数量发生波动。

当然人类的捕捞也会引起群体的渔业特性的变化，如加速个体的生长、促进性早熟、个体组成变小等。

4. 海洋水域空间立体性

海洋从其表面开始，往下可以深到若干米，这一特点决定了在海洋的不同深度都可以分布有渔业生产对象。这也要求我们在渔业开发时可以立体布局，捕捞中可利用不同网具捕捞不同水层的鱼类。

5. 游动性

海洋渔业按其生活方式分为浮游渔业、游泳渔业和底栖渔业三大类。海洋渔业资源除少数底栖渔业固着生活外，绝大多数海洋渔业资源都有在水中漂动、洄游移动的习性。这是和森林、草原资源以及矿物资源所不同的。一般来说，甲壳类和头足类的移动范围较小，鱼类和哺乳类的移动范围较大，特别是溯河产卵的大马哈鱼和大洋性鱼类，有些可移动 1000 多海里。因此，对具有较大游动性的海洋渔业资源不能单纯由一个区或一个国家来管理，对于跨区域、跨国家的海洋渔业资源必须由有关区域或国家共同组织区域或国家机构来管理才能奏效。

6. 隐蔽性

由于海洋渔业资源群体栖息在水中，其数量的多少或数量的变化一般不可用肉眼很直观地观察到，只能通过某些数量指标反映数量变化。因此，海洋渔业资源资产具有隐蔽性。

（二）生物学特征

1. 摄食特性

渔业资源的摄食特性使个体获得能量，维持自身的生存、生长、繁衍后代，同时又对群体的行动规律、食物关系、饵料环境、种群数量变动产生影响。摄食特性包括摄食种类、摄食量、摄食习性、食物关系以及摄食与生物和非生物性环境的关系。

2. 生长特性

生长特性是影响渔业资源数量变动的主要因素之一。鱼类个体的生长具有较明显的季节性。春夏季饵料充足，鱼类摄食强度大，生长迅速，在鱼体的硬体组织（如耳石、脊椎骨、鳞片）形成较宽的轮带；到秋冬季鱼类生长缓慢，形成较窄的轮带。由此，可以鉴定鱼类的年龄，对渔业管理具有重要意义。

3. 繁殖特性

繁殖是鱼类生活周期的一个重要环节，对渔业资源的变动具有重要影响。繁殖特性包括性腺发育周期、生殖习性、性成熟状况、生殖力等。

4. 洄游特性

渔业资源中除少数固着性水生生物外，绝大多数渔业资源都有在水中洄游移动的习性，这是区别于其他资源的最显著特征之一。一般来说，甲壳类等移动范围较小，鱼类和哺乳类的移动范围较大，特别是溯河产卵的鲑鱼、鲟鱼和大部分大洋性鱼类。许多海洋种类产卵时洄游到近岸海区，产卵后游向外海。许多种类在发育的不同阶段生活于不同海区。因此，不少渔业资源种群在整个生命周期中，会在多个国家或地区管辖的水域内栖息。洄游特性是鱼类群体获得有利的生存条件和繁衍环境的重要习性。鱼类的洄游具有周期性、定向性和集群性的特点。在一定时期和一定水域，鱼类会聚集成群。鱼群密集出现的水域，渔业上称为渔场。鱼群密集出现的时间，渔业上称为鱼汛。鱼类的洄游有产卵洄游、索饵洄游、越冬洄游等。

5. 波动性

渔业资源除了受到捕捞、污染等因素的作用下，还极易受到气象、水文环境等自然因素的影响，不可预见的因素较多，资源量波动性较大。水温、海流等因素的异常变化都会对渔业资源造成极大的影响，如厄尔尼诺现象造成秘鲁鳀鱼产量的剧烈波动。由于渔业资源的波动性造成捕捞生产和水产养殖等生产活动的不确定性和更大的风险性。

6. 渔获物的易腐性

如果渔获物腐败变质，就会完全失去食用价值和财富的效用，即使没有腐败变质，若鲜度下降，水产品利用效果也会降低。因此，在无保鲜措施的时代，渔业资源的利用和流通的范围受到了很大的限制，水产品的消费也局限在沿江河湖海地区。冷冻技术的发展促进了渔场的远洋化、流通的广域化以及加工原料的大量贮藏，为渔业的发展创造了条件，促进了渔业资源的大规模开发和利用。

7. 共享性

对于捕捞渔业资源而言，除领海和专属经济区外，海洋的极大部分没有划分国界，即使是一国的领海或跨界河流，一般也没有明显的行政区界限。由于渔业资源具有洄游性和流动性，因此，在某一水域中，对于某一种渔业资源甚至是同一种群，常常是几个国家或地区共同开发利用的对象。人们难以将其局限在某一海区或某一水域进行管理；同样某一渔民也无法阻止别人前来捕捞，即具有利用或消费无排他性的特征。这是一种典型的共享性资源。共享性资源是非专有的，非专有性是财产权的一种减弱，它导致低效率。在这种情况下，价格既不能在使用者之间对分配和利用资源起协调作用，也不能为生产或保护资源以及提高收入提供刺激作用。其配置结果是资源开发过度以及在资源管理、保护和提高资源生产能力等方面投资不足。人们可以自由入渔，渔业资源的产权往往是在被渔民捕获时才确定的（陈新军、周应祺，2001）。

（三）经济学特性

1. 海洋渔业资源资产供给的稀缺性与需求的刚性

在人类大规模进军海洋之前，无所谓资源供给的稀缺性。而当人类大规模开发利用海洋渔业资源之后，其需求不断扩大，而海洋渔业资源的可再生能力是有限的。资源和人类社会系统的关系是不可逆的。这从本质上规定了资源的单流向特征，即资源只能是供体，社会系统是受体。而作为供体的资源总是被消耗的，只要是被消耗，也就总是稀缺的。即使是作为可再生资源的海洋渔业，其再生能力也是有限的，同时，海洋渔业资源资产也具有刚性需求的特性，这与人口增长、渔业资源稀缺度不断提升是联系在一起的。若不注意保护、合理开发，超越其再生能力开发，也会造成资源枯竭。资源供给的稀缺性和需求的刚性决定了资源合理配置的必要性，而要实现资源的合理配置和流动，明确的产权界定必不可少（陈百灵、郭守前，2002）。

2. 海洋渔业资源资产的非排他性

海洋渔业资源属于典型的共有资源，这些资源的产权难以用传统的产权理论予以界定，需要通过一些非传统的途径进行产权的界定，如国外有学者提出以生物链的思想界定渔业资源的开发使用权。

本书提到的产权清晰，不仅是法律意义上的，而且是运行机制上的，把产权清晰当作贯穿整个经济运行过程的动态范畴，而不是仅仅作为法律上的固态概念。从法律上看，我国的海洋资源归国家所有，产权似乎是清晰的，但在经济运行过程中实际上是模糊的，并不清晰。如何通过适当产权安排，实现所有权与经营权的有效分离，形成人格化的资产市场化营运主体，才是真正意义上的产权明晰。

3. 渔业资源利用的外部性

渔业资源的公共性必然导致对渔业资源的过度使用，导致每一单位的捕获量成本上升，或者减少和破坏对未来的可获取量，存在负的外部效应。也就是说，渔民的作业方式会影响整个海域渔业资源的数量和质量，由于不能排除他人利用这种资源，而且也不需要为利用这种资源付出成本，不需要为影响他人而付出成本，所以每个捕鱼人都担心自己在未利用这些公共资源之前就被他人占用甚至用光，因而都不愿等到资源利用的最佳时机才去用，不给资源休养生息的机会，捕捞强度超过了资源再生能力，从而导致渔业资源的过度利用和资源的日益衰竭。除了对自身的外部性外，某一海洋区域的开发利用不仅影响本区域内的自然生态环境和经济效益，而且必然影响邻近海域甚至更大范围内的生态环境和经济效益，当然，这种影响既可能是正面的，也可能是负面的，即具有外部性。因此，渔业开发必须要求国家以社会代表的身份制定合理的产权制度，对全部所辖海域进行宏观的管理、监督和调控。

4. 存在集体行动问题

渔业资源中的集体行动问题一直存在，这是由前述几个特性决定的，渔业资源面临的集体行动问题可以归纳为：一群相互依赖的资源使用者在面对不确定性和所有人所面临的“搭便车”、规避责任和其他机会主义行为诱惑的情况下，如何组织起来，通过某种方式进行集体行动，以取得持续的共同利益。渔业资源使用者的个人策略选择受到预期收益、预期成本、制度安排（正式和非正式）和贴现率等因素的影响。人们选择的策略会在一个共同的渔业资源系统中产生结果，并影响对未来行动的收益和成本的预期。渔业资源使用者独立行动，在通常情况下，他们获得的净收益总和会低于其以某种方式协调其策略所获得的收益总和。但是长此以往，渔业资源使用者独立决策进行的资源使用活动可能摧毁渔业资源本身，导致渔业资源衰竭，也即产生个人理性导致集体的非理性。

三、海洋渔业资源资产特性的经济学解释

（一）几个经典模型

自渔业资源过度捕捞问题被重视之后，许多专家学者试图从理论上解释渔业问题，并找出解决的办法，但大都囿于单纯的渔业生物技术方面的研究。1953年 Gordon 利用标准的经济学理论，通过模型分析说明了自由准入渔业的渔获努力量均衡水平必将总是超过获得最大经济产量所需要的水平，第一次清楚地描述了渔业崩溃的过程。此后，人类对渔业问题的产生根源和有效解决方案的认识逐渐加深。其中，三个解释公共资源不可持续利用的模型——共有财产悲剧、“囚徒困境”和集体行动逻辑模型，能够很好地说明渔业资源过度利用问题，通过这些模型人们提出各种解决渔业资源过度利用的制度安排。

1. 戈登—希佛（Gordon - Schaefer）模型

经济学家 Gordon 和生物学家 Schaefer 建立了渔业资源经济的 Gordon - Schaefer 模型，该模型是渔业资源经济学和渔业管理理论中最基本和应用最广泛的模型之一，至今仍然是现代渔业管理理论中的代表性模型，一直指导着渔业专家认识和理解渔业问题。

该模型只考虑一个单一的、孤立存在的渔业种群，忽略影响种群丰度变化的环境变动因素。其基本假设是：①鱼类个体自然增长与群体生物量之间存在逻辑斯蒂（Logistic）函数关系，即种群生物量最小时，鱼类个体净生长率达到最大

值，即其固有生长r（见图3－1）。②所有捕捞作业形式完全一致，不考虑渔获物和捕捞成本的时间变化，当该种群处于原始状态时，一旦其生物量达到最大环境容量（k）的水平，该种群便达到均衡，此时个体净生长率为零。

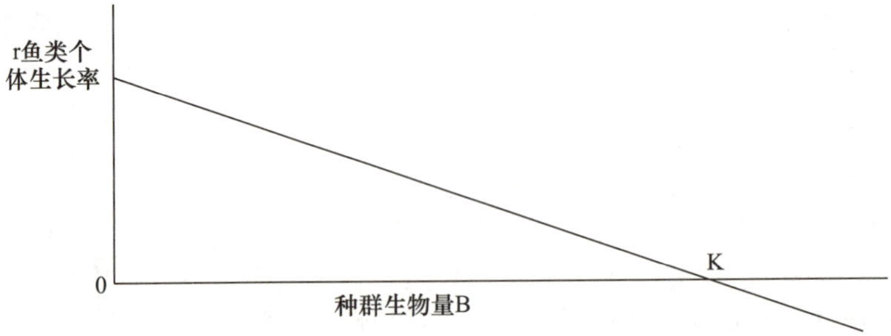

图3－1　鱼类个生体长率和种群生物量之间的关系

群体总生长率（相对于个体生长率）的群体生物量之间表现为钟形函数关系（见图3－2）。如果渔获量与渔获努力量（F）和种群生物量（B）成比例，就可以用通过原点的一条直线来表示渔获量，该直线的斜率止好等于单位努力渔获量（q）乘以总渔获努力量（F）。用公式表示就是：

$$Y = q \times F \times B$$

其中，Y代表渔获量。在代表渔获量变化的直线和种群自然生长曲线交会处，种群生物量和渔获量同时达到均衡，如果种群生物量低于这一水平，种群生长将超过渔获量而使种群生物量重趋均衡；相反，如果种群生物量高于这一水平，渔获量将超过种群生长速度，从而降低种群生物量使其重趋均衡。生长曲线顶端代表着最大可持续产量（MSY），它发生在生物量等于BMSY的位置（见图3－3）。一般认为，低于最大可持续产量的种群处于生物学过度利用的状态。

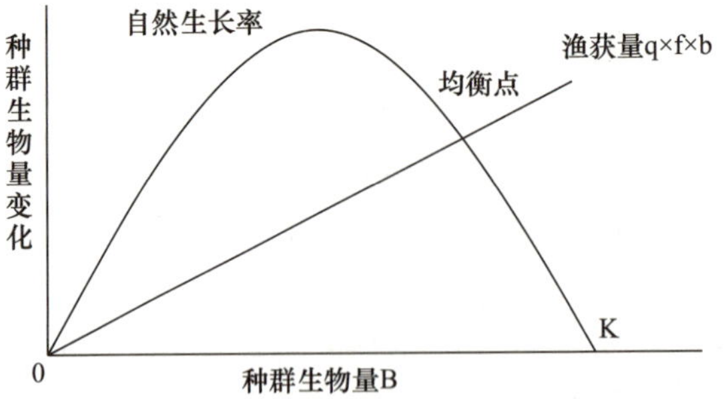

图3－2　群体生物量变化与种群生物量变化之间的关系

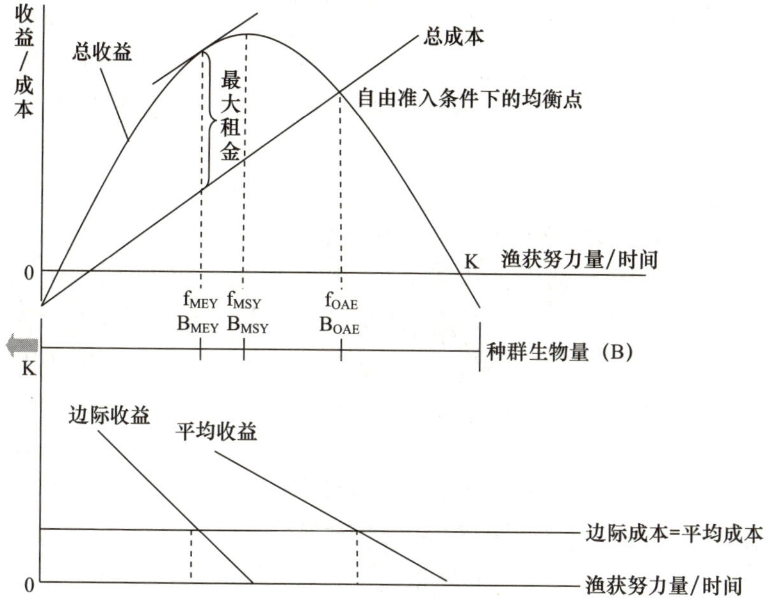

图 3－3　自由准入、MSY 和 MEY 条件下的渔业均衡

假定鱼的市场价格保持不变，则渔业总收入和均衡的种群生物量或均衡的渔获努力量之间存在钟形函数关系（见图 3－2），如果单位努力渔获量的固定成本和可变成本也都保持不变，则可以把渔业总成本看作是通过原点的一条直线，该直线的斜率与单位努力渔获量的成本成比例。收益曲线和成本线之间的差异代表该种群可提供的潜在租金（利润），而收益曲线和成本线交叉点则代表自由准入状态下的渔业均衡，用 OAE 表示，与此对应的是自由准入状态下的渔获努力量（f_{OAE}）和种群生物量（B_{OAE}），此时单位努力渔获量的平均收益等于其平均成本，即总收入等于总成本。

当渔获努力量小于自由准入状态下的渔获努力量时，作业渔民将获得超额利润，在自由准入状态（即入渔不受限制）下，这种超额利润将诱使现有作业渔民增加渔获努力量或吸引更多的渔民进入该渔业；相反，当渔获努力量大于自由准入状态下的渔获努力量时，亏损将迫使现有渔民降低渔获努力量或某些渔民退出该渔业。因此，在自由准入条件下，渔业动态均衡只能发生在单位努力渔获量的平均收益等于其平均成本的水平上。但是，在这一点上，渔业的资源租金等于零。从经济学角度看，如果能够将渔获努力量固定在产生最大经济产量（MEY）的水平上，整个社会将变得更好，即达到帕累托最优均衡（王志凯，2005）。

若该种群属于私人所有且给定零贴现率，就可以把渔获努力量限定在与 B_{MEY}

相对应的种群生物量水平上，从而实现静态最大经济产量，这将导致渔业租金最大化。除非捕捞成本为零，否则产生最大可持续产量的种群生物量，将总是低于实现静态最大经济产量的种群生物量，即 $B_{MSY} < B_{MEY}$。当渔业资源贴现率大于零时，能够产生最大的、已贴现的利率流的生物量，即动态最大经济产量。静态最大经济产量是当贴现率为零时动态最大经济产量的一种特殊情况，随着贴现率的升高，动态效率捕捞努力量增加，如贴现率无穷大，捕捞努力量则增加到 P_{OAE}，在这一点上，净收益等于零。当贴现率无穷大时，边际利用成本为零，因为未来的渔获物将不具有任何价值。这表明：①边际利用成本等于边际支付意愿；②总收益等于总成本。鱼类种群降低到与生物学最大可持续产量相对应的生物量以下的可能性取决于贴现率的高低。一般而言，捕捞成本越低，贴现率越高，动态效率捕捞努力量就越可能超过与最大可持续产量相对应的捕捞水平。当边际捕捞成本等于零时，静态最大经济产量和最大可持续产量相等。正是由于边际捕捞成本为零和正贴现率，动态效率捕捞努力量必定超过静态效率捕捞努力量，而静态效率捕捞努力量又与最大可持续产量联系起来。随着捕捞成本增加，静态最大经济产量减小，而最大可持续产量保持不变。贴现引起种群规模低于与最大可持续产量相对应的生物量以下。相反，捕捞成本越高，这种可能性就越小（李晓钟，2002）。

Gordon－Schaefer 模型说明，由于渔业资源的自由准入性质，捕捞活动自由竞争的结果常常导致过度捕捞，使捕捞努力量超过经济上最优的努力量，造成渔业资源的过度利用。

2. 公地悲剧模型

公地悲剧理论最早由英国学者加雷特·哈丁教授提出，哈丁于 1968 年在《科学》杂志上发表了一篇题为《公地的悲剧》的论文，在文中以公共牧场的无控制放牧模型描述了利益最大化的理性个体行为是如何导致公共利益受损的恶果。从此，公地悲剧成为描述资源和环境退化的一个代名词：任何时候当许多人共同使用某种稀缺资源时，资源的严重配置不当或滥用就会出现，从而导致了公地悲剧。也可以理解为，任何没有规定产权的资源，或者任何没有制度约束的领域，都会出现资源的过度使用，或者行为人的过度行为，并最终损害集体及其自身的利益。

在经济学中，公地是指公共池塘（Common Pool）资源，指的是无排他性而有竞争性的物品，这种资源人人都可以使用，但一个人的使用会减少其他人的使用。而且在使用中收益是归个人所有，损失却由全体使用者共同分担。也即个人的行为会产生外溢损失，但却不必为此付出相应的代价。其原因是个人在决策时只考虑个人的边际收益大于等于个人的边际成本，而不考虑社会成本，最终造成资源的滥用，导致提供自由获取权的经济系统的失败和崩溃。

海洋渔业资源具有典型的公共池塘资源属性，具体表现为，因缺乏有效的排他性产权或者进入限制而造成的对捕捞生产投资过度、单位捕捞活动收益低、鱼群存量减少、资源系统退化等。为了阐释这个问题，假定这样一个事例：某地区有一片公共海域，每位渔民都可以随意在海域内捕鱼，看最后会出现什么样的结果，这里对两个结果进行比较：一是海域产权明确归个人所有；二是公共产权。假定购置一条渔船的成本为 a，每一条渔船可捕到多少鱼取决于海域中渔船的数量 c，假定 c 条渔船可以捕到鱼的价值总量为 f(c)，那么每条渔船创造的产值为 f(c)/c。

如果这片海域为单个人所有，那么这个人就会从渔业可持续发展的角度来考虑，则渔业资源的最佳利用是使总收益最大，即[f(c) - ac] = Max，两边同时求导并令其为0，就会得到每增加一条渔船的边际收益(MR)等于 a，即 $f'(c') = MR(c') = a$，这时，该人会自觉地将渔船的数量调整到 c′，也就是说，渔船的总数 c′是由边际收益 MR(c′)等于边际成本来决定的。

现在假设这片海域是公共的。当每个捕捞者在考虑是否增加渔船的数量时，只考虑增加一条渔船给自己带来的额外收益 f(c)/c，并将此与成本相比较，如果 f(c)/c 大于 a 的话，捕捞者就会增加这条渔船。完全不会考虑增加这条渔船带来的外部成本，这个外部成本就是所有捕捞者渔船的增加会过度利用渔业资源，而渔业资源的减少会减少其收益。也就是说，捕捞者如果增加一条渔船，这时该条渔船所创造的产值为 f(c+1)/(c+1)，因为渔业资源在一定时间和范围内大致不变，是一定的，即 f(c+1) = f(c)，所以 f(c+1)/(c+1) < f(c)/c。每个渔民都会采取这种做法，最后均衡的渔船数量符合这样的等式 $AR(c^*) = f(c^*)/c^* = a$，也就是说渔船的总数量按平均收益(AR)与每条渔船的成本 a 相等来决定的。上面的结论可用图 3-4 来说明。

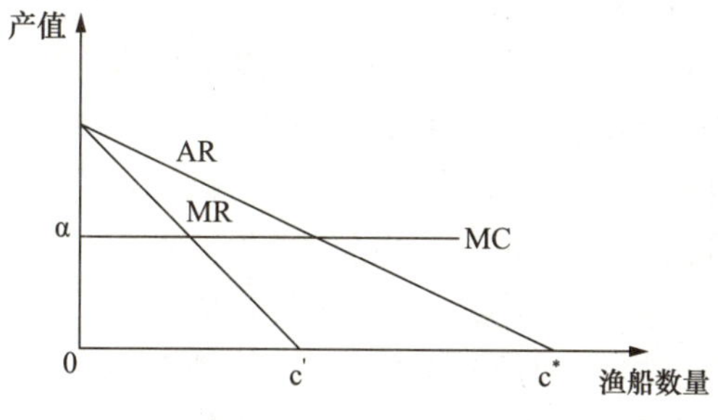

图 3-4　海洋渔业资源的不同配置机制所产生的不同效果

在图3-4中，AR表示平均产值曲线，MR表示边际收益曲线，MC表示边际成本曲线。如果海域为某人私有时的均衡结果为c′，这表明海域渔业资源得到了最佳利用；而当其公有时，均衡的结果为c^*。显然c^*要大于c′，意味着海洋渔业资源被过度使用了（刘国文，2011）。

3. 外部性理论分析

外部性是由英国福利经济学家庇古首先提出，并由美国新制度经济学家科斯加以丰富和完善的一个重要的经济学概念。外部性理论认为经济行为主体的个体经济行为的外在影响，表现为私人成本与社会成本、私人收益与社会收益的不一致。外部性分为正外部性和负外部性，如果一个经济主体对其他经济主体造成损害但却不必为此支付成本时，称为外部不经济。例如，农药厂由于生产对周围居民生存环境的污染。相反，当一个经济主体为其他经济主体带来利益而得不到应有的补偿，称为外部经济。例如，某一农户在农田喷洒农药对旁边他人稻田的庄稼有防虫作用，但无人对其行为进行付费。

同时外部性还有单向和双向之分。单向外部性是指外部性的产生仅仅由行动的一方向另一方的单方向传递；双向外部性则是指双方相互地既对另一方产生外部性，同时又是对方产生的外部性的承受者。海洋渔业资源中的外部性就是双向外部性。任何一名渔民增加捕鱼量都会减少其他渔民可捕捞的数量，但没有人会去考虑他的捕鱼对其他人捕鱼机会的影响，而且一个渔民能够捕捞到多少鱼，不仅取决于他自身的捕鱼努力，也取决于其他渔民的捕鱼努力（已捕捞的数量）。因而，这是一种负的外部性或双向外部性。

在福利经济学家来看，无论是正外部性还是负外部性都会导致资源配置不当。因为，在正外部性条件下，某经济主体的私人收益小于社会收益，但社会从私人经济活动中所得到的额外利益并未通过一定的手段或途径转移到该经济主体手中，事实上社会无偿侵占了该经济主体的部分利益，将会影响其生产或消费行为。在此情况下，从社会福利的角度看，该经济主体对资源的使用不足。同样，在负外部性条件下，经济主体的私人成本小于社会成本，该经济主体也并不承担超过私人成本的额外成本，因而该经济主体的生产量或消费量就超过了社会所能接受的最佳数量。此时，从社会福利的角度看，该企业对该社会资源的使用就过量了。总之，外部性的存在使得社会资源配置不合理，无法达到帕累托最优，影响了社会的福利水平。而从新制度经济学角度来看，科斯认为外部性的存在是因为：第一，市场缺乏，资源利用不能完全排他，市场机制配置资源无效率；第二，人们只注重短期利益；第三，产权不能清晰界定（武华光，2006）。

海洋捕捞活动中的负外部性主要表现在：①当捕捞者在某海域进行捕捞活动时，他减少了其他人对该海域渔业资源的享用，由于当事人为了自己利益最大化去决定自己捕捞，因此他并不考虑这种负外部性，不会为他人捕捞量的减少而付出成本，结果是过度的捕捞会摧毁有商业价值的渔业资源。这是捕捞活动中最主要的一种外部性。②对某种鱼类的过度捕捞会对其他相关鱼类造成影响。首先，由于海洋生态系统的复杂性和多样性，各种种群之间通过食物链相互联系，一种渔业资源存量的大量减少会影响其他资源的存量。国际自然保护组织“俄刻阿诺”的科学家发布了一项报告，称发现数个海洋物种的体型变瘦弱，繁殖趋缓，有些种群数量萎缩了，这都是因为它们的食物来源正被捕捞一空。其次，兼捕（by－catch）现象也会产生负的外部性。在捕捞目标鱼类的同时，捕捞者也会捕获一些非目标鱼类，而这些兼捕的鱼类往往会死亡并被丢弃，造成资源的浪费。最后，对种群亲体的过度捕捞将直接导致种群数量的减少。这些外部性不但会导致高昂的社会成本，还会导致资源的衰竭。③捕捞过程中使用不当的捕捞方式也会产生负外部性。除了上述的兼捕问题外，一些捕捞工具还会对生态环境造成不良的影响。例如，深海拖网捕鱼，这是破坏力极强的捕鱼方式，不仅能将所有鱼类“一网打尽”，更是摧毁鱼类等海洋生物赖以繁殖和生长的海床生境（卢秀京，2005），此类捕捞方式也会给社会带来极高的生态资源成本，因此政府应对此进行管制。

由于捕捞活动中存在的负外部性，市场将无法对海洋渔业资源进行有效的配置，即会出现市场失灵。具体表现在海洋渔业资源开发上，及个人捕捞量的总和超过社会最优捕捞量无法达到社会总福利的最大化。

假定海洋捕捞者的私人成本和社会成本分别为 Cp 和 Cs。由于存在负外部性，所以私人成本小于社会成本，即 $Cp < Cs$。如果这个人采取该行动所得到的私人收益 Vp 大于其私人成本而小于社会成本，即 $Cp < Vp < Cs$，那么这个人显然会采取该捕捞行动，尽管从社会的观点来看，这个行动是不利的。这时帕累托最优状态没有实现，存在帕累托改进的余地。因为如果这个人不采取这项行动，则他放弃的好处即损失为（$Cs - Cp$）。由于（$Cs - Cp$）>（$Vp - Cp$），所以如果以某些方式重新分配损失的话，就可以使每个人的损失都减少。

一般来说，当存在负外部性时，私人活动的水平常常要高于社会所要求的最优水平，表现在海洋渔业的使用量上就是私人捕捞量超过了最优捕捞量。可用图 3－5 来解释。当产生负外部性时，这时所达到的均衡［边际私人效益（MPB）＝边际私人成本（MPC）］能使私人获利最大，但却不能使社会受益最大，因为社会受益最大的条件是边际社会收益（MSB）＝边际社会成本（MSC），结果就是水产品售价低，市场扩大，利润增加，捕捞量增加。

在图 3－5 中，MSC＝MPC＋MEC。按照利润最大化的原则（边际收益＝边际成本），当 P_0＝MPC 时，该捕捞者获得最大利润水平，相应捕捞量为 Q_c。但从社会的角度来看，捕捞者在决定其最大捕捞量时，应该考虑其捕捞中的所有费用，

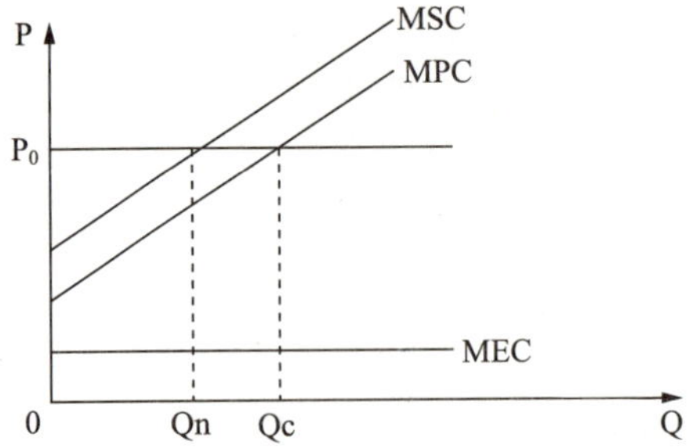

图3－5　外部不经济对海洋渔业资源配置的影响

包括私人费用，也包括外部费用，使产品价格与边际社会成本相等，即 P_0 = MSC。此时该捕捞者的合理捕捞水平应为 Q_n，而不是 Q_c。因为这时就产生了负外部性，但这种外部成本并没有进入他的决策函数，所以渔民的捕捞量大于社会最优水平。由此可见，该捕捞者的最佳捕捞水平 Q_c 和社会要求的最佳捕捞水平 Q_n 之间的差额（$Q_c - Q_n$）代表该捕捞者的过度捕捞量（陈伟、卢秀荣，2005）。

4. 捕捞者之间的博弈——囚徒困境

囚徒困境是另一个典型的被用来描述在共有流动性、集群资源问题中个人理性与集体理性冲突的模型。囚徒困境描述了这样一种情形：警察抓住了两名嫌疑犯，但检察官缺乏足够的证据在审判中指证他们有罪，如果囚犯中至少有一人供认犯罪，就能确认罪名成立。为了得到所需的口供，警察将这两名囚犯分别关押以防止他们串供或结成攻守同盟，并分别告诉两名囚犯他们的处境和面临的选择：承认有罪或不承认有罪，如果两名囚犯都不认罪，检察官将会以一些较轻的罪名使他们得到轻微的处罚；如果两人都承认了，将会被起诉，但检察官会建议不给他们最严厉的惩罚；如果一个人承认，另一个人不承认，承认的会因此受到宽大处理，而不承认的则会加重罪名。以坐牢的年份作为结果，可以用一个矩阵将这个博弈表示出来（见图3－6）。

囚犯2

		不承认	承认
囚犯1	不承认	各监禁1年	囚犯1，监禁10年 囚犯2，监禁3个月
	承认	囚犯1，监禁3个月 囚犯2，监禁10年	各监禁8年

图3－6　囚徒困境

如图 3－6 所示，对于囚犯 1 和囚犯 2 来讲，各自都有两种可选择的策略，共有四种可能的结果，在这些结果中，每个囚犯可能取得的最好结果是监禁 3 个月，最坏结果是监禁 10 年，从理性的角度出发，两个囚犯的目标都是要追求自己的最好结果。对囚犯 1 来说，囚犯 2 有承认和不承认两种可能的选择，假设囚犯 2 选择的是不承认，那么囚犯 1 选择不承认的结果是监禁 1 年，选择承认的结果是监禁 3 个月，囚犯 1 应该选择承认；假设囚犯 2 选择的是承认，那么囚犯 1 选择不承认的结果是监禁 10 年，选择承认的结果是监禁 8 年，囚犯 1 还是应该选择承认。同样的道理，囚犯 2 的唯一的选择也是承认。因此，该博弈的最终结果是两个囚犯共同选择承认的策略，各被监禁 8 年。但是，这个结果对于两囚犯都并非最优的结果，两个囚犯在决策时都以自己的最大利益为目标，结果却无法实现最大利益甚至较大利益。

渔业资源中的渔民所面对的决策，与囚徒困境博弈中每一个囚犯所面临的决策是相同的结构。以渔业资源为例可以用非合作博弈的囚犯困境博弈对哈丁的模型进行分析。假定一个公共渔场，有一个捕捞强度上限，最大可持续捕捞量（或最大捕鱼能力）G；渔民是博弈对局中的参与人，并且是同质的。在一个两人参与的博弈中，合作策略可以被设定为每个渔民都捕获 G/2 的鱼（或投入 G/2 的捕鱼努力），这时，他们各自获得 8 个单位的利润。背叛策略则是渔民选择超过 G/2 的捕捞量并尽可能多地增加捕鱼努力的行动，如果一名渔民选择合作策略，即把捕捞量控制在 G/2 的限度内，另一名渔民选择背叛策略，那么背叛者将获得 10 个单位利润，而受骗的合作者获得利润是－1。如果两名渔民都选择背叛策略，他们获得的利润将都是零。两个渔民的博弈对局可用图 3－7 表示。

渔民 2

		合作	不合作
渔民1	合作	(8，8)	(－1，10)
	不合作	(10，－1)	(0，0)

图 3－7　渔民的囚徒困境

如图 3－7 所示，如果两个渔民不能达成有约束力的协约，由每一方独立选择，作为理性的个人，他们都将选择背叛策略。也就是说，背叛是两个渔民的一种占优策略，因为给定另一名渔民的任一策略选择，背叛这一策略都会给其选择者带来超过其他策略的支付，因而它胜过所有其他任何可供选择的策略。当两名渔民都选择其占优策略，即（背叛，背叛）策略组合，博弈就达到了占优策略均衡。这个均衡是一个纳什均衡，但不是一个帕累托最优均衡。因为从（背叛，背叛）变到（合作，合作），会使博弈双方的获利状况变得更好，是一种帕累托改进。它使博弈双方得以摆脱独立选择的自由状态，趋向合作，增进福利。但是，尽管（合作，合作）的策略组合明显优于（背叛，背叛）的结果，但背叛策略的占优地位足以使合作策略不可能构成一对均衡策略。

渔民囚徒困境反映一个深刻的问题，即渔民的个人理性和集体理性冲突，每个渔民博弈过程中均选择背叛行动，各自尽可能多地增加捕鱼努力，最大可持续捕捞限额被大大突破，鱼群的再生能力遭到破坏，渔业资源走向衰退和毁灭。

5. 集体行动逻辑模型

1965 年，曼瑟尔·奥尔森（Mancur Olson）在《集体行动的逻辑》一书中，更有力地论证了囚徒困境中反映的个人理性与集体理性的冲突。书中挑战了群体理论的流行观点，即具有共同利益的个人会自愿地为促进他们的共同利益而行动。奥尔森明确指出这种论断是错误的，在一个群体范围内，如果由于某个个人活动使整个群体状况有所改善，由此可以假定个人付出的成本与群体获得的收益是等价的，但付出成本的个人却只能获得其行动收益的一个极小的份额，因此，群体收益是公共性的，这种性质促使集团的每个成员都想通过“搭便车”而坐享其成。任何时候，一个人只要不被排斥在分享有他人努力所带来的利益之外，就没有动力为共同的利益作贡献，而只会选择做一个“搭便车者”。如果所有的参与人都选择“搭便车”，就不会产生集体利益。也就是个人理性不会促进集体的公共利益。

在奥尔森看来，一个集团的人数是影响集体行动至关重要的因素，在大集团和小集团中利益互动的结果完全不同，在小集团中，利益互动可能产生集体利益，这与传统集团理论一致，然而大集团中的利益互动则不可能自发地产生集体利益，这与传统集团理论相违背。奥尔森按理性经济人的逻辑进行了分析，认为无论是大集团的成员还是小集团的成员，他们每时每刻都在理性地追求个人利益的最大化。但是，大集团人员追求个人利益最大化的结果却不会促进公共利益。因为：①同一集团的成员虽然有共同的目标和一致的利益，但是他们之间同时存在着深刻的冲突。在大集团中，这种利益冲突往往大于利益的一致，从而严重阻碍集体的公共利益的实现；②公共利益本身存在着强烈的“搭便车”诱惑，集团越大，这种诱惑越强烈；③大集团的组织成本高昂，阻碍成员增加公共利益的努力。

为进一步认识集体行动逻辑模型，可以通过一个博弈模型进行说明。为简单起见，假定一国仅有 5 户渔民 a、b、c、d、e，他们独自决定各自每年的捕鱼量

qa、qb、qc、qd、qe，每条鱼的捕捞成本均为 $c=5$，并且知道这个国家海洋的每年最大允许的捕捞量为 Q_{max} 和不同捕捞量下每条鱼的收益 $y(Q)=125-Q$，$Q=qa+qb+qc+qd+qe$，当 $Q \geq Q_{max}$ 时，$y(Q)=0$，当 $Q<Q_{max}$ 时，$y(Q)>0$。

显然这是一个完全信息静态对策。

每户渔民的收益函数为：

$Ui=qi[(125-Q)-5]=qi[120-Q](i=a, b, c, d, e)$

渔民 a 对其他四户渔民的反应函数为：$dUi/dqa=0$，

即 $qa=(120-qb-qc-qd-qe)/2$，同理 b、c、d、e 四户渔民的反应函数分别为：

$qb=(120-qa-qc-qd-qe)/2$

$qc=(120-qa-qb-qd-qe)/2$

$qd=(120-qa-qb-qc-qe)/2$

$qe=(120-qa-qb-qc-qd)/2$

联立以上方程可得：

$qa=qb=qc=qd=qe=20$，每户渔民的收益为：$Ua=Ub=Uc=Ud=Ue=400$，如果这五户渔民采用合作对策，则五户渔民的总收益为 $U=Q(120-Q)$，令 $U'=0$，可得 $Q=60$，五户渔民的捕鱼量为 $qa=qb=qc=qd=qe=12$，每户渔民的收益为：

$Ua=Ub=Uc=Ud=Ue=480$

当每户渔民的捕捞量从 20 降到 12 时，收益却从 400 上升到 480。从单个渔民的个体理性出发，渔民应当尽量多捕。但是从集体理性出发，将渔获量控制在一定范围内符合整个社会的利益。由此可见，在海洋渔业资源的利用中个体理性与集体理性之间存在矛盾。

（二）对经典模型的解释与制度引用

利用戈登—希佛、公地悲剧、囚徒困境和集体行动逻辑模型对海洋渔业资源开发利用进行分析，都得出渔业捕捞过度的结果。戈登—希佛模型利用成本—收益分析方法论证了为何自由准入的渔业中资源的租金会被浪费掉。公有财产悲剧、囚徒困境和集体行动逻辑三个模型揭示的中心问题都是“搭便车”问题。四个模型分析对于解释渔业资源过度利用问题都做出非常重要的贡献，但由于模型的建立需要严格的假设条件，而这些模型的假设条件共同点就是忽略了制度安排的约束功能，通过下面对上述模型的再认识和进一步解释，可以进一步说明在渔业资源利用中有效制度安排的极端重要性，而且制度安排要多样化。

1. 对戈登—希佛模型的再认识

从戈登—希佛模型分析可知，为了解决渔业资源的公共特性和自由准入制度所造成的过度竞争及资源浪费问题，必须对渔业资源进行管理和控制。但该模型的主要缺陷在于其假设与现实不符：首先，受时代局限性的影响，在模型中没有对信息和管理制度的交易成本等予以考虑；其次，现实世界几乎不存在不受管制的渔业；再次，不存在完全独立于自然环境以外的、单一种群的渔业；最后，现实世界中渔获物和渔业水产品市场价格存在波动性。因此，该模型只能用作教学演示。此外，尽管确定了渔业管理应追求资源利用水平，即最大经济产量或最大可持续产量（取决于管理目标），但是缺乏对于目标实现路径的论述，其主要贡献在于告诉政策制定者应养护渔业资源和实现渔业经济效率最大化。另外，该模型还提供了一个非常有价值的结论，即只有当捕捞活动的总收益等于总成本（或者说平均收益等于平均成本）时，自由准入渔业才能达到均衡。但是，此时渔民的浪费性竞争已使该渔业的资源租金浪费殆尽。因此，只要渔业存在自由准入状态，不管是何种原因造成的这种状态，渔业经济效率必然低下，过度投资和过度利用也就在所难免。

2. 对公有财产悲剧模型的追问

公有财产悲剧模型被广泛应用于解释自然资源利用过程中"搭便车"现象引起的各种问题，该模型把自然资源利用过程中出现的问题归因于其公有性质，认为随着越来越多的人参与有利可图的利用过程，悲剧性结局将不可避免。它对自然资源过度投资和过度利用演变过程及发生机制的分析合理地解释了现实中发生的问题，因此，该模型具有一定的说服力。但是该模型同样也存在很多缺陷。一是渔民数量无限的假设过于苛刻，没有考虑现实世界渔民的异质性以及成本、制度对渔民进入的限制等；二是越来越多的实证研究表明，公有财产和自由准入间并不存在必然联系；三是该模型的一个重要假设是，公有财产资源的利用者自己不可能改变资源的利用机制，而对渔业社区所作的一些最新研究否定了这一假设的有效性；四是该模型关于私有财产所有者总是特别爱护其财产的假设存在缺陷，因为贫穷和无能为力等并不能保证资源获得更好的保护；五是模型隐含着对渔民的精神状态、性格和个性厌恶观点，认为渔民是孤立、自私、不负责任的，但正如前提假设一样，人在追求利益最大化的同时也会表现出利他行为，而且现实中渔民还会受到风俗习惯和伦理道德的约束。

3. 对囚徒困境的进一步解释

囚徒困境模型的主要缺陷在于，其假定博弈双方是在缺乏沟通的情况下进行的一次博弈，越来越多的研究认为，通过反馈、学习，采取重复博弈可以避免囚徒困境结果的出现。现实中，渔业资源的使用者之间进行的是包含信息反馈的重复博弈过程。在同一使用者重复进行囚徒困境博弈的过程中，如果出现一个使用者在本轮博弈中采取的策略是另一个人在上一轮博弈中所采取的那种策略，（合作，合作）解就可能成为博弈结果出现。如果博弈双方第一轮就采取了合作策略，那么在每一轮博弈中都将出现合作的结局。合作解的出现与使用者的人数、博弈的次数有关。人数越少、次数越多，合作解越容易出现；人数越多、次数越少，都将会导致“搭便车”的激励。实现合作解的另一途径是对背叛者进行惩罚，即如果使用者采取合作策略，同时对其他使用者在转向采取合作策略之前的一系列博弈过程中实施的非合作策略背叛行为进行惩罚，从而迫使他合作，但这种惩罚存在实施成本。只有当所有的资源使用者拥有对渔业资源的完全信息，才能改变渔民的囚徒困境博弈的结局。

4. 对集体行动逻辑模型的进一步解释

集体行动困境理论揭示了个人缺乏动力去维护集体利益的事实，因此要实现所有人遵从规则以维护集体利益，就需要对遵守规则者提供激励。但是应看到奥尔森的分析是静态的或瞬时的，而许多集体行动问题都是长期的、动态的。在集团成员长期的博弈过程中，会形成各种正式和非正式的规则、选择性激励机制和隐性激励机制来约束“集体行动的困境”，选择性激励是集团通过组织制度鼓励成员选择与集团目标一致的行为，约束或惩罚违背集团目标的行为，一个严格执行的规则能有效促进集团的公共利益。除能明显观测到结果的选择性激励制度外，隐性激励机制对集体行动困境起到了有效约束作用。一是内部的意识形态。集团成员经过长期多次博弈会形成一系列包括风俗、伦理、道德等意识形态这些非正式制度。成功的意识形态，有利于成员提高对诚实、依赖、忠诚等的效用评价，从而减少集团成员的“搭便车”等机会主义行为。二是声誉效应。集团成员间的反复博弈与学习机制，可以产生和积累声誉效应，从而形成对“搭便车”行为的威慑。

5. 经典模型的制度引用

通过对渔业问题研究经典模型的分析与进一步解释，为我们认识渔业资源利用制度的产生根源提供了重要的启示。模型的分析描绘了渔业资源不可持续利用问题产生的原因和崩溃的过程，对经典模型的进一步解释则强调了模型分析中忽略的约束参与人行为的各种规则或制度安排，为寻求渔业资源利用的有效制度安排，提高渔业资源利用效率，奠定了重要的基础。

渔业资源的自由准入，导致渔民捕捞量和最优捕捞量不一致，从而增加了社会成本，产生了渔民个人效率与社会效率的差异。其问题产生的实质与新制度经济学关于财产制度起源的分析相一致。假设在一个拥有人、土地、农耕技术和武力的世界里，没有政府和法院，人们以土地为生，由于没有政府和法院的存在，所以无法保障人们的权利，权利实现基本上源自于个人和家庭的自我维护。从个体来讲，土地的耕种者从土地保护中获得的收益肯定会大于防御其他个体占用同一块土地所花费的代价，排斥他人占有土地总是划算的（收益大于成本）。但对于社会来讲，用于防御他人侵占的资源或代价本来可以用来生产更多的农产品，而现在却必须要把一部分资源投入到武力防御方面去，这对社会来说是一大损失。因此由社会建立起一套防御侵占土地的大规模武力系统，比建立许许多多小规模的私人武力系统具有规模上的经济效应。从无规则到有规则的出现，是人类社会从自然状态转变到存在政府的所谓市民社会的关键所在。戈登—希佛模型显示，在没有政府控制的自然状态下，理性的渔民过度捕捞将导致渔业崩溃，因此，就需要政府对渔业资源进行管制，使渔业资源利用从自由准入走向有管理的开发利用，通过限制渔民的捕捞能力，实现渔业资源的可持续利用。

早期的渔业资源管理，世界各国普遍采用休渔、入渔许可管理等投入型直接管理手段。但是却产生了另外一个问题，允许某一特定部分的人利用海洋渔业资源，实际上等于把资源从自由准入状态转化为公有财产资源，仍然使管制的渔业资源处于事实上的自由准入状态。实践证明，以投入管理为主的渔业资源管理制度不能有效地控制捕捞努力量的持续增长，实施该制度的渔业中，资源仍难以摆脱持续衰退的困境，由此产生公地悲剧模型所描述的问题。

公地悲剧三个模型的共同结论是：在参与人独立选择的情况下，海洋渔业资源使用者为追求自身利益的最大化，会尽可能地增加捕鱼努力，而不会对改进资源系统这一共同利益做出贡献，参与人的这种非合作策略选择，将导致对渔业资源的过度使用及退化。模型反映的核心问题是人的“搭便车”行为导致的人与人之间非合作博弈。在新制度经济学理论中，解决人与人合作问题产生了制度，因为通过合作方式解决争端所达成的效率总是最大的。该理论认为，因为人的有限理性与信息不对称等方面的原因，人自身不可能处理好竞争与合作的关系，而制度安排有效可以解决合作问题。制度的功能在于为实现合作创造条件，保障合作的顺利进行。它提供了解决冲突的一种思路：解决个人理性与集体理性之间冲突的办法，不是否认个人理性，而是设计一种机制（或相应的制度安排），在满足个人理性的前提下达到集体理性公地悲剧模型的引用，强调了有效的制度安排对避免公地悲剧的极端重要性，纠正了过去在渔业资源管理中那种见物不见人的做法，促使人们寻找解决个人理性与集体理性冲突及实现人与人合作的有效制度安排。遵循模型所给定的假设条件和分析，许多学者将模型的隐喻性引用来作为政策方案的基础。一种观点认为，防止公有渔业资源出现公地悲剧的可行解是，寻找一种由政府主导，施加于海洋渔业资源开发系统，能够有效控制捕捞能力的管理机制，也即必须对海洋渔业资源实行政府绝对控制。因此，在以投入控制为主的管理手段不能有效控制渔业衰退后，他们将目光投向以 TAC 制度为主的产出控制管理，但该制度仍然允许渔民在总可捕量被用完之前自由进入渔业，鼓励过度投资，仍然不能有效遏制渔业资源衰退。另一种观点认为，单独拥有某一渔业资源，能够完全获取该资源所提供的经济租金的渔民具有强烈的动机养护这一资源，共有财产性质的渔业资源转变为私人所有将提供足够的诱因，促使渔民自觉限制捕捞能力和分担与资源管理有关的成本。事实上，除了对流动性不大或一些固定洄游到出生地产卵的鱼类，可以在隔离的水域中人工养殖确立产权外，对流动性强、迁徙距离长的海洋渔业资源来讲，确立个人的财产权利事实上是不可能的。大部分渔业资源管理专家提出的方案都介于两种立场之间。一种典型的折中方案是，把渔业作为公有财产来管理，由政府通过各种形式的渔业准入制度来限制渔业资源的利用。随着人们对共有财产悲剧模型模式和假设条件的再认识及解决集体行动逻辑困境的发现，通过发挥地方政府机制作用和建立渔民合作组织等形式，协调“政府—渔民”关系和渔民相互间的捕捞行为均能找到减缓甚至避免渔业悲剧发生的办法。囚徒困境告诉我们，人数少、次数多的博弈会为渔业资源利用带来最优解。解决集体行动困境的激励机制的发现，则强调了渔业资源利用中的非正式制度对于约束渔民行为的重要性。另外，以独占性所有权为基础、集中控制与市场交换相结合的个体可转让配额制度的出现，集中解决了上述所有模型问题隐含的政策引用，逐渐受到越来越多人的关注。

综上所述，上述模型描述了在渔业资源特性的影响下，人的各种行为（利益最大化、投机行为等）产生交易费用的逻辑路线。渔业资源生物可再生特性和渔民追求利益最大化导致社会效率降低，社会成本升高；渔业资源的非排他性、外部性特征和人的投机行为同样导致个人成本与社会成本不一致，产生较高的交易费用。所以，降低或消除交易费用的制度产生就成为必然。渔业资源制度的产生经过了从无到有，从只对物到既对物又对人管理的过程。通过模型的进一步分析发现，现有的制度安排很难符合渔业资源可持续利用制度的目标要求，因为现有制度安排很难在完全规范人类利用渔业资源行为的同时，实现完全约束在资源利用上发生的人与人之间的行为。现有制度安排中的激励机制与资源的经济特性及理性渔民的行为动机不吻合，是导致渔业资源利用不可持续问题的关键所在。对于受管制的渔业，正是制度的不吻合才诱发形形色色的渔业问题。一般来说，自由准入纯属缺少制度安排，没有确立有效贯彻自然资源利用的行为规范。因此，当某一有价值的自然资源面临枯竭，要么是不存在管理该资源准入和利用的制度，即该资源在法理上处于自由准入状态，要么是由于各种原因的制度失败导致该资源处于事实上的自由准入状态。正是人类本身所设计的制度安排失败使渔业资源从法理上的非自由准入转变为事实上的自由准入，诱发了渔民的利益最大化行为和投机行为，导致了人们平常所观察到的各种渔业问题。因此，不管是政府控制还是产权私有化抑或其他方案，都不是实现渔业资源可持续利用的唯一解决方案。本书试图通过研究渔业资源特性对制度的影响以及试图建立渔业资源资产产权制度来寻求能够有效解决渔民个体理性和集体理性之间的冲突，提高渔业资源利用效率的制度安排，最终实现渔业资源可持续利用。

第二节　海洋渔业资源资产产权化管理的研究基础

一、渔业发展阶段及特征

渔业资源是渔业发展的基础，因此渔业资源状况的好坏决定渔业发展的好坏。加拿大渔业生物学家 Kesteven（1973）通过观察渔业发展中渔业资源的利用和开发程度，将渔业发展的历程分为四个阶段：即发展初期、发展期、过度发展期以及管理期，选择的指标主要是基于渔业的总渔获量、单位捕捞努力渔获量（CPUE）、总捕捞努力量与渔业资源的存量四个指标，通过这四个指标的变化来划分渔业的变动趋势，具体如图 3－8 所示。

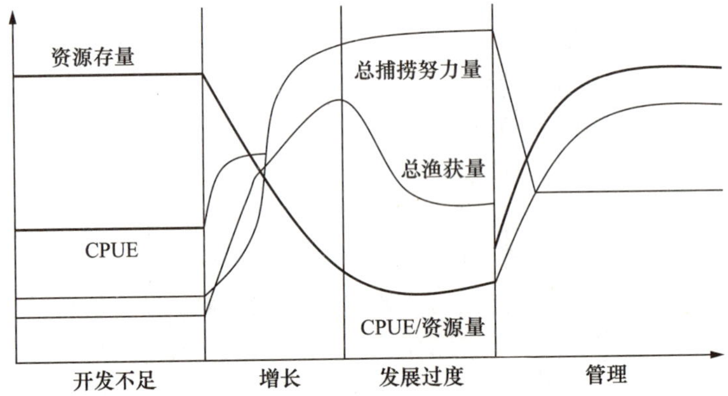

图 3－8　渔业发展历程的阶段示意图

资料来源：詹秉义．渔业资源评估［M］．北京：中国农业出版社，1995.

（一）渔业发展初期

在渔业发展初期阶段，相对于人类的捕捞能力，渔业资源较充足，此阶段只有一些规模较小的渔业，渔业资源还处于未充分开发阶段。

（二）渔业发展期

在渔业发展期阶段，渔业捕捞产量增加较快，随着总捕捞努力量的增加，总渔获量也迅速增长，但是这一阶段渔业资源还没有下降迹象。此时渔业资源处于过度利用的临界点，渔业资源的衰退现象开始显现。如果继续加大对渔业资源的开发利用，很有可能由此而进入渔业资源的过度开发阶段。

（三）渔业过度发展期

在渔业过度发展期阶段，渔业资源逐渐处于过度开发和利用时期，渔业资源逐渐衰退，随之渔业的总渔获量开始下降。此时，人们开始反思过去的渔业生产模式，逐步重视渔业捕捞努力量控制、逐步加强对渔业的管理。

（四）渔业管理期

渔业管理期是渔业发展的最后阶段，这一阶段人们注重对渔业资源加以保护，有针对性地采取控制捕捞规模的渔业管理措施，此阶段渔业资源量开始得到恢复，随之总渔获量稳定在一定水平。

二、渔业管理的发展阶段

渔业有着悠久的发展历史，甚至可以说自人类社会出现之时，渔业也就随之诞生了。渔业活动为人们提供了大量的食物、就业岗位、经济利益和社会福利等。据人类考古学的研究成果表明，马格来可斯人（马格尔莫斯人，北欧中石器时期文化的人）可以称为最早的“海洋人”，他们出现在距今 10000 年以前的中石器时代（Clark，1952）。在漫长的历史长河里，限于人类的技术水平和较低的需求水平，人类对渔业资源的开发利用一直处于较低水平，此时尚未出现渔业资源衰退或者枯竭阶段。然而在 19 世纪后半期，随着人口数目的增加、科技的进步，人类对海洋的开发速度猛增，且大大超过了渔业资源自然增长的速度，传统的渔业经济品种出现了衰退的迹象。19 世纪以前，世界渔业管理的目的是协调和处理好国家与国家之间的利益冲突，而不是为了资源的养护和管理。19 世纪以后，世界渔业迅速发展，资源利用程度得到大大提高，渔业管理问题也日益突出，各种管理制度和措施逐渐被采用。也正是到了 19 世纪后期，世界渔业管理的大方向才从协调国家间的渔业利益冲突转移到资源的养护和管理上来。

从人类对渔业资源的认识以及渔业发展的过程来看，世界海洋渔业管理的发展历史可分为以下四个阶段。

第一阶段为渔业前管理阶段，主要从原始渔业一直持续到产业革命开始。这一阶段虽然没有提出明确的管理理论或者管理工具，但是先民根据渔业生产经验，在获得了渔业经济效益的同时也注意到了资源养护问题，并形成了早期的朴素渔业管理思想，有众多文献为证。早在 4000 多年前的大禹时代颁布的著名《禹禁》中就有关于最早的渔业管理命令“春三月，山林不登斧斤，以成草木之长；夏三月，川泽不入网罟，以成鱼鳖之长”。《管子·八关篇》中载有齐国保护资源的文字：“江海虽广，池泽虽博，鱼鳖虽多，网眼必有正。船网不可一裁而成业。非私草木爱鱼鳖也，恶废民于生谷也。”当时生产力低下，还能考虑保护资源，实属难得。这也体现了早期人们保护渔业资源的思想，这些思想为后期的渔业管理提供了思想理论基础。

第二阶段为渔业管理萌芽阶段，主要从蒸汽机渔船的出现到第二次世界大战结束（1945 年）。19 世纪的产业革命带来了社会经济、科学和技术的飞速发展，由于动力在拖网渔船上的应用，渔船实现机械化，新型网材料的使用以及鱼群侦察技术和渔获冰（冷）冻技术的应用，使渔船的捕捞能力得到了大大提高（Juda，1996）。另外，鱼市场开发以及交通的便捷都进一步促进了人们对水产品的消费需求迅速增加，造成对近海渔业资源的开发和利用程度强化。在这一期间，没有形成全球性国际海洋渔业管理的文件或公约，人们对渔业管理基本是处于经验性的直观认识。

第三阶段为直接干涉管理阶段，这一阶段从“二战”之后到 20 世纪 70 年代。“二战”之后，随着科技和管理水平的提高，远洋渔业得到大力发展，世界渔获量迅速增加。但是，一些主要的传统经济渔业资源却出现了衰退现象。人们逐渐认识到虽然渔业资源是可再生的，但并不是取之不尽、用之不竭的，如果要让渔业资源持续满足不断增长的世界人口的需要，就要对渔业资源进行适当管理。在法律法规方面，1958 年第一次联合国海洋法会议正式规范和管理有关渔业资源和渔业生产活动，这次会议制定了《领海及毗邻区公约》《公海公约》《捕鱼及养护公海生物资源公约》《大陆架公约》四项公约，明确规定了领海、大陆架和公海等不同海域的渔业活动和有关管理措施（黄硕琳，1990）。1960 年联合国召开第二次海洋法会议，主要讨论的焦点在于领海宽度和海区问题，但因各成员国的意见不同，此次会议并无具体结果。同时，渔业资源理论研究方面也开始发展，雪佛（M. B. Schaefer）、贝佛顿（R. J. H. Beverton）和霍尔特（S. J. Holt）等科学家分别从最大持续产量、过度捕捞对种群的影响以及种群动态进行了广泛探讨，建立了一系列数学评估模型，为现代渔业管理理论奠定了生物学基础。受渔业生物学家的影响，这个阶段的管理方法多采用命令与控制（Command and Control）手段来管理渔业。如挪威于 1964 年建立了渔业部，是世界上最早为渔业设立专门行政部门的国家。这一时期西方国家行政主义的兴起对各国在渔业管理中采取直接干预的管理制度产生了重要影响（王芸，2012）。

第四阶段为现代渔业管理阶段，主要从20世纪70年代至今，以负责任捕捞和可持续发展作为渔业管理主导思想。1973～1982年进行了第三次联合国海洋法会议，最后制定了于1994年生效的《联合国海洋法公约》，成为当今世界一部最完善的海洋法，它规范了各国在不同海域从事海洋活动的权利和义务。其中对渔业资源养护和管理起到重要推动作用的是专属经济区的建立。1992年5月，在国际粮农组织协助下，在墨西哥坎昆举行“国际负责任捕捞会议”，会后发表了《坎昆宣言》。宣言提出了负责任捕捞的概念，国际海洋渔业管理在本质上发生了重大的进展和变化。同年6月《里约宣言》与《21世纪议程》提出了可持续发展的概念，国际海洋渔业管理与渔业法体系很快地吸收了这一新的概念。以后，有关国际组织先后通过了《促进公海渔船遵守国际养护与管理措施的协定》（以下简称《公海渔船协定》）（1993年11月）、《负责任渔业行为守则》（以下简称《守则》）（1995年10月）、《捕捞能力管理的国际纲领和行动计划》《负责任渔业行为准则实施要点》《罗马宣言》（1999年3月）（陈新军、周应棋，2000）。在这一阶段，以最大可持续产量（MSY）和最大经济产量（MEY）为主的渔业管理目标开始受到人们的质疑，越来越多的渔业管理者意识到应该通过管理人们的渔业活动来实现渔业的管理目标，各国逐渐改变了对渔业投入控制的直接干预管理，积极采用了以结果为取向的间接管理措施和制度。在管理过程中引入竞争机制，强化市场机制在资源配置等方面的作用。渔业管理的目标也由原来只注重资源配置效率开始转向实现渔业资源利用的社会效率最优（The Optimum Yield，OY）目的，强调在渔业资源可持续利用前提下通过争取广泛的社会支持和参与特别是渔民的支持和参与来提高渔业资源利用效率。

三、渔业管理的主要方法

由于渔业问题的复杂性，决定了渔业绩效不仅受到渔业系统自身的生物特性以及所处的经济、社会等的影响，更重要的是受到渔业管理方法的影响，对于渔业管理方法的分类还没有一个统一的界定，但是从研究视角出发一般有以下几种分类方法。

（一）从管理方法来源的学科背景出发

将渔业管理方法分为生物学方法、经济学方法和社会学方法三种类型。由于在渔业管理中存在着自由准入和非自由准入两种情况，根据是否为自由准入还可以将其划分成直接法和间接法。

1. 生物学方法

包括限制最小网目、最小上岸规格和性别，渔具限制，总可捕量和禁渔期制度，设立禁渔区和幼体保护区等。

2. 经济学方法

包括直接法：直接限定渔船的海上工作日、渔船马力数、渔船容量和捕捞许可证制度等；间接法：个别渔船配额（IVQs）、个别配额（Iqs）、社区开发配额（CDQs）、个别可转让配额（ITQs）等。

3. 社会学方法

包括共同管理（Co - management）、基于社区的管理（Community - based Management）等（慕永通，2006）。

（二）粮农组织（FAO，1997）提出的分类方法

从渔业管理方法的特征以及实施效果将渔业管理方法分为投入控制、产出控制和技术措施三种类型。

1. 投入控制

包括许可证制度、个别捕捞努力量配额制度以及渔船和渔具限制措施。投入控制方法目的在于直接控制捕捞努力量，以达到间接控制渔业产出量的目的。投入要素一般包括物资资料、生产工具、劳动力以及时间等，渔业生产的投入因素控制主要是针对投入渔船、投入时间以及投入渔具，因此该方法主要包括发放捕捞许可证数量的限制（目的在于限制捕捞单元的数量）、个别努力量配额（目的在于限制渔具数量或使用渔具的时间）、渔具和渔船限制（目的在于限制每一捕捞单元的规模和其他因子）。

2. 产出控制

包括总可捕量制度、个别（可转让）配额制度和个别渔船配额制度三大类，产出控制的目的在于通过限制总渔获量达到控制渔业产出的目的。产出控制主要针对捕捞船队以及个别捕捞单元（如个别渔民、个别渔船或个别渔业公司）在特定时间范围的产出水平。这些方法主要包括总可捕量（TACs）、个别配额（IQs）和渔船渔获量限制（Vessel Catch Limits）。总可捕量主要是针对特点的目标种类，在特定区域和时间内的最大可允许捕捞量；而个别配额是针对个别渔民或者渔业公司的可允许捕捞量，但是总体的可捕捞量不允许超过总可捕量；渔船渔获量是针对某一渔船在某次捕捞生产或者某一段时间内的渔获量。

3. 技术措施

包括渔具限制、禁渔期和禁渔区，技术性管理措施的目的在于通过限制和影

响某些特定捕捞努力量渔具的效率，从而达到限制捕捞产量的目的。技术措施试图制约个别捕捞单元或整个船队的投入和产出关系。其中，渔获物上岸规格或性别选择性措施是针对特定性别与规格规定允许捕获和上岸的渔获物，禁渔期和禁渔区（Time and Area Closures 或者说 Closed Times and Areas）（包括幼体保护区）则对捕捞单元的作业时间和空间予以限定（王芸，2012）。

（三）Charles 三角模型分类法

Charles（1992）指出，在渔业学术界存在三种不同的流派：养护派、理性选择派、社会/社区派。据此他提出了著名的渔业管理方法三角模型，即把渔业管理方法分成基于政府的管理方法（也称政府主导型管理方法）、基于市场的管理方法（也称市场主导型管理方法）和基于社区的管理方法（也称社区主导型管理方法）三种，三角形的每个顶点各表示一种管理方法（见图 3－9），此种分类方法属于上述第一类分类方法中的社会学方法的分支。

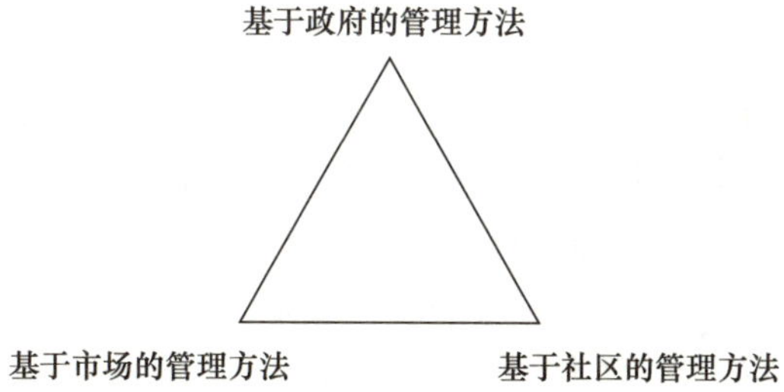

图 3－9　Charles 三角模型

1. 基于政府的管理方法

长期以来，人们一直认为政府部门应当对防止自然资源“公有财产悲剧”的发生起着重要作用，这种思想最终导致了“中央政府必须控制大多数自然资源系统”理论的形成（Ostrom，1990）。在渔业发展中，渔业管理的主要责任是保护各种鱼类，渔业管理必须直接控制渔船的捕捞时间、捕捞地点、总努力量与渔获量（Charles，1992）。

政府主导型方法把重点放在养护渔业资源并使之维持在可持续水平上。政府代表国家拥有渔业产权、对资源分配享有集中控制权，政府会出台相似的规定用于管理不同的种类，所有渔民受规定约束，规定主要包括对渔船和捕鱼方式的限制（如最小网目限制）、禁渔期、禁渔区以及最小可捕个体长度等。从产权上看，政府强制执行的这些措施是有必要的，在一定程度上约束了渔业资源的进入权与收益权，但在这些特定时间、特定地点以外的捕捞时间、捕捞地点的进入权和收益权没有明确界定，实质上，产权仍然被置于公共领域，资源仍然处于自由准入的状态。

2. 基于市场的管理方法

基于市场的管理方法的兴起一方面源于经济原理、经济思想在学术领域的广泛传播；另一方面也基于对政府管理方法的批判。本质上，基于市场的方法把渔民看作是使自身投资收益最大化的个体（Charles，1992）。政府主导型方法把重点放在投入控制上，而市场主导型方法把重点放在产出控制上。目前，有越来越多的政策分析家开始研究和提倡的产权制度就源于市场方法。

3. 基于社区的管理方法

渔业社区管理，是政府和渔民群体共同承担渔业资源养护和利用的权利和责任的一种管理制度，其核心理念是应将公共渔业资源的使用权授予依赖其生存的渔民群体。

与市场主导型方法一样，基于社区的管理方法更倾向于“生态系统管理方法的规定”（如捕捞何时、何地、如何进行等），而不把重点放在应该捕捞多少这种常见的方法上（Borcman et al.，1997）。尽管渔具限制和禁渔制度并不局限于社区管理方法，但该种方法似乎能更好地使这些政策工具适应当地的渔业问题。

基于社区的管理方法鼓励捕捞社区当前把较大的管辖权限纳入自我控制体制中。自我控制是为了保证资源的可持续利用长期发展形成的社会规范、规则和针对不服从管制而采取的惩罚措施（Ostrom，1990）。该方法重点是把渔民当作沿海社区的成员而非捕捞渔船的组成部分或者捕捞公司的个体。在此种管理模式下，社区（或者社区内个人成立的团体）实际上拥有捕捞区的产权。从产权角度看，自由进入的资源从法理上具有了一定程度的排他性。

四、海洋渔业资源资产产权化管理的必要性

（一）海洋渔业资源资产产权化管理概念

海洋渔业资源资产产权化管理，简称海洋渔业资源资产化管理，是渔业管理发展到一定阶段的产物，是渔业资源管理的拓展和延伸，是更高层次上的管理。钱阔（1993）认为，自然资源资产化管理的核心理念就是将自然资源货币化，界定其价格并转化为资产，实行有偿开发利用，把有偿取得的资金再用于自然资源的保护和发展，用经济手段调节自然资源开发利用中的各种利益关系。海洋渔业资源作为一种自然资源，其资产化管理也是通过市场运作实现渔业资源保值增

值，使渔业资源的消耗在价值形态上得到补偿。海洋渔业资源资产化管理的根本目的是实现海洋渔业资源资产的市场化运作（如建立个人可转让配额制度），利用市场机制，按资本运作的固有规律实现对海洋渔业资源的优化配置。因此，在市场经济体制环境下，海洋渔业资源资产化管理的内涵核心至少包括两个方面：一是界定渔业资源的价值，实现有偿开发利用，使海洋渔业资源作为资产管理；二是对海洋渔业资源的资产实行资本化运作，按市场规律实现渔业资源的价值。

同渔业资源资产化管理相对应的是渔业资源的资源性管理，是指政府替代市场，以行政手段和技术手段为主，由政府直接管理。这种管理方式仅仅是把自然资源作为一种物质，从物质形态上进行管理，主要通过行政手段来进行，通过计划人员的调查、研究、判断，做出预测，然后制订计划、发布实施。这也是我国长期以来进行海洋渔业资源管理所采用的方法。

（二）海洋渔业资源资产产权化管理必要性

以往政府把渔业资源无偿划拨给渔业企业或捕捞渔民使用，其稀缺性并未在价格中得到体现，海洋渔业资源开发、利用和配置的合理性缺乏依据，结果必然是对渔业资源的破坏性、掠夺性开采，出现公地悲剧也就不足为奇；同时，作为渔业资源的所有者，国家不能得到应得的收益，实际上国家对资源的所有权是虚置的。大量属于国家的渔业资源资产被无偿或低价占有，造成国有资源的严重流失。此外，由于产权缺乏流动性，难以通过市场实现资源的优化配置并提高使用效率。因此，对海洋渔业资源资产产权化管理就很有客观必然性。

1. 现实需求

（1）命令—控制式管理与经济体制的变化不适应。在计划经济向市场经济转变过程中，渔业经济体制也经历了从集体经济向股份合作制的转变，使得渔业生产从过去的按照国家计划进行生产转变成渔民拥有生产自主经营权。在计划经济体制下，所有制是二元结构，即国家所有和集体所有，个人的权利、利益被湮没于集体或国家之中，法律制度、管理制度上着重研究的是人与物的关系，管理措施是从物的角度对人提出的，带有强制式、命令式，这在集权模式下的计划经济时代是行得通的。而随着渔业生产资料产权制度的改革，渔民成为生产经营的主体，经济人的牟利天性表露无遗，渔业问题不断涌现。因此，如何公平、有效地安排各利益相关者之间的利益关系已成为渔业管理成败的关键。

（2）资源无偿配置加剧渔业过度利用。我国渔业资源所有权主体为国家，这种所有制结构使得渔业资源长期处于无偿、过度的利用状态。1986 年颁布的《渔业法》首次规定了国家所有的渔业资源可以由单位和个人依法开发利用，即规定了开发利用产权，这虽然突破了原有的资源产权结构，开始承认开发利用者的主体资格和法律地位，但这些产权是无偿从政府手中获取的①，这种无偿的使用权加剧了利用者无序、无度的行为。因此，必须在资源国有的前提下调整资源的占有、支配和使用权，建立维护广大渔民的生存权益、维护渔区社会公平的资源配置制度。

（3）渔业行政管理代替产权管理。渔业资源国家所有权的实质为行政权，政府对资源产权的行使主要表现为资源行政管理，这种管理有两个特点：一是政府管理资源的手段是靠行政命令或政治说教，这种方式更适合高度集权的计划经济时代；二是在渔业资源国家所有权下，政府职能部门代理管理资源，于是资源产权经常是政府利益的体现甚至成为部门利益的体现，行政权与利益粘连，“寻租”问题频现（刘舜斌，2009）。

2. 自身优势

（1）产权制度会引导渔民实现外部经济内部化，减少资源浪费，提高资源配置效率和渔业经济效率。产权本质上将责、权、利统一起来，它界定了渔民如何受损或如何受益。产权、经济行为与资源配置三者之间存在着内在的关联，产权制度的安排与变化，会影响渔民的行为方式，而行为方式的改变，则会影响渔业资源配置与产出构成。如果渔民有了界限明确的产权，那么他对资源的责任性就会得到增强，并且稳定的利益保障会调动其生产积极性。单位经济的启动必然会带来整个渔业经济效率的提升。

（2）产权制度能改善资源养护效果。在明确了捕捞配额以后，渔民可以更加自主地根据自身情况选择出海作业时间和地点。一方面减少了兼捕现象带来的资源浪费，另一方面减少了大家蜂拥而上给海洋环境带来的危害。

（3）产权制度可以降低海上作业风险。不同鱼种捕捞配额的渔民，可以根据鱼类生长规律和自然环境情况分批次进行海上作业，渔业作业安全性得到提高，降低了作业风险。

① 现行《渔业法》没有规定在取得捕捞许可证时必须缴纳涉及资源使用的费用，现规定向渔业生产单位缴纳的渔业资源增值保护费（一般简称资源费）是类似资源生态补偿的费用，不能认为是资源产权的有偿取得。

第四章　海洋渔业资源资产管理制度透视

第一节　中国海洋渔业基本情况

一、中国海洋渔业资源的分布情况

我国拥有大面积的领海和长距离的海岸线，海域地跨三个气候带，入海河流每年将大量的营养盐和无机物带入海洋，渔业生物资源十分丰富。我国海洋渔业资源具有种类的多样性、广布性和结构复杂性的特点，如有些种区域分布性强、有些种区域交互分布。

按照渔业开发的历史，我国沿海位于世界三大渔场之一的太平洋北部渔场。太平洋北部渔场是指中国沿海经朝鲜、日本、俄罗斯堪察加半岛、阿留申群岛南北至美国西海岸一带。主要捕捞对象有带鱼、鲫鱼、大小黄鱼、竹荚鱼、鲐、鲅、鳕类、大马哈鱼、鲆鲽类等。

我国是个渔业大国，渔业资源丰富在很大程度上取决于中国海区的地理位置和海洋自然环境因素。渤、黄、东、南海介于亚洲大陆与太平洋之间，除台湾地区东岸濒临太平洋外，各海区几乎全系半封闭性：主要渔业资源种类中缺乏世界性的广布种。中国大陆架极宽阔，是世界上最宽的大陆架海域之一，各海区平均深度较小，众多沿岸河流倾注入海，带入了大量的营养物质，为海洋渔业生物的生长、育肥和繁殖提供了有利的场所与条件。由于中国海域地处热带、亚热带和温带三个气候带，自然形成了兼有暖水性、暖温性和冷水性的不同种群，但以暖温性种为主，约占渔获量的2/3（王冠钰，2013）。

我国海洋生物有3000多种，其中鱼类有1694种，经济价值较大的有150多种，主要的捕捞对象有带鱼、鲐、鲱、鲅、鳗、大黄鱼、小黄鱼、鲆、鲽、鳓、鲳、红鱼、金线鱼、鲭、沙丁鱼、河豚、鲨鱼等；具有经济价值的软体动物有乌贼、鱿鱼、章鱼、鲍鱼、扇贝等；节足动物有对虾、毛虾、鹰爪虾、青虾、龙虾、梭子蟹、锯缘青蟹等；棘皮动物有棘参、梅花参、海胆；腔肠动物有海蜇等。不同海区渔业资源的分布介绍如下（于令国等，2006）：

（一）渤海区

从主要经济渔业资源生物种的适温性来说，以暖温性为主，占总渔获量的70%以上；冷暖性种类的数量波动较大，数量较多时占渤海区总渔获量的25%，通常只占7%～8%。由于该海区有较多的河川径流入海，构成了渤海区渔业资源生物物种最重要的产卵和育肥场所的自然条件，素有“鱼、虾摇篮”之称。渤海渔业资源主要以食性低、生命周期短的毛虾、海蜇、对虾、梭子蟹、褐虾、鹰爪虾等为主，其产量约占渤海区总渔获量的72%～75%；中上层鱼类鲐、蓝点马鲛、鲳、鳓、青鳞、斑鲫、梭鱼等和底层、近底层的梅童鱼、小黄鱼、带鱼、黄姑、叫姑鱼、鳐、鲆、舌鳎、鲽、鲈等，约占15%～20%；还有少量的头足类。

（二）黄海区

黄海为半封闭海区，沿岸海域的盐度低，多种鱼虾在此产卵。北部是黄海冷水团潜在的海区，南部有黄海暖流沿黄海槽北上流入黄海，在北上的过程中逐渐变性，充分混合，冬季成为多种鱼虾类的越冬场所。黄海近海区域多产带鱼、小黄鱼、大黄鱼、鲳、鳓、鳕、高眼鲽、牙鲆、鲐、太平洋鲱鱼、鲅、对虾、鹰爪虾、乌贼、毛虾等。

（三）东海区

东海区主要渔业资源的适温性不同于黄、渤海区，主要是由暖温性和暖水性的鱼类所组成。从渔获量来看，仍以暖温性种为主，占总渔获量的65%左右。东海外海受黑潮暖流影响较大，生物种群与外界的沟通也较黄、渤海密切，暖水性种占主导地位，如绿鳍马、舵鲣、竹荚鱼、水珍鱼等。东海区单鱼种高产品种数居各海区之首位，历史上年产量在10万吨以上的种类有鲐、大黄鱼、小黄鱼、带鱼、绿鳍马面鲀5种，东海区渔业的主要产量以底层和近底层暖温性鱼类占主要地位，占渔获量的30%左右；其次是中上层鱼类，占渔获量的20%左右；最后是虾、蟹、头足类。

（四）南海区

南海区的渔业资源具有热带暖水性的海洋生物特点，与渤、黄、东海显著不同的是：资源种类组成繁多，各种类相互混栖在一起，每一种类的群体数量较少，缺少外海大洋性种类，主要渔业资源由地方性种群组成，无明显的洄游路线，广泛地分布在广大陆架海域。南海区的渔业资源组成以底层鱼类为主，占总渔获量的50%，大部分单一鱼种的数量都不足渔获量的1%，其中出现频率较多的有狗母鱼、海鳗、银方头鱼、鲱鲤等；其次为中上层鱼类，占渔获量的30%左右，占有较大比重的有小公鱼、金色小沙丁鱼等；虾、蟹和头足类在南海区渔获物中所占比例较小，分别占海区渔获量的5.5%和2%左右，主要虾类有长毛对虾、日本对虾、短沟对虾、龙虾等。

二、中国海洋渔业的总体发展历程

中国是世界渔业大国，从古至今，海洋渔业在中国国民经济中占有重要地位，海洋渔业的发展拓宽了传统农业的范围，为人们提供了食物的来源、增加了农民收入，在很大程度上缓和了人多地少的矛盾。新中国成立以来，随着渔业生产关系的变革，渔民生产积极性空前高涨，海洋渔业经济快速发展。尤其是改革开放以来，中国渔业在世界渔业中的地位迅速上升，1989年至今，总产量一直居世界首位，并拥有世界上最多的机械渔船和渔业劳动力。

（一）产量

渔业是中国的传统产业，历史发展悠久。新中国成立前，渔业最高产量曾经达到175万吨，但是不断的战乱，使渔业生产遭受严重摧残。到1949年渔业产量下降为52.4万吨。新中国成立以后，渔业得到了快速发展。由于受水产资源、科学技术、投入劳动的状况以及管理体制、有关政策变化的影响，渔业经济的发展呈现出阶段性。50多年来，大体经历了恢复发展、徘徊不前、缓慢发展和迅猛发展四个阶段（见图4－1）。

1950年中国渔业产量只有100.82万吨，经过30年的发展，1980年高达517.35万吨。中国水产业在20世纪80年代以前，经历了缓慢发展的阶段，80年代以后则是飞速发展的阶段，到2013年总产量已达6172万吨，年平均增长速度达10%。海洋渔业作为其中的支柱型产业，发挥了举足轻重的作用。1950年海洋渔业占整个渔业产量的60.07%，此后持续增长，1978年一度占渔业产量的79.7%，在经历了20世纪八九十年代快速增长后，增长速度趋于平缓，淡水渔业所占比例逐步上升。2013年海水产量与淡水产量基本持平。

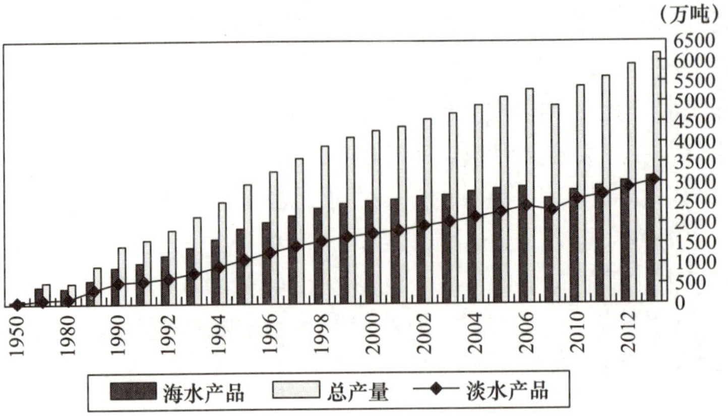

图4-1 中国海水产品、淡水产品与水产品总产量统计

资料来源:《中国渔业统计四十年》《中国渔业统计汇编1989~1993》《中国渔业统计年鉴》(1994~2014年)(若无特别指出,下同)。

从最近20年海洋渔业发展的年增长速度看,它是一个在高速位呈M形的发展过程。经历了"七五""八五""九五""十五"四个阶段的增加、降低、再增加、再降低的过程。"七五"期间,市场经济体制的引入和传统购销体制的变化活跃了市场,人们在经济利益的驱动下,大力发展海洋渔业生产,使海洋渔业高速发展,1990年总产量达895.71万吨,年均增长速度为12%。同时,由于政治经济形势的影响,1989年、1990年增长速度逐渐降下来。"八五"期间,政治经济形势的好转和邓小平南方谈话又带来了经济和海洋渔业的高速发展,在此阶段海洋渔业无论是从数量上还是从速度上都是发展最快的阶段,产量一跃增加到1995年的1821万吨,年均增长速度为15%。"九五"期间,海洋捕捞严重过度,使海洋渔业资源受到严重破坏,加上国内经济形势和亚洲金融危机的影响,波及海水养殖业,海洋渔业的发展速度逐渐降低。但到1999年海洋渔业总产量仍然达到2471.91万吨。2000年以后,受环境、资源、政策等的影响,海洋渔业发展速度逐渐降低,海洋捕捞业发展减缓,海水养殖业发展稳中有升(见图4-2)。

(二)产值

20世纪90年代以来,海洋渔业产值不仅在渔业经济中占有一定的比例(见图4-3),在整个国家农业总产值中所占的比重也逐步提高(见表4-1)。海洋捕捞和海水养殖范围的扩大、品种的增加、技术的进步以及国际的合作交流,极大地推动了地区经济的发展。2013 年渔业经济总产值达 19351. 89 亿元，中国渔业总产值达 10104. 88 亿元，年均增长 20%，海洋渔业总产值达 4459 亿元，占整个农业总产值的 4. 36%。

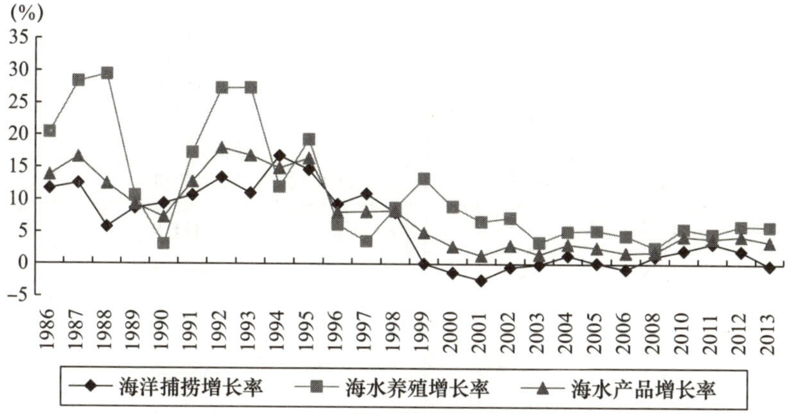

图 4－2　1986～2013 年中国海洋渔业产量历年增长速度变化情况

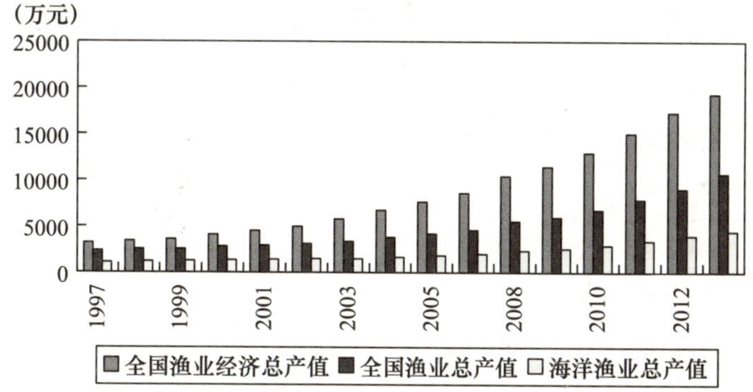

图 4－3　海洋渔业总产值

表 4－1　海洋渔业产值在国家农业总产值中所占比重

年份	农林牧渔业总产值（亿元）	渔业产值（亿元）	构成（%）	海水产品产值（亿元）	构成（%）
1990	7662. 1	410. 6	5. 36	206. 75	2. 70
1991	8157	483. 5	5. 93	254. 68	3. 12
1992	9084. 7	613. 5	6. 75	336. 54	3. 70

续表

年份	农林牧渔业总产值（亿元）	渔业产值（亿元）	构成（%）	海水产品产值（亿元）	构成（%）
1993	10995.5	882.0	8.02	452.58	4.12
1994	15750.5	1298.2	8.24	690.96	4.39
1995	20340.9	1701.3	8.36	876.15	4.31
1996	22353.7	2020.4	9.04	992.99	4.44
1997	23788.4	2282.7	9.60	1075.10	4.52
1998	24541.9	2422.9	9.87	1178.91	4.80
1999	24519.1	2529.0	10.31	1269.21	5.18
2000	24915.8	2712.6	10.89	1352.39	5.43
2001	26179.6	2815.0	10.75	1393.92	5.32
2002	27390.8	2971.1	10.85	1463.71	5.34
2003	29691.8	3137.6	10.57	1473.00	4.96
2004	36239.0	3605.6	9.95	1638.20	4.52
2005	39450.9	4016.1	10.18	1825.83	4.63
2006	42424.4	4433.0	10.45	2002.48	4.72
2007	48893.0	4457.5	9.12	2153.07	4.40
2008	58002.2	5203.4	9.00	2356.25	4.06
2009	60361.0	5626.4	10.18	2555.77	4.23
2010	69319.8	6422.4	9.32	2922.73	4.22
2011	81303.9	7568.0	9.30	3419.82	4.21
2012	89453.0	8706.0	9.73	3971.21	4.44
2013	96995.3	9634.6	9.93	4459.86	4.60

资料来源：《中国统计年鉴（2014）》《中国渔业统计年鉴》（1994～2014年）。

（三）中国海洋捕捞资源性资产的开发利用状况

海洋捕捞是海洋渔业的重要支柱，一度在渔业领域独领风骚。在经历了20世纪50年代利用不足、60年代适度开发并走向充分利用、70年代利用过度、80年代膨胀泛滥之后，渔业资源衰退的迹象日益凸显。

1. 渔获量从持续到急速增长

20 世纪 50～80 年代，中国海洋捕捞资源的渔获量一直处于持续增长状态（见图 4－4）。50 年代平均为 147.934 万吨，60 年代平均为 195.964 万吨，比 50 年代增加 32.47%；70 年代平均为 311.763 万吨，比 60 年代增加 59.09%；80 年代平均为 405.068 万吨，又比 70 年代增加 29.93%；进入 90 年代后渔获量急速增长，平均为 1066.672 万吨，比 80 年代增加 163.33%。2000 年更是将这一速度进一步扩大。虽然在 1999 年实行“零增长”后，这一势头有所扼制，但仍保持较高水平。

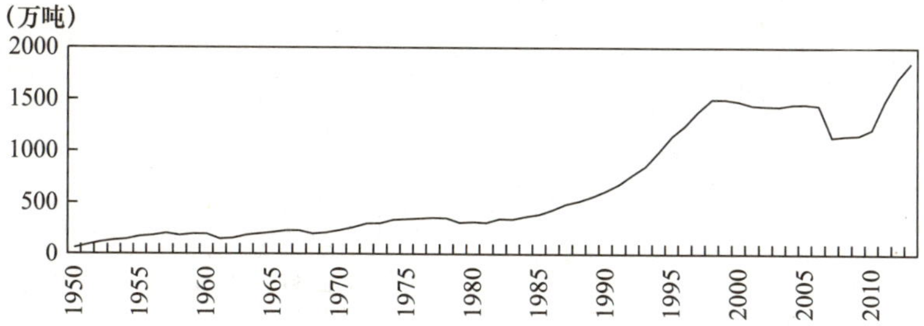

图 4－4　中国海洋捕捞渔获量变化

2. 渔获品种结构的变化

中国海洋捕捞的渔获物中鱼类及虾蟹类产品所占比重不断下降，其他种类持续上升（见表 4－2）。鱼类产品产量占海洋捕捞总产量的比重由 1986 年的 79.00% 下降到 2013 年的 63.66%，虾蟹类产品产量占海水产品总产量的比重也由 1986 年的 17.20% 下降到 2013 年的 16.70%，近年来这一比重基本保持不变。贝类产品产量至 2000 年大幅度上升，达到 12.00%，之后开始走低，下降至 2013 年的 5.03%。其他类别产量大幅度上升，占海水产品总产量的比重从 1990 年的 0.80% 上升到 2013 年的 13.60%。低值产品的比重增加的主要原因在于从 20 世纪 80 年代以后中国已经进入过度捕捞状态。

表 4－2　中国海洋捕捞渔获品种结构的变动　　单位：%

年份 省份	1987	1990	1993	1995	1999	2002	2006	2008	2010	2012	2013
鱼类比重	79.00	76.00	72.40	67.00	67.40	66.10	66.98	68.70	63.90	64.70	63.66
虾蟹类比重	17.20	16.00	16.90	17.80	17.70	16.60	17.14	16.90	15.50	15.29	16.70
贝类比重	3.80	6.40	8.00	12.00	10.80	5.80	6.27	5.60	5.89	5.51	5.03
其他比重	0	0.80	2.70	3.20	4.10	11.50	9.62	8.80	14.70	14.50	13.60

资料来源：《中国农业统计资料》（1987～1993 年）、《中国渔业统计年鉴》（1994～2014 年）。

3. 资源开发的区域分布

在海洋捕捞资源开发的各个沿海省市中，辽、浙、闽、鲁、粤5省是捕捞大省，这几个省的捕捞总和占中国海洋捕捞总量的80%以上（见表4-3）。其中，浙江作为捕捞业的龙头省（市、区），保持较高的捕捞份额，2013年占中国比重达到25.2%；山东捕捞量增长幅度较大，占中国的比重由1987年的16.4%上升到2013年的18.3%。

表4-3 沿海主要省市海洋捕捞产量份额 单位：%

省份/年份	1987	1990	1993	1995	1999	2002	2006	2008	2010	2012	2013
河北	2.6	2.4	1.7	1.6	2.2	2.2	2.2	2.2	2.10	2.0	1.8
辽宁	10.0	9.0	8.6	8.9	10.5	10.4	10.3	8.9	8.4	8.5	8.5
上海	4.0	3.0	1.6	1.6	0.8	0.8	1.4	0.2	0.2	0.2	0.2
江苏	5.7	5.6	5.4	5.5	4.2	4.2	4.1	4.9	4.7	4.5	4.4
浙江	20.8	18.0	17.8	24.1	22.6	22.6	21.6	20.4	23.4	24.9	25.2
福建	15.6	15.1	15.9	15.8	14.8	14.8	15.1	16.0	15.9	15.2	15.3
山东	16.4	18.7	43.4	15.8	19.0	19.0	17.9	20.7	19.5	18.7	18.3
广东	20.5	20.1	6.2	15.7	12.9	12.9	11.7	12.7	11.9	11.9	11.8
广西	3.4	3.6	1.5	4.9	6.0	6.0	5.8	5.7	5.5	5.3	5.1
海南	—	2.6	0.4	3.3	5.5	5.5	8.1	8.2	8.3	8.8	8.9

资料来源：《中国农业统计资料》（1988~2007年）、《中国渔业统计年鉴》（2009~2014年）。

从不同海域看，东海产量明显高于其他海域，南海次之，黄海第三，渤海第四，其他海域最低（见图4-5）。

4. 捕捞强度不断提高

中国船只的总功率增加比较稳定，2013年的总功率是1361.4万千瓦，是1994年840.41千瓦的1.6倍（见图4-6）。而船只数量的增加不稳定，90年代船只数量增加幅度较小，从1994年的25.9万艘增加到1999年的27.9万艘，船只总数量基本持平，2000年增加到28.97万艘，至2001年开始降低，2006年又有回升势头，2012年开始走低（见图4-7）。总功率仍保持较高的增长速度。这说明了中国海洋机动渔船进入90年代以后从开始的小吨位、小功率的船只逐渐变为以大吨位、大功率的船只为主，增加了对外海和远洋的捕捞能力，促进了外海捕捞产量的增加，从而使海洋捕捞量在20世纪90年代以后仍维持较高的增长速度。

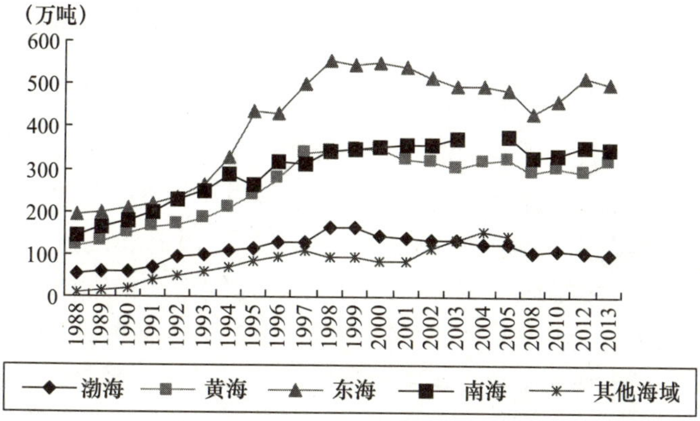

图 4 -5 各海区捕捞产量

资料来源:《中国海洋统计年鉴 2006》。

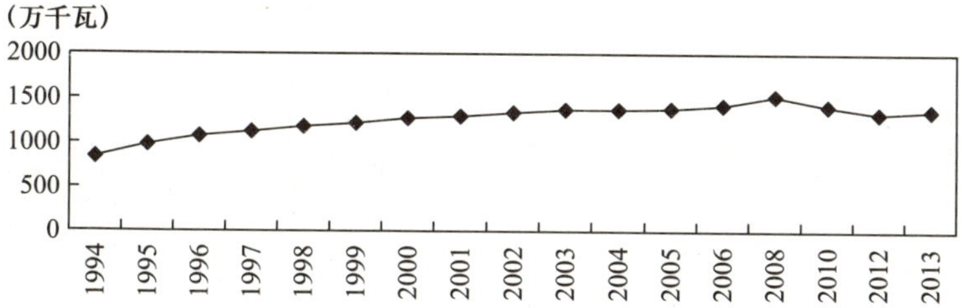

图 4 -6 海洋渔业机动渔船总功率

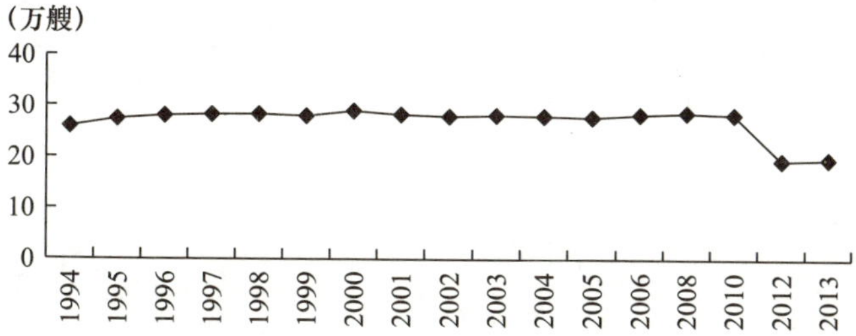

图 4 -7 海洋渔业机动渔船数量

三、中国海洋渔业管理的政策沿革

新中国成立至今，中国海洋渔业经济体制和管理制度大体上经历了以下几个时期的变化：

（一）1950～1957年

这段时期为渔业民主改革和渔业互助合作时期。废除渔区的封建把持势力和封建剥削制度，整顿和健全渔民协会和渔工会等组织；没收封建渔霸、地主的生产资料，调整劳资关系，对渔业资本家实行利用、限制和改造；建立国家所有制，恢复渔民个体所有制；引导渔民开展互助合作运动，建立渔业合作经济组织，发展社会主义劳动群众集体所有制经济，从组织渔业互助组、发展初级渔业合作社，到建立高级渔业合作社，实行多种形式的“包定奖赔”和“联产计酬”的生产责任制。在流通领域，一方面对渔行渔商进行社会主义改造，另一方面实行计划管理和市场调节相结合，建立多种经济成分并存、多种渠道经商的购销体制。同时，通过没收帝国主义和官僚资本的水产企业、改造资本主义水产企业以及国家投资兴建等方式，创建和发展国有水产企业（见表4－4）。

表4－4　新中国成立初期的渔业管理部门的变迁

设立时间	渔业管理机构名称	所属部门
1949年12月	渔业组	食品工业部
1950年12月4日	渔业业务处	轻工业部
1950年12月14日	水产处	农业部
1953年1月	水产管理总局（局）	农业部
1955年10月	中国水产供销总公司（局）	商业部
1956年7月	水产部	水产部

资料来源：陈百灵，郭守前．海洋资源特性及其管理方式［J］．湛江海洋大学学报，2002（2）．

（二）1958～1978年

在日益严重的“左”的错误思想影响下，1958年开始的“大跃进”和人民公社化运动使原本具有自愿、自治、民主、互助特征的合作社组织和产权制度在不到半年的时间里被强制改变为具有“一大二公”特征的人民公社制度。1961～1966年的经济调整时期，国家根据渔业生产的不同作业、不同管理水平等情况，把一部分规模过大的社队适当划小，确定以大队或生产队为基本核算单位。在生产责任制方面，陆续恢复了“三包一奖”“五定”“以产计工”“按比例分成”和“以船核算”等办法，对生产积极性有所激发，但船与船、人与人之间的平均主义仍然严重存在。1962年9月通过的《农村人民公社工作条例修正草案》

规定了“生产队是人民公社中的基本核算单位，要实行独立核算，自负盈亏，直接组织生产，组织收益的分配，定下来以后，至少三十年不变。”这一制度直到1983年人民公社解体才停止使用。人民公社制度在建立过程中和建立以后都具有强制性，缺乏有效的退出机制，因而缺乏有效的激励机制。因为公社体制的组织规模大，对社员劳动的计量和质量监督的成本高昂，使“搭便车”等机会主义行为盛行；同时，这种大集体也带来了集体行动的困境，造成个人理性与集体理性的背离，总体来说，该时期渔业经济增长缓慢（见表4－5）。

表4－5 集体经济时期的渔业管理部门的变迁

设立时间	渔业管理机构名称	所属部门
1970年5月	水产组（隶属农业部的处）	农业部
1971年4月	水产局（独立的局）	水产局
1978年3月	水产总局（独立的副部级局）	水产总局
1982年5月	水产局（隶属农业部的局）	农业部

（三）1979～1985年

1978年党的十一届三中全会以后，经济体制开始发生变化，确立了家庭联产承包责任制作为农村经济体制改革的重点。家庭联产承包责任制的建立极大地调动了渔民的生产积极性，从根本上改变了人民公社制度的激励和约束机制。此时渔业发展速度加快，但是，渔业生产的迅猛发展也随之带来了渔业资源的过度捕捞，资源退化日益严重。在沿海渔村，由生产大队或生产队组织的船队解体，大量小规模渔船取代了较大型的渔船，作业范围由外海为主转变为以内海为主，致使近海渔业资源过度捕捞问题更加严重（姚震、骆乐，2001）。1979年农业部颁布了《水产资源繁殖保护条例》之后，全国有21个省、自治区、直辖市人民政府先后颁布了《水产资源繁殖保护条例实施办法》（柳正，1999），形成了以资源保护为核心的法规规范。同一年发布的《关于渔业许可证的若干问题的暂定规则》，规定了取得许可证才能从事渔业生产，这意味着我国的自由入渔制度从此转变为进入控制制度。

（四）1986～1994年

渔业生产经营的市场化使渔业经济体制不断深化。渔业资源管理开始纳入法制化轨道，渔业经济也逐渐被纳入市场经济体制中，这使价格成为配置资源的基本手段，降低了交易费用。1986年制定并颁布了我国的渔业基本法——《中华人民共和国渔业法》，标志着渔业资源管理法制化进程的开始。渔业基本法的颁布，对保护和合理利用渔业资源、保护渔业合法权益起都到了积极的作用。从中央到地方，以这部法律为基础和依据，均制定了一系列与之配套的渔业法规。包括27个省（市、区）的渔业法实施办法和各种地方性渔业法规和规章。《渔业法》强调了渔业实行许可证制度以及渔船渔具的控制。在渔业组织制度上，渔业股份合作制度在沿海各地形成，分散的渔民开始走向新的联合，逐步完善了产权界定的原则，确立了资源使用的排他性，提高了渔民的生产积极性。

（五）1995～2001年

1982年12月10日通过的《联合国海洋法公约》于1994年11月16日正式生效。1996年5月15日，第八届全国人民代表大会常务委员会第十九次会议批准了该公约，宣布我国实施200海里专属经济区（Exclusive Economic Zone，EEZ）和大陆架制度。我国于1998年6月26日的第九届全国人大常委会第三次会议通过了《中华人民共和国专属经济区和大陆架法》，6月30日正式生效。从国内法的角度确立了我国对专属经济区和大陆架的主权权利和管辖权。这标志着我国渔业管理开始与国际接轨。与此同时，日本、韩国1997年宣布200海里专属经济区制度。在中、日、韩三方都宣布专属经济区制度后，中国分别与日本和韩国签订了《中日渔业协定》和《中韩渔业协定》。在南海，中国和越南签订了《中越北部湾渔业协定》。这些《渔业协定》一方面代表着中国加强了与相邻国家的国际渔业合作，另一方面又意味着我国将有大批渔民从原有从事捕鱼的海域中撤回、退出，这样既增加近海海洋渔业资源的压力，同时也增加渔业转产的压力。专属经济区制度强调了海洋渔业资源的保护实行限额捕捞，因此，我国海洋渔业资源管理从投入控制制度转向产出控制制度。

1995年起，我国在东海、黄海实行伏季休渔的制度，1999年又开始在南海实施该制度，而且休渔时间由两个月延长到三个月。伏季休渔制度被认为是当前我国保护近海渔业资源符合国情的最可行、最有效的渔业管理措施之一。事实上，无论是两个月还是三个月甚至更长的禁渔期，都不能从根本上解决渔业资源持续衰退的严酷现实。为了适应形势的变化和渔业资源管理的新要求，2000年10月31日，第九届全国人民代表大会常务委员会第十八次会议通过了《关于修改〈中华人民共和国渔业法〉的决定》，就是人们所说的新《渔业法》，并于2000年12月1日生效。新《渔业法》在继续强调捕捞许可证制度的基础上，明确提出“根据捕捞量低于渔业资源增长量的原则，确定渔业资源的总允许捕捞量，实行捕捞限额制度”（朱玉贵，2009）。

（六）2002 年至今

党的十六大报告提出科学发展观，要求统筹城乡发展、统筹区域发展、统筹经济社会发展、统筹人与自然和谐发展，对渔业发展提出了更高的要求。这一时期的渔业政策调整充分体现了“以人为本，全面、协调、可持续”的发展观。首先，中央财政对渔业的投入不断增加，支持范围逐步扩大。2002 ~ 2008 年中央财政专项用于支持渔业的财政资金达 273.15 亿元，这些政策的实施发挥了重要的调控、引导和支撑作用。其次，国家更加注重资源环境养护，国务院批准印发了《2003 ~ 2010 年海洋捕捞渔船控制制度实施意见》，形成了捕捞渔船“双控”制度。2002 ~ 2007 年，中央财政安排 13 亿元在沿海地区实施海洋捕捞渔民转产转业工程，这些措施的实施有效控制了捕捞强度的盲目增长。2002 年开始实施长江禁渔期制度，全国性的水生生物资源增殖放流也逐渐形成热潮，促进了渔业资源恢复和生态环境改善。2006 年 2 月，国务院颁布《中国水生生物资源养护行动纲要》，从国家层面和战略高度提出了我国水生生物资源养护工作的指导思想、基本原则、奋斗目标以及需要展开的重大行动和保障措施，标志着水生生物资源养护工作由部门工作上升为国家行为，使我国水生生物资源养护工作步入一个崭新的历史阶段。

纵观我国海洋渔业资源制度的变迁历程，我国海洋渔业资源制度从自由进入制度到限制进入制度、从投入控制制度到产出控制制度不断演进。尽管我国海洋渔业的产出控制制度刚刚开始，还需要一系列的具体制度安排，但这使我国的海洋渔业的管理开始向国际渔业管理迈进（郭守前，2000）。

第二节　中国现行海洋渔业资源管理制度现状及弊端

一个制度安排即是一种制度选择或规则选择。规则选择包括三个层次：法律选择规则、集体选择（政策选择）规则、个人选择规则（操作规则）。相应地，可以将海洋渔业资源的制度安排分为法律制度安排、政策性制度安排、操作制度安排。法律制度安排是为海洋渔业资源的开发利用和管理所制定的相关法律、法律性规定。政策性制度安排是各级政府依据渔业法律制度安排所制定的行政性规章、条例、办法、规定等。操作制度安排主要是指渔民为使用海洋渔业资源而订立的合约或规则，包括各种渔民自治制度安排。而在我国海洋渔业资源管理中，渔民对制度安排选择的空间十分有限，很难根据需求提供有效的操作制度安排。因此，在下文对我国海洋渔业资源制度安排的考察中，将不对渔民操作制度安排进行分析，而主要对法律制度安排和政策性制度安排进行分析。

一、中国现行渔业法律制度安排现状及弊端

（一）中国现行渔业法律制度安排现状

我国现有的海洋渔业资源的法律体系基本上形成了两个支柱：一是国内法体系；二是国际法体系。两者基本上均涵盖了四个方面的内容：渔业资源保护与管理规范；海洋渔业资源养护与管理的国际合作执法规范、水生野生动物保护与管理规范、渔业水域生态环境保护与管理规范。这些规范代表着我国海洋渔业资源可持续利用与保护的法律体系初步形成，基本实现了海洋渔业资源的利用、保护及管理依法行事的目标。整个渔业资源法律体系的调整范围涉及了渔业资源、渔业捕捞、水产养殖、水产品质量安全、渔业水域环境保护、涉外渔业等诸多管理范畴。

1. 渔业管理制度的法律规范

主要包括《中华人民共和国渔业法》（1986 年颁布，2004 年第二次修订）、《海域使用管理法》（2001）、《渔业捕捞许可管理规定》（2002）、《水产品质量管理规范》（1999）、《渔业捕捞许可管理规定（重新修订稿）》（2004）、《水产养殖质量安全管理规定》（2003）、《远洋渔业管理规定》（2003）、《渔业行政处罚规定》（1998）等。相关法律包括《领海与毗邻区法》（1992）、《专属经济区与大陆架法》（1998）、《航标条例》（1995）、《涉外海洋科学研究管理法规》（1996）等。这些法律规范是海洋渔业法律体系中最基本、最重要的部分。

2. 资源保护与渔业生态环境保护的法律规范

主要包括《海洋环境保护法》（1999）、《水产资源繁殖保护条例》（1979）、《中华人民共和国海洋环境保护法》（1983）、《野生动物保护法》（1988）、《渔业水域污染事故调查处理程序规定》（1997）、《水污染防治法》（1984 年颁布，1996 年修订）、《中华人民共和国水生动植物自然保护区管理办法》（1997）、《渔业资源增殖保护费征收使用办法》（1988）、《水生野生动物资源保护实施条例》（1993）、《自然环境保护区条例》（1994）等。这部分法规体现了我国合理利用海洋资源与积极保护渔业生态环境的立法意图和精神，对确保我国海洋渔业健康、可持续发展起到了重要作用。

3. 水产业振兴与发展战略的法律规范

主要包括《水产养殖质量安全管理规定》（2003）、《全国农牧渔业丰收计划

实施管理办法》(1994)、《水产技术推广管理规定（试行)》(1991)、《农业技术推广法》(1993)。

4. 国际公约与中外渔业协定

主要包括《联合国海洋公约》(1982)、《生物多样性公约》(1992）等国际公约以及中国分别与英国（1980)、美国（1985)、日本（1997 年修订)、韩国(2000)、越南（2000)、印度尼西亚（2004 年修订）等十多个国家签订的渔业合作协定。

（二）中国现行渔业法律制度安排存在的弊端

1. 诸多重要的法律规范缺位，内容不全面

（1）《中华人民共和国渔业法》最严重的问题就是法律主体缺失问题，即渔民不是法律主体。《中华人民共和国海域使用法》对海洋权属的规定未充分体现渔民这一群体的生存要求，这必然导致渔业捕捞强度失控、渔民权益得不到法律保障的局面。

（2）《渔业法》《海洋环境保护法》配套的二级法规不健全，为落实这两部法律带来困难。

（3）适用渔业资源保护的程序性立法不足，渔业法律规范中行为指向与法律责任衔接不到位；海洋渔业资源养护与管理法中的实体性条款与程序性条款不成比例。

2. 立法规划性不强

（1）前瞻性不够。我国学术界对渔业基础性理论的研究较薄弱，难以提出对制定具有前瞻性的渔业资源保护与管理法有指导意义的立法建议，因此，我国立法机关出台的法律规范对现实中出现的新问题往往是疲于应付，针对性不够。

（2）法律规范之间的协调性弱。涉及海洋渔业资源养护与管理的法律规范散见于法律、行政法规、部门规章及国际公约，且“法出多门”。这些有权立法的部门只是从各自职能角度制定规范，彼此缺乏协调沟通，很容易造成法律规范缺乏统一性，影响了立法的质量。

（3）法律规范的可操作性不强，法律难以实现其预定的实效。主要是因为我国海洋渔业立法技术的滞后。简言之，我国海洋渔业立法在技术上缺乏充分的调研论证；实施法律的配套规范不健全。由于海洋渔业资源养护与管理立法技术的缺漏导致我国渔业资源法难以发挥其应有的调整与规范效果（王芳、王自力，2005)。

二、中国现行渔业行政管理体制现状及弊端

（一）中国现行的渔业行政管理体制

《中华人民共和国渔业法》第六条、第七条规定，国务院渔业行政主管部门主管全国的渔业工作，县级以上地方人民政府渔业行政主管部门主管本行政区域内的渔业工作，县级以上人民政府渔业行政主管部门可以在重要渔业水域、渔港设渔政监督管理机构。国家对渔业的监督管理实行统一领导、分级管理，海洋渔业除国务院划定由国务院渔业行政主管部门及其所属的渔政监督管理机构监督管理的海域和特定渔业资源渔场外，由毗邻海域的省、自治区、直辖市人民政府渔业行政主管部门监督管理；江河、湖泊等水域的渔业，按照行政区划由有关县级以上人民政府渔业行政主管部门监督管理；跨行政区域的，由有关县级以上地方人民政府协商制定管理办法，或者由上一级人民政府渔业行政主管部门及其所属的渔政监督管理机构监督管理。

由此可见，我国的地区级渔业行政主管部门是隶属于当地政府的，并且行政管理部门与行政执法部门事实上合儿为一；当地政府对本地区的渔业行政主管部门享有领导权，上级渔业行政主管部门对下级渔业行政主管部门只有业务指导权。

（二）中国现行渔业行政管理体制的弊端

1. 业务指导与行政领导相冲突

根据《中华人民共和国渔业法》，地方渔业行政主管部门在行政管理上受当地政府管辖，上级渔业行政主管部门起业务指导作用。所以，实际上地方渔业行政主管部门主要听从当地政府指挥。而一些地方领导往往为了“获取政绩”做出违背渔业管理长远利益的错误决策。渔业执法人员迫于“长官意志”，依意照办，致使渔业管理处于失控状态。所谓的统一领导、分级管理难以形成合力，变成了统一领导不足、分级管理有余，由于许多工作和努力被体制及人员的因素消耗了，进而造成管理效率低下、效果不良（张建华，2002）。

2. 海洋执法主体的法律地位仍不明确

我国缺乏对海上执法力量的主体资格及权限进行清晰界定的法律，造成执法主体不明确，缺乏明确授权，引起行业矛盾、部门纠纷和权属之争，执法工作中经常产生争议和冲突。

3. 海上执法程序还存在明显缺陷

现行执法大多难以按照执法程序实施，海上事故处理耗时多，查获率低，拒

检拒罚现象渐趋严重。

4. 各涉海行政管理部门多以行业管理机构为基础而形成，条块分割，自成体系

各项海洋管理职能和职责分散、交叉与重叠，导致管理成本增加且效率降低。

5. 执法装备和执法手段比较落后

执法人员的来源没有统一标准，执法人员编制不一，管理较混乱，部分执法人员文化素质偏低等。一些内陆地区和经济不发达地区，渔业执法手段和执法人员素质更是难以适应现代渔业管理的要求（张建华，2002）。

三、中国海洋渔业资源管理的制度安排现状及弊端

为了保护渔业资源，维护海洋渔业的正常生产经营，我国逐步建立起了渔业资源管理制度。目前所采用的制度主要包括捕捞许可制度、休渔制度、捕捞限额制度等。

（一）捕捞许可制度

1. 制度安排现状

捕捞许可制度是许多国家采用的一种渔业制度安排，是一种投入控制（Input Control）制度和进入限制制度。捕捞许可证是政府向单位和个人颁发的从事捕捞作业的许可证书或资格证书。从事捕捞作业的单位和个人必须按照捕捞许可证关于作业类型、场所、时限、渔具和捕捞限额的规定进行作业。捕捞许可证制度的目的是试图通过控制生产要素（渔船数量）的投入规模，通过对进入权的控制避免对渔业生产能力的过度投资。在许多市场体制国家，捕捞许可证制度是与个人可转让配额制度相结合的，而且捕捞许可证是可转让的。我国的捕捞许可制度，是将捕捞许可证与渔船直接对应的一船一证制度。要获得捕捞许可证，必须同时具备渔业船舶检验证、渔业船舶登记证和捕捞许可证。而且捕捞许可证不得买卖、出租和以其他形式转让（郭守前，2004）。由于捕捞许可证通常只规定了渔船的主机功率大小、渔具数量、作业类型、作业区域、捕捞品种等，没有明确限制捕捞数量，渔民可以通过延长作业时间、改造渔业技术等手段增加捕鱼量。因此，即使能有效限制渔船数量和总功率，实现“双控”，也无法有效控制总捕捞量。

2. 制度评价

我国的捕捞许可制度是一种典型的政府集权制度。根据《渔业捕捞许可管理

规定》，原来属于省（市、区）审批权限范围的部分事项收回农业部审批，原来属于县级渔业行政部门审批的一些内容被调整为省（市、区）渔业行政主管部门审批。从全世界来看，捕捞许可证有可以转让的，也有不可转让的，我国的捕捞许可证就不可以转让。新《渔业法》规定："捕捞许可证不得买卖、出租和以其他形式转让"。这表明，在我国捕捞许可制度中只存在政府不存在市场。

捕捞许可制度是我国海洋渔业资源的核心制度安排，实施已经近20年，期间不断得到强化，对我国渔业生产起到了极大的推动作用，渔民收入有很大提高。但仍未完全达到制度的预期目标。

（1）未达到"双控"目标。1986年颁布的《中华人民共和国渔业法》明确规定了捕捞许可证制度。1987年提出了1990年之前的"双控"指标，而实际上，1990年的船数比指标增加1.93倍，总功率增加1.73倍；1992年再次提出的"八五"期间的总功率控制指标到期也未能完成。

（2）捕捞许可证制度未得到有效实施。虽然对海洋渔业捕捞的从业者必须持有捕捞许可证的法律规定已经有十几年，并制定了相关的实施细则和管理办法，但仍有大批"三无"渔船和"三证不齐"渔船在近海从事捕捞作业。

（3）海洋渔业资源被严重破坏，海洋渔业租金严重消散。尽管我国海洋捕捞产量已近十年排在世界第一，水产品产量已占全世界的1/3，但是，这些成绩的取得是以海洋渔业资源的严重破坏为代价的。一些有重要经济价值的鱼类严重衰退；渔获物的平均体长及平均体重下降；渔获物中低龄鱼比重过高；渔民的经济效益下降等。

（4）渔民退出成本高昂，中央财政负担加重。随着专属经济区制度的实施和渔业协定的签订和生效，大批失去作业场地的外海渔民进入近海渔场，使本来就投资过度的近海渔场面临更大的捕捞压力。为了控制捕捞量，政府将鼓励渔民转产转业。为此，政府要投入巨大的财力给予渔民补贴。而这种给予是"单方支付"，是巨大的转移支付，将由其他纳税人承担，造成更大的外部化成本。

因此，我国的海洋捕捞许可制度并不成功，它没能实现阻止海洋渔业资源被过度捕捞、控制海洋渔业租金消散的目标（郭守前，2004）。

（二）休渔制度

1. 制度安排现状

休渔制度是根据渔业资源的繁殖、生长、发育规律和开发利用状况，划定一定范围的禁渔区（保护区、休渔区），规定一定的禁渔期（休渔期），在禁渔区内或禁渔期间禁止某些渔具渔法的使用或全面禁渔的一系列措施和规章制度的总称，是投入控制制度。休渔制度一方面可以保护鱼类的产卵场、保护幼鱼；另一方面在一定程度上还可以控制或减少总捕捞努力量。

休渔制度由三方面的具体制度组成，即禁渔区和禁渔期制度、保护区制度、伏季休渔制度。在此需要说明的是，禁渔区、保护区、伏季休渔三种制度之间的相同之处是划定一定的水域，禁止某种或若干种采捕作业。它们之间也有一定的差别，主要表现在：禁渔区的禁渔时间一般是全年或半年以上，休渔区的休渔时间一般是半年以下，为若干天或若干个月，保护区的保护时间一般也是若干个月或若干天，通常是为了保护某种经济鱼类的幼鱼或亲体而设置的，并且在保护时间内允许一定数量的作业或捕捞非保护品种的作业（史济奎等，1990）。

（1）禁渔区和禁渔期制度。该制度是我国最早采用的休渔制度，1955 年首次实施，经过几次的修改与完善而形成目前的制度。1955 年国务院颁布《关于渤海、黄海及东海机轮拖网渔业禁渔区的命令》，标志着禁渔制度的开始。1980 年原国家水产总局《关于划定南海区和福建省沿海机动渔船底拖网禁渔区线的意见》得到了国务院、中央军委的批准。1981 年国务院又批准在机轮底网禁渔区线以内海域禁止所有底拖网禁渔区。国务院办公厅〔1987〕19 号文件规定，自 1988 年起，拖网渔船全部退出渤海，从此整个渤海海域成为无网作业区。我国在 1979 年 2 月 10 日通过的《水产资源繁殖保护条例》中也做了相关的规定。

渔业资源是共享性很强的资源。在 200 海里专属经济区制度生效以前，我国的东海、黄海经常出现日本渔船作业，同时，我国渔船也会到日本海进行捕捞。为了保护渔业资源，中日两国政府于 1975 年 8 月签订了《中日渔业协定》（现已失效），第一次建立了两个休渔区，并详细规定了休渔的时间和范围。该协定生效后经过 1978 年和 1985 年两次修改，又新增加了 5 个休渔区。

（2）伏季休渔制度。伏季休渔制度是我国为保护渔业资源所设立的第三种制度。我国于 1995 年开始在东、黄海实施伏季休渔制度，1999 年将伏季休渔制度扩大到南海地区。休渔时间由最初的两个月延长到两个半月至三个月，休渔范围涉及沿海 11 个省（市、区）和香港、澳门特别行政区。2001 年，参加伏季休渔的渔船总数达 11.8 万艘，渔民 120 万人（郭文路，2001）。

2. 休渔制度评价

休渔制度和任何一项政府制度安排一样，都是社会博弈的结果。休渔制度是政府与渔民长期不断重复博弈后的产物。在新中国成立后的半个世纪中，政府为了保护海洋渔业资源进行了不懈的努力，制定了各种政策法规，但是海洋渔业资源被过度利用、资源衰竭和破坏的状况仍在日益加剧。面对如此境况，政府不得不采取成本高昂的休渔制度。

通过这么多年的实施，可以说，休渔制度基本上是成功的，达到了休渔期间“船进港、网入库、人上岸、证集中”的要求，取得了较好的经济效益、生态效益及社会效益。

但是，休渔制度并不是解决海洋渔业资源问题的根本性制度安排。因为：第一，它不能从根本上解决渔业资源的过度捕捞问题，很难实现恢复资源的目标。休渔期间，全部渔船进港、修船补网、整装待发，休渔结束后，千帆竞发，大量的渔船又集中投入到捕捞中，形成了捕捞努力量投入的高峰，伏季休渔效果很快就被开捕后更大的超强度捕捞所抵消。第二，捕捞努力总量很难控制。休渔期间为渔民进行技术创新提供了机会。捕捞技术进步带来的是增长的捕捞努力量造成渔获量过大的后果。开捕后良好的经济效益预期又会诱导渔业生产者增加渔业生产的投入，改进捕捞技术、增加渔网渔具等，从而使捕捞努力量得到进一步提高，“双控”目标不断受到冲击。

（三）捕捞限额制度

捕捞限额制度是基于生物经济学模型提出的一种产出控制制度。要维持一个鱼群的存量不因捕捞而减少，就必须使捕捞量少于鱼群的增殖量；可持续最大捕捞量即当捕捞量等于最大增殖量时的捕捞量（Maximum Sustainable Catch，MSC）。捕捞限额则是根据可持续最大捕捞量所确定的总允许捕捞量（Total Allowable Catch，TAC）来制定的。总允许捕捞量再按照特定的方法分配于从事捕捞作业的单位和个人，捕捞作业者所分得的份额称为配额（Quota）。在许多市场体制国家，捕捞限额通常按一定标准分为若干单位配额，这些配额可以在市场上转让和交易，是一种个人可转让配额。在我国，捕捞限额总量是逐级分解向下分配，个人配额与捕捞许可证直接挂钩。由于捕捞许可证是不可转让的，因而配额自然也是不能转让的。科学地确定捕捞限额总量是实施捕捞限额制度的前提和基础，而如何合理、有效地将捕捞限额总量分配到不同地区、不同渔民，使配额分配公平、公正，是实施这一制度的一大难点。同时，捕捞生产的有效监管也是这一制度成功实施的关键（郭守前，2004）。

第三节　中国海洋渔业资源资产管理制度变迁的经验总结

一、启示

由于制度环境的变化、沿近海渔业资源的枯竭以及技术和人口的变化，从新中国成立至今，中国海洋渔业资源管理制度发生了几次较大的变迁。中国海洋渔业资源资产产权结构不断私有化，有效地增强了渔民的生产积极性，增添了渔业的经济活力，提高了渔业的经济效率。但是，渔业资源枯竭、捕捞努力量过剩、管理成本过高等问题仍然存在，现行的中国海洋渔业资源管理制度还不能满足社会的需求。在对中国海洋渔业资源管理制度变迁的研究中，得到以下启示：

（一）命令与控制式管理不能满足渔业发展要求

中国海洋渔业资源管理制度始终是命令与控制式管理制度，属于政府主导的渔业管理范式。无论在立法和政策的制定过程中，还是在政策的执行和执法过程中，政府都扮演着绝对主导的角色，其他利益相关者特别是渔民则处于被动服从的地位，很少有机会参与决策及其执行过程。具体到捕捞能力管理层面，政府预先确定捕捞能力的控制目标，然后通过法律和政策的制定和执行，以确保实现其设定的目标，在整个过程中，渔民及其行业基本上始终都处于从属和被动的地位。通俗地讲，在命令与控制式管理体制下，政府扮演的是绝对的管理者角色，而渔民则作为绝对的被管理者。这个“二元对立”的方法，再加上渔业资源的非排他性、消费竞争性和洄游跨界性，强化了渔民通过采取包括增大捕捞能力在内的各种可能的手段来提升竞争能力的动机，以期从渔业这块“大饼”中尽早、尽快和尽可能多地获取更大的份额（ 慕永通，2006）。

命令与控制式渔业管理之所以难以达到预期的政策效果，主要原因有二：一是这一调控措施的政策着力点是“堵”而非“疏”，但经验已经表明并将继续证明，只要从事海洋捕捞是一项有利可图的产业活动，采用“堵”的方法就很难防止渔业不发生过度投资并进而诱发捕捞能力过剩的问题，因为诱导渔民过度投资的激励（即“通过投资于更大的渔船和更好的装备等来获取竞争优势”）始终存在。二是捕捞能力并不是一个单维的概念，而是由各种不同的投入要素组成的，如渔船总登记吨位、发动机功率、捕鱼天数、船员数、渔网和其他技术装备等，渔业管理机关显然不可能把所有投入要素都纳入控制。在这种情况下，若采用“堵”法，除非政府能“堵”住所有可能导致捕捞能力增加的因素，否则就很难达成预期的政策效果。这是因为，“渔民有渔民自己的方法”；“你堵东边，我从西边进”；“你堵上面，我从下面出”。也就是说，只要渔民能找到投入替代的方法，即“用不受管制的投入替代受管制的投入”，命令与控制式的捕捞能力调控措施就很难达到理想的管理效果。

假如一定要在这方面下功夫，那么，渔业管理机关就必须能够彻底解决投入替代问题。事实上这是不可能做到的，即便能够做到，渔业管理工作也将因此变得复杂，渔业管理成本变得巨大。即使如此，正如经验所反复表明的，“越是复杂的管理体系，就越容易流于形式”，其结果极有可能演变为：在花费了大量纳税人的钱财之后，捕捞能力过剩问题仍然无法消除。如果是这种情形，采用此类措施显然还不如不采取任何措施，因为后者至少还可以省下一大笔公共财政资源（张永民、赵士洞，2007）。

渔船承包经营生产体制和渔船股份制大大促进了海洋渔业生产的劳动要素投入和资本投入的同时，也弱化了渔业主管部门对海洋渔业生产的管理和控制力。从1979年渔业产权制度开始由集体经济向股份合作制变迁至今，管理渔民的渔村（大队）和组（小队）的职能较改革开放前已大大弱化，形成乡镇直接管理渔民的局面，乡级政府现在要面对很多渔民，要负责执行和监控各项管理措施的实施情况。当前实行的命令与控制式的渔业管理制度，从渔民如何看待渔业管理规则角度来看，政府和渔民之间互不信任，而且单个政府部门要直接面对无数分散的渔民，直接后果就是政府管理渔业生产、控制捕捞强度的难度越来越大，这无疑增加了管理成本，降低了管理效果。

（二）仅实行投入控制管理难以实现渔业管理目标

由于海域资源结构组成复杂、许多种群开发过度、管理水平有限、资源的监控系统有待完善以及资源的调查和评估能力不够等原因（刘克岚、黄硕琳，2000），中国海洋渔业资源资产产权管理一直以来主要采取投入控制方法，基本没有实行或者尝试实行产出控制措施。实施这些投入控制的渔业管理措施，在一定程度上减缓了捕捞努力量的增长速度。但是，这些管理措施执行不当，效果并不好，特别是投入控制的一条重要途径即严格控制捕捞船只数量，几十年来一直没有取得成功，捕捞努力量远远超出资源所能承受的限度，成为搞好渔业管理、恢复渔业资源的一个极大的障碍。

另外，渔业管理单纯依靠投入控制的方法并不能从根本上减少捕捞死亡系数，因为这些措施只强调了捕捞努力量的一方面，而没有解决提高捕捞技术、增加捕捞效率所带来的问题，有其致命的弱点，难以保证渔业资源利用的合理性和可持续性。这种缺陷已被国外的许多渔业管理实践所证明。

捕捞许可证制度、休渔制度是我国现行海洋渔业资源资产产权制度的重要组成部分。这两种制度都不能有效解决渔业资源枯竭和捕捞努力量过剩的问题。

捕捞许可证只规定了渔船的主机功率大小、渔具数量、作业类型、作业区域、捕捞品种等，但没有明确限制捕捞数量。渔民可以通过延长作业时间、改造渔业技术等手段增加捕鱼量。因此，即使能有效限制渔船数量和总功率，实现“双控”，也无法有效控制总捕捞量。

休渔制度同样不能根本解决海洋渔业资源问题。休渔期间，渔船积蓄强大的生产能量整装待发。休渔结束后，千帆竞发，大量渔船集中投入到捕捞中，形成了捕捞努力量投入的高峰，伏季休渔效果很快就被开捕后更大的超强度捕捞所抵消。捕捞技术的进步易产生渔获量过大的后果，开捕后良好的经济效益预期又会诱导渔业生产者增加渔业生产的投入，改进捕捞技术、增加渔网渔具等，使捕捞努力量得到进一步提高。

仅仅采用许可证制度和休渔制度为代表的投入控制管理，不能有效地限制渔业资源的过度捕捞。捕捞许可证制度和休渔制度的性质决定了这类制度必须同其他管理措施配套使用。国外较成熟的海洋渔业资源资产产权制度通常将许可证制度、休渔制度与渔获量配额制度、渔具限制、上岸规格限制、航次数量和（或）出航时间限制和单船渔获量限制措施配套使用。

二、总体规律

（一）产权结构不断私有化

一直以来，中国海洋渔业资源资产产权制度从渔业公社（大队）的集体所有制到渔业乡（渔村）的渔船承包经营生产体制，再发展成渔船股份合作制，生产资料产权愈加清晰，产权结构不断私有化。

渔船承包经营生产体制使经营权归渔民个人所有，取得承包海洋捕捞渔船的渔民生产积极性得到提高。股份合作制是劳资结合，进一步提高了海洋捕捞渔民的经济活力，使渔民的劳动生产积极性更加高涨。

虽然生产资料产权清晰，但中国海洋渔业资源资产仍然存在事实上的自由准入，在渔业资源供给有限的条件下，“谁捕到归谁所有”的游戏规则是导致渔业经济绩效低下和渔业资源过度利用的根本性原因。

成功管理流动性共有资源需要明晰产权界限和范围，因此，必须明确界定资源系统自身的边界和享有利用资源权利的个人和团体的边界。这也是未来渔业资源资产产权制度变革的努力方向之一。

（二）产出控制受到重视

我国提出的实现 1999 年海洋捕捞产量“零增长”目标可以说是捕捞限额制度的开始，尽管它还不是一种制度而仅是一个目标。2000 年所修正的新《渔业法》正式提出了在我国海洋渔业中实行捕捞限额制度。捕捞限额制度是一种产出控制制度，它通常是在一定的期间、特定的区域，对特定的渔业生物资源品种设定所允许的捕捞量的最大值。它改变了投入控制制度，即将渔业劳动力、渔船数量及功率、网具规模及规格等要素作为直接管理对象的模式，不再以捕捞努力量作为管理对象，而是将渔业的结果即渔获量（捕捞量）作为直接管理对象。它根据相关捕捞品种的资源状况，以最大可持续捕捞量（MSY）或最大经济捕捞量（MEY）为标准，通过综合性的资源评价，确定总允许捕捞量，如果捕捞量超过了这一标准的话，渔业生产就会被控制。

在国外，产出控制是一种获得广泛应用的管理措施，但是，如不解决自由准入问题（即如果不限制个别渔民的渔获量），限制总可捕量就必然加剧渔民的竞争行为，包括购买或建造更大、装备更先进的渔船，采用更加有效的捕捞技术以及增加作业时间和强度，以便获得更大的渔获份额。

避免这种有害的捕捞竞争的一种有效方法是把总可捕量按一定规则分配给个别渔船或渔民。这样管理措施就从总可捕量控制转化为配额控制。在配额制度下，每位渔民都知道他可以捕捞多少鱼，因此就没有理由为获得更多的渔获份额而投资购买更大、更快的渔船，从而可以有效地避免过度投资的发生；另外，由于渔民个人的渔获份额已被固定，渔民将考虑如何通过降低捕捞成本和提高渔获物的质量，如何提高保鲜、保活技术，以便从固定的捕捞份额中获得更大的利润（王淼，2003）。

（三）渔业效率不断提高

在中国海洋渔业资源资产产权制度变迁中，渔船承包经营生产体制使监督劳动要素生产力成本降低，劳动生产要素的资源配置得到优化。股份合作制进一步提高了海洋捕捞渔民的经济活力，使经济效率提高。

与此同时，中国渔业管理机构已经开始全面认识海洋渔业资源的经济、生态、环境三方面的价值与功能。海洋渔业资源这三方面的价值与功能是紧密相连、相互依存、互为前提的。每种海洋渔业资源不是孤立存在的，而是存在于复杂的生态网络系统之中。如果能遵循海洋生态规律开发海洋渔业资源，则使生态系统网络中各个环节良性互动，全面实现海洋渔业资源的经济环境和生命的价值与功能。要在生态系统的整体性允许界限内，以尽可能低的渔业资源代价产出尽可能多的渔业经济效益，逐渐实现对渔业资源的最大利用率。

当然，不可忽视的是，渔业效率不断提高的同时，政府付出的监督管理成本也大大提高。

（四）维护社会公平

中国海洋渔业资源资产产权制度的变迁体现出越来越重视维护社会公平。公平包括人际公平和代际公平。对海洋渔业环境资源选择机会的公平性，表现为既要体现在当代人之间，还要体现在世代之间。当代人之间的公平性要求海洋渔业开发活动不应带来或造成渔业环境资源破坏的社会不经济性。在同一区域内一些社会群体的生产、交往、消费等活动在渔业环境资源方面，不应对没有参与这些活动的社会群体产生有害影响；在不同区域之间，则是一个区域的生产、消费以及与其他区域的交往等活动在渔业环境资源方面，不应对其他区域的环境资源产生削弱或危害。代际的公平性，要求在人类目前认识范围可预测的前景内，渔业资源利用方式不能导致渔业资源数量的减少并进而使后代人的需求受到影响，渔业资源的利用必须在可预期的经济、社会和技术水平上保证一定渔业资源数量，以满足后代人生产和生活的需要。

第四节　国外海洋渔业资源资产管理制度的借鉴与启示

一、典型沿海国家和地区的海洋渔业资源资产管理制度

“二战”前，由于渔业资源量相对捕捞能力水平较丰富，所以主要是生物学家采用生物学方法如最大可持续产量管理海洋渔业资源。20 世纪 50 ~ 70 年代早期，随着世界人口和人类对海洋鱼类的需求持续增加，海洋渔业资源的有限性变得日益突出，为了维持渔业资源的持续利用，政府部门开始采用命令与控制式的管理措施来管理渔业资源。但从 70 年代开始，由于众多原因，命令与控制式管理往往要求收集和加工许多信息，收集信息的过程既耗时、费用又高且收集到的各种信息往往无法反映真实情况，命令与控制式的渔业管理措施越发显示其局限性，难以实现其养护渔业资源等管理目标，为此，经济学家开始关注渔业管理，而且渔业管理部门开始采用经济学家所提出的基于产权的方法来管理海洋渔业资源。世界各国根据本国的实际情况也采用不同的管理制度，下面列举典型沿海国家和地区的海洋渔业资源管理制度，通过研究以期获得启示。

（一）冰岛

1. 冰岛海洋渔业概况

冰岛位于北大西洋中部，靠近北极圈，被称为欧洲大陆到北美洲的踏脚石。陆地面积 10.3 万平方千米，人口 27 万人，平均每平方千米 2.7 人。专属经济区

面积75.8万平方千米，是世界上最富有的渔区之一。冰岛的经济可以说是渔业经济。捕捞业和水产品加工业占GDP的15%左右，雇用了12%左右的就业人口。外汇收入的55%来源于水产品的出口，若以出口数量计算则占到80%左右。根据冰岛经济学家的估算，渔业对其GDP的直接和间接贡献率可达45%。冰岛每年的海洋捕捞量在160万吨左右，98%以上出口。冰岛人每年人均消费水产品90公斤左右。

冰岛的渔业资源基本保持在健康的开发状态，这与其成功地实施ITQ管理体制（单个的可以转让的配额制），从而确立捕捞渔业权制度有直接关系。

2. 冰岛渔业的管理体制

1944年独立后，经历了几次与英国及德国之间的鳕鱼之战，冰岛彻底取得了对其周围海域渔业资源的完全控制权。1975年宣布建立200海里专属经济区。冰岛的管理体制如图4-8所示。这种体制主要包括以下几部分。

（1）冰岛国家海洋研究所每年都进行资源评估，向渔业部建议每种鱼在每个配额年总的可捕量。

（2）冰岛渔业部综合考虑决定最终的可捕量。考虑经济和就业因素，最初渔业部决定的配额与生物学家们的建议配额有一定的偏差，近年来这种偏差已逐步消失。

（3）每条船最初根据其历史渔获情况决定其得到的配额百分比，该船每年可以上岸的渔获量则为该百分比乘以渔业部决定的配额。该渔船持有的配额百分比为船东终生所有，像私有财产一样，可以出租买卖。

（4）每条渔船每年持有的配额可以在配额交易所自由交易。理论上，配额是无限可分的。

（5）司法部的海岸警卫队和渔业部的渔业观察员负责海上监管。渔业部观察员和港务当局负责上岸渔获量的监管和统计。每个港口都和渔业部计算机中心相连，每天向渔业部传送每条渔船的上岸渔获量。

（6）6吨以下的小船只拥有共同的鳕鱼配额，每条船有最多出海天数或者最多可捕量限制。也可以互相转让。小船都是使用钓具，基本上无法和游乐的船严格区分。

（7）任何冰岛公民，只要拥有适航的船舶，证书齐全，都可以向渔业部申请捕捞许可证。但是还必须拥有配额才可以出海捕鱼。配额类似公民或者法人的私有财产，捕捞许可证完全成了一种管理工具。如果某人违反渔业法规，很有可能被处以暂扣或者吊销捕捞许可证，这意味着该船无法出海。但是船东可以卖掉其持有的配额。捕捞许可证有效期为1年。

3. 实施配额制带来的影响

由于冰岛经济严重依赖渔业，实施这种捕捞渔业权制度后，对冰岛整个社会都产生了深刻的影响。

（1）积极影响。

1）极大地提高了渔业产生的经济效益和竞争力。由于每条船上岸渔获量是法定的，每条船的配额可以自由转让，渔业企业之间的竞争就由过去的捕捞数量竞争变成了水产品质量、捕捞技术、节约能源、加工技术、经营管理和营销方面的竞争，是有益的竞争。这促进了渔业行业整体效益的提高。

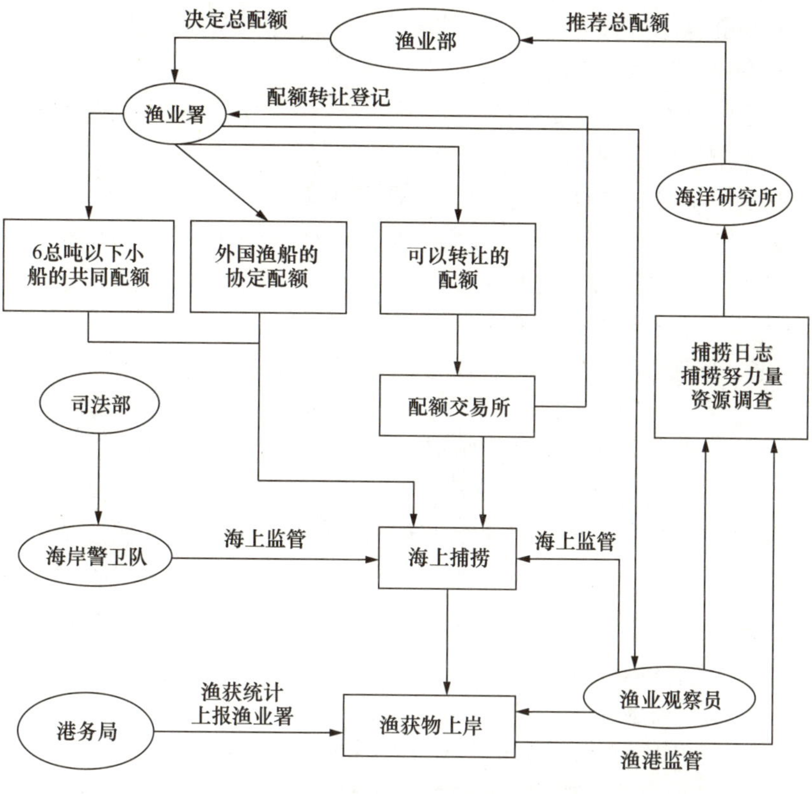

图4－8　冰岛的捕捞渔业权制度图

2）有利于保护渔业资源，可以实现渔业资源的可持续利用。

3）退出捕捞业的渔民可以从配额交易中得到经济补偿，有利于他们从事其他职业。

4）整个渔业行业出现了捕捞业与水产加工业的逐步融合，形成较多的企业集团，有利于渔业行业整体效益的提高。

（2）负面影响。任何一种管理体制的重大变革都会遇到一些问题、产生一些负面影响，实施可以转让的配额制也不例外，特别是在推行的初期。

1）最初每条渔船配额百分比分配的公平性引起了非常大的和持久的争论。

2）由于配额的自由转让，最初会有投机现象发生，潜在的会引起配额的不当集中，为此，冰岛的渔业法规定了一家公司可以持有的最高配额。

3）企业之间的竞争，配额的自由转让会造成一些船只自然而然地退出捕捞生产，带来失业问题。

4）可能会引起抛弃低值渔获问题。

5）最初资源评估的精确性也引起争议，但是随着捕捞信息的积累，总的可捕量每年不断调整，越来越精确。

6）配额的自由转让引起区域经济的变化，为保护区域经济和就业的稳定，一般区域间的配额转让要得到渔业主管部门的批准。

7）在配额制建立之初，会增加政府行政开支。

自 1991 年，冰岛对其全部渔业实施可以转让的配额制管理以来，虽然遇到了一些社会问题，但随着人们观念的转变、管理经验的积累，这种制度已经日趋成熟，基本上实现了渔业的可持续发展，过去衰退的渔业资源都在稳步地得到恢复（姜文来、杨瑞珍，2003）。

（二）挪威

1. 挪威海洋渔业概况

挪威位于北欧斯堪的纳维亚半岛西部，在世界的地图上，挪威位于最北部，一部分领土位于北极圈以内。东邻瑞典，东北与芬兰和俄罗斯接壤，南同丹麦隔海相望，西濒挪威海。海岸线长 21192 千米（包括峡湾）。大部分地区属于温带海洋性气候，人口只有 500 多万，是一个北欧的小国，但同时又是世界上最富有的国家之一，是一个高收入、高福利、高税收的国家。在国民生活水准方面，挪威于 2004 年已经连续第四年在联合国开发署的人类发展指数上位列榜首。海洋是挪威的文化和生活的命脉，挪威的海岸线被无数峡湾所分割，其中最长的峡湾可以延伸到内陆达 200 多千米。峡湾两岸矗立高达千米的悬崖峭壁是挪威最受欢迎的旅游胜景之一。挪威东部和中部地区的地貌较平常，北部地区则美丽壮观，但气候极为严酷。在夏季的半年里，白夜现象使那里每天 24 小时都光线充足，冬季则是漫漫长夜，只有每天正午时分才可以见到一线天光。石油、渔业、航海是挪威的三大支柱产业，渔业在挪威国民经济中占有非常重要的地位，挪威是个万岛之国，许多人直接和间接依靠海洋为生，每个挪威人每年平均吃 45 公斤的鱼，挪威的水产养殖、水产加工和海洋捕捞技术非常先进，在世界名列前茅。在挪威有一句非常流行的话：富裕的大海就是挪威的未来。可见挪威对海洋的重视（王兆君，2003）。

2. 渔业法规

挪威是个渔业立法较早的国家，渔业法规名目繁多，海洋渔业资源保护方面的法规主要有《捕鲸法》（1939 年 6 月 16 日）、《拖网渔业法》（1951 年 4 月 20 日，规定拖网渔船须持证捕捞）、《猎捕海豹法》（1951 年 12 月 14 日）、《12 海里渔业活动法》（1966 年 6 月 17 日）、《渔民登记和标识法》（1971 年 12 月 5 日）、《渔民注册登记法》（1972 年 6 月 12 日）、《关于从事渔业的规定》（1972 年 6 月 16 日）、《捕捞参与法》（1972 年，规定围网渔船须持证捕捞）、《专属经济区法》（1977 年 5 月 13 日）、《防止污染和排废条例》（1981 年）、《海洋渔业法》（1983 年 6 月 3 日）、《港口和航道条例》（1984 年），此外还颁布了《网目法》《鱼类可捕标准》《渔区的开放、关闭时间》《关闭特殊渔区》等。

3. 挪威渔业资源的管理

（1）对外国渔船的管理。挪威早在 1976 年 12 月 17 日就颁布了《专属经济区法》，并在 1977 年 1 月开始正式实施 200 海里专属经济区，同年 5 月 13 日公布《外国渔船在挪威经济区捕鱼法》，1979 年 1 月 15 日宣布建立斯代尔巴德群岛周围水域的 200 海里渔区，1980 年 5 月 23 日宣布建立扬马廷岛周围水域 200 海里渔区。对在挪威 200 海里海域的外国渔船要求：

1）渔业执照由挪威渔业部审查颁发，但未明订入渔费的计算标准。

2）外国渔船只能在 12～200 海里水域作业。同时，一种渔船只能有一种渔业执照，并且不得转让；渔业执照必须标明渔具、作业渔场、配额、执照有限期限、允许的渔获物种类，而渔业执照必须存放在作业船上。

3）渔船的标示必须清楚，并且须悬挂船籍国的国旗，必要时须接受登船检查。

（2）注册登记制度。在挪威，任何渔业作业的参加者均有义务进行登记注册，以便拥有一个唯一的注册号码。注册登记包括渔船登记、渔民登记、买方注册登记和加工厂注册登记。

渔船登记注册制度规定，要建造一艘新船须先申请许可证。每艘渔船的所有渔业许可记录都由当地的渔业管理机构全部输入渔业局的渔业管理数据库网络系统。根据船名或船舶登记号，也可用无线电呼号随时查到每条船的情况，包括船舶主尺寸、建造年月、船体材质、主机型号、类别、缸数、马力、主机建造厂、船主、所持有的捕鱼执照等各种内容。

（3）捕捞配额制度。这是挪威渔业资源保护的最重要的法律制度。配额的分配既包括了国际捕捞配额的分配，也包括了国内的捕捞配额的分配。挪威 80% 的渔获量是与外国共享的渔业资源的配额，主要配额的管理鱼种有鳕、鲭、鲱、龙虾等。

在国际捕捞配额方面，通过双方或多方的渔业谈判达成。在配额的程序上，挪威是东北大西洋区域的国际海洋开发理事会（ICES）成员国，参加该组织定期召开的有关国家的渔业生物学家组成的工作组，负责分析、研究、集中所收集的资料，据此评估东北大西洋主要商业捕捞品种的鱼类资源状况。在此基础上，由各成员国专家组成的渔业管理咨询委员会（ACFM）负责提出下一年度这个区域的 TAC 建议。各国渔业主管部门每年秋季轮换在各成员国进行国际谈判，讨论协商在 TAC 基础上各成员国按鱼种分享这些渔业资源的配额；在初步确定了 TAC 和配额分配捕捞之后，欧盟委员会将之提交欧盟部长理事会，部长理事会审议 TAC 和各成员国之间的捕捞配额的分配，通过后由部长理事会批准实施。在这个过程中，挪威总是尽力为国内渔民争取利益，获得更多的配额。

由于在北纬 62°以北的鳕鱼资源属于挪威和俄罗斯的共享资源，因此两国将争议海域视为两国共同管理海域，对重要渔业资源有两国共同进行渔业资源调查，以此为依据设定 TAC 与配额。每年 1 ~3 月由两国的调查船在海域内进行资源调查，资源调查结果在国内汇总后，交给国际海洋开发理事会（ICES）的渔业管理咨询委员会（ACFM）资源工作小组，每年 8 ~10 月，再根据渔业管理咨询委员会对北纬 62°以北的鳕鱼资源提出的 3 ~5 个方案供挪威与俄罗斯选择。

渔业管理咨询委员会在听取了来自渔民和其他有关人士的意见后，将配额建议方案提交有关国家进行谈判。具体而言，每年 11 月中旬就巴伦支海资源与俄罗斯，12 月中旬就北海资源与欧盟，最后就挪威专属经济区与冰岛、瑞典、格陵兰专属经济区间洄游资源与这些国家和地区举行谈判。谈判过程中有时会论及 TAC 的交换。在国内捕捞配额方面，挪威在得到了本国渔业资源配额后，国内捕捞额度分配权在挪威渔业部，而建议方案则由渔业局作出。渔业局首先将某种鱼的限额通知渔业社团，渔业社团自己先协商确定不同作业方式的分配数量，再确定每条船的配额，然后由渔业局将分配方案上报渔业部批准，最后渔业社团将经批准确定的捕捞数额通知每条渔船（见图 4 –9）。

（4）渔业资源的保护措施。为了有效保护渔业资源，挪威政府制定了一系列保护措施。例如，建立禁渔区，规定禁渔期和禁捕鱼类、限制渔具渔法。禁渔线是在离基线 4 海里的水域。在禁渔区禁止拖网、围网渔船作业，只允许小型流刺网、延绳钓作业。对重要的渔场规定了禁渔期，如鳕鱼的主要产卵场罗弗敦渔场，规定每年 2 月下旬至 7 月中旬为禁渔期。

为了保护幼鱼，挪威于 1983 年颁布了一项有关海洋渔业抛弃副渔获物的规定，完全禁止包括幼鱼在内的抛弃所有具有经济价值的品种。这一保护政策使挪威成为这一领域的先驱。对鳕、鲱、鲭、玉筋鱼、毛鳞鱼、黑线鳕、挪威鳕、北鳕、鲽、鲆、大螯虾等规定最小网目尺寸、可捕最小规格以及检查方法。渔业法律规定，禁止将捕到船上的幼鱼丢到海里，必须将幼鱼运到码头水产市场无偿上交。如果幼鱼比例超过10%，按照数量多少给予不同程度的处罚。

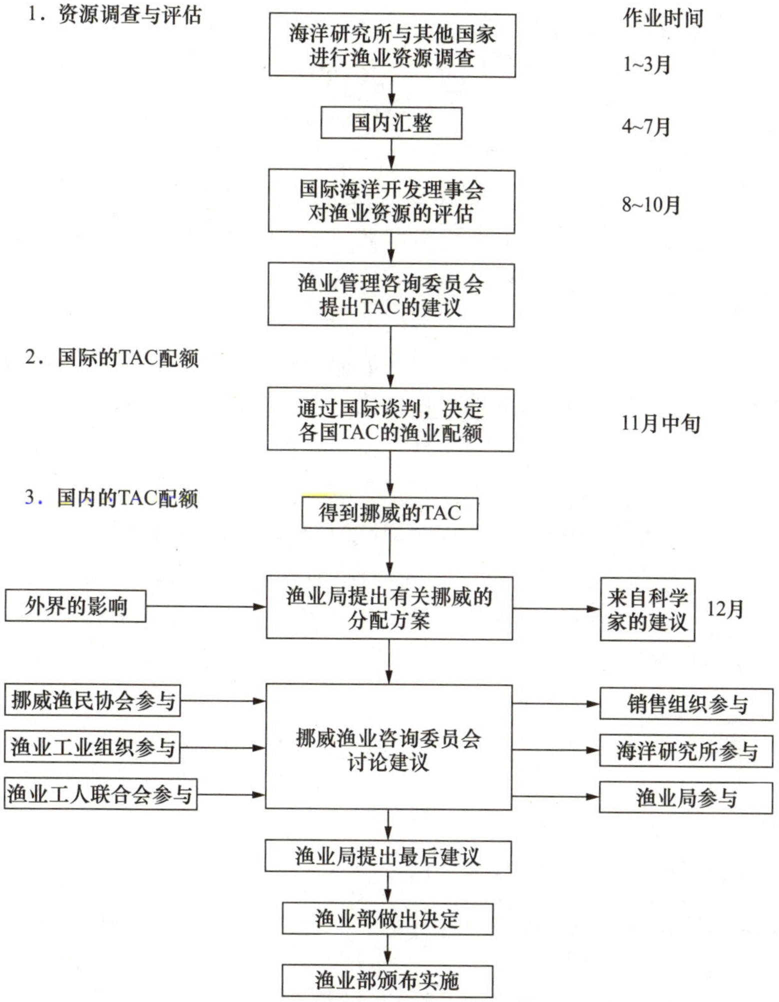

图4－9　挪威 TAC 制度及配额流程

规定船上必须安装网上分离装置，让幼鱼从幼鱼逃逸装置逃脱。

（5）渔捞统计制度。政府规定，超过13米的渔船有义务及时填写捕捞日志等整套生产统计表。捕捞日志是渔业局印制的装订连号、复写一式三份的捕捞记录本。船主在填写捕捞日志后，主要按渔业局的要求，在规定时间内寄出，通常是在渔船卸货后的两个星期内寄给渔业局。对于船长 13~21 米的船只，只需填写简单的捕捞日志，这些记录由船主直接寄给渔业局，不需经过挪威海岸警备队的检查。对于船长超过 21 米的大型渔船，船主必须详细填写渔捞日志，挪威海岸警备队要对这些渔船的渔捞日志进行抽查，以便判断舱内的渔获物是否与渔捞日志相符，从而有效地控制渔船的捕捞量处在捕捞额度内，避免渔民丢弃低于可捕标准的幼鱼和捕捞受保护的品种。而对于 13 米以下小型渔船则不需填写渔捞日志，若要获取这些渔船的捕捞、上岸量的情况需使用销售记录。

4. 挪威渔业法规的监督检查

（1）渔业监督检查。法令规定，任何进入挪威 200 海里专属经济区的外国渔船必须在从事渔业活动之前 24 小时将船名、船号、船上有无渔获、何时进入、据何协议进入、进入哪个海区作业，通过挪威沿岸无线电台向挪威渔业局报告。以后在同一协议区内活动的时间每 7 天用电报报告其船位、作业方式、捕捞品种和数量等。在离开挪威海域之前，必须向渔业局报告离开时间、船上的渔获品种和渔获数量。海岸电台通过电传把电报送发设在卑尔根的渔业局，然后由专职操作员以填写标准格式报表的方式输入计算机，从而建立外国渔船活动和生产情况的档案。渔业局根据实际情况，指定其是否到指定的检查地点接受海岸警备队的检查。若渔业局认为无须检查，就直接通知该船可以出境回国。

对国内的渔船而言，1997 年挪威渔业法律规定，21 米以上的渔船必须安装卫星监控装置，渔业局通过这套装置能够及时了解到渔船所处方位、捕捞活动情况以及渔获品种和数量等。

（2）海上监督检查。渔业部通过海岸警备队在海上对各项渔业法规的执行情况进行监督。海岸警备队在执法装备上备有 25 艘执法船、6 架直升机和 4 架巡逻飞机。大型执法船的排水量达 3200 吨，并备有枪支和声波定位仪等，可防袭和反袭水下违法行为。大部分执法船都配有两班船员，每隔 32 小时轮换一次。小型船舶配备步枪，人数一般为 5~20 人。每年均有 2500 名检查员对拖网渔船和大型渔船进行检查，平均每天要登临检查 6 艘大型渔船。检查程序是：①海上巡逻发现渔船。②通过计算机查寻渔船的许可、作业时间、捕捞配额等情况。③一旦发现未申请的外国渔船或可疑渔船的活动，立即乘艇或乘直升机登临检查。④检查的主要内容有该船实际配额、向渔业局申请的渔获量、船上核实的实际渔获品种和数量（三者必须一致）、网目尺寸和幼鱼比例。若发现严重违规者，扣留和起诉渔船。若是本国违规渔船，就向警方起诉，按挪威的法律程序执行；若是外国渔船则带回挪威港口，警察会进一步调查核实后决定是否放行。

根据挪威有关渔业法律、法规，渔业的违规行为有违反最小网目尺寸、最小可捕标准、兼捕、丢弃渔获物、作业场所、禁渔区、渔捞配额、捕捞日志、未按规定准确记录卸鱼量以及黑市交易渔获量。

违反渔业法规的处罚种类有书面警告、罚款、没收渔获物、吊销渔业许可证、取消申请渔业许可证资格、逮捕、处以6个月以下的扣留或监禁。

（3）渔港码头销售监管检查。根据1951年挪威《鲜鱼法》规定，非水域的渔业监督检查，由渔业局授权销售所有第一手渔获物（指海洋捕捞而不包括养殖鱼类）的法定销售组织在渔港码头进行，所有渔船在挪威销售渔获也都必须由销售组织来完成，不同的渔船根据渔获物的种类不同，分别通过不同的销售组织进行销售；所有购买第一手渔获的买主都必须经渔业局许可，并取得银行财务担保，购买渔获时只能向销售组织购买。第一手交易通常由销售组织与买主间的协议来达成，当达不成协议时，《鲜鱼法》给予销售组织有规定鱼价的权利。

销售组织为渔民所有，其目标是通过有组织的销售经营，以确保高而稳定的鱼价及合理可靠的付款期限。而挪威政府则通过该组织的运作，配合渔业咨询与质量控制系统，实现渔获物配额与统计、渔产品质量控制、稳定鱼价、保障渔民取得鱼款等目的。

挪威共有6个渔港码头，分别设有渔业局授权的渔民销售组织，其中5个负责底鱼的销售，1个负责中上层鱼类的销售，其运作方式如下：

海上渔船渔获物需要销售时，首先通过船上的通信设备与销售组织联系，详细报告船主名称、船主登记号码、船长名、渔获品种和数量、质量（如体型、鱼体受损情况、胃内含物等）、配额数、渔获地点、时间以及自报最低价格等所有买方所希望获得的信息。销售组织通过船主注册登记号码将所有有关信息输入计算机中，买方通过计算机联网，准确获得信息，买方也要向销售组织详细报告有关情况，并在网上拍卖，销售组织在各个不同买主竞价中选取最高者。当买主与销售组织达成该渔船渔获的交易价、交易地点后，成交便告生效。接下来，销售组织通知渔船直接将渔获物运送到买主指定的交货地点。如果买主认为渔获物与销售组织所提供的信息一致，由船长填写销售单，注明船名、船号、渔获种类、数量、规格、价格、作业渔区、交易地点和时间等内容，由买卖双方分别签字生效。销售单一式四份，一份保存于渔船上，一份买主保存，两份交销售组织。然后买主按期向销售组织支付货款，销售组织收到货款后再支付给渔民。在所有第一手交易额中，销售组织按照销售额的0.5%收取手续费，作为维持行政运作所需费用。

销售组织中的渔船作业地点、渔获物、渔船卸鱼地点、渔获成交数量等信息是与渔业局计算机网络联网，而买卖双方报价和拍卖信息是销售组织的商业秘密。渔业局可通过网络，从当日各售鱼资料中选取观察对象，派观察员前往视察，以进行质量管制。一旦发现渔船的渔获超过渔船配额，立即通知销售组织扣留并没收超配额的渔获款，超过配额太多还要接受处罚。

销售组织在整个交易中除了作为中间人，撮合双方交易外，还可保证渔民可以取得鱼款，如若买主无法付款，销售组织首先向渔民预付货款，然后再向买主追缴，若出现破产情况，销售组织还可以向买主提起诉讼。对于外国渔船在挪威港口卸货、销售，也必须通过销售组织进行，但产量不纳入挪威的总产量中。销售组织为渔民所有，从渔民中选出代表组成渔民委员会，再从代表中选出董事会。渔民代表每年开一次年会，决定销售组织的重大事项。销售组织每年与水产品的买主开两次会议，协商水产品的最低保护价（李金昌等，1999）。

（三）日本

1. 日本海洋渔业概况

日本是一个位于欧亚大陆东侧，太平西北部并列成的弓状岛国，面积 37.2 万平方千米，南北长 2500 千米，国土由北海道、本州、四国、九州 4 个主要岛屿、约 3900 个小岛组成，共有人口 13000 万人。日本四面环海，海岸线漫长曲折，专属经济区面积约 405 万平方千米，海洋生物资源丰富且具有多样性。优越的自然地理条件使得日本有着悠久的渔业发展史和发达的渔业，渔业在其国民经济中占有重要地位。自明治维新以来，日本逐步发展成为一个完全市场经济的资本主义法治国家，渔业作为日本重要的食物产业之一，在经济和社会功能方面发挥了重要作用，渔业管理因此也相当完善。日本国会以及中央、地方政府均制定了众多调整渔业经济活动的法律、法规等，形成了一个庞大的渔业管理制度体系（见图 4－10）。

2. 日本现行的渔业管理

在现行渔业法中，渔业的作业种类分为三类：渔业权渔业、许可证渔业、自由渔业 。

（1）渔业权渔业。《日本渔业法》规定的渔业权有两大类，即渔业权（狭义）和入渔权。

渔业权（狭义）又分为定置渔业权、区划渔业权和共同渔业权三类：①定置渔业权指在一定的水域，设置固定的渔具，采捕水产动物的权利。②区划渔业权指在一定的水域，经营养殖水产动植物的权利。③共同渔业权指经营共同渔业的权利，也即共同利用一定的水面，经营采捕或养殖水产动植物的权利。

入渔权是根据渔业权（狭义）人的设立行为，以支付一定的入渔费为代价，在他人渔业权的范围内经营渔业的权利。

渔业权可以共有，但共有人处分自己的份额时须经其他共有人 2/3 的同意，日本的渔业权被视为物权，但是在渔业权的行使和取得上，有下列一些限制：

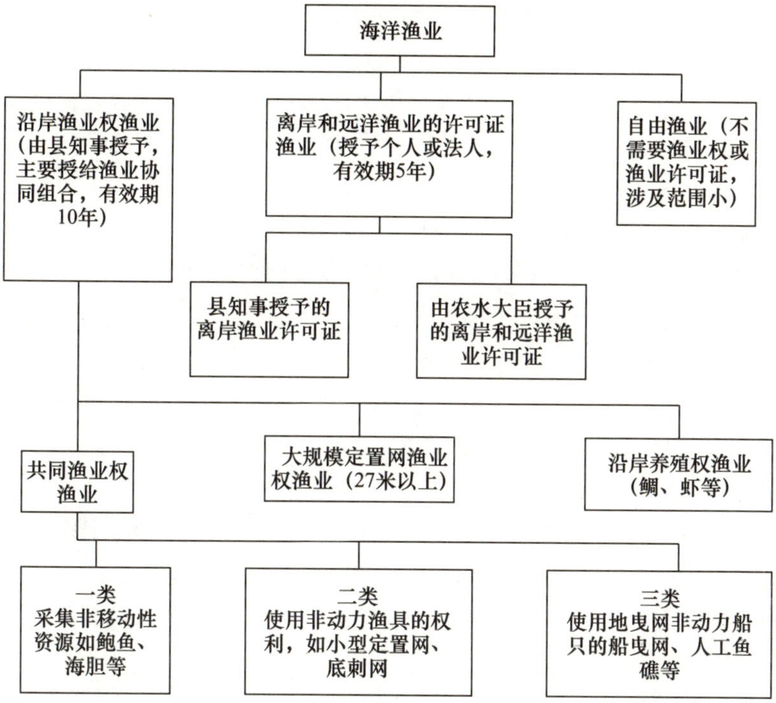

图4－10　日本海洋渔业权的分类

①抵押权设定需要批准。在定置渔业权或区划渔业权上的抵押权的设定，非经都道府县知事的批准，不产生效力。②渔业权流转的限制。除了因继承、法人的合并或分立，渔业权不能成为流转的标的。③出租、出借的禁止。渔业权也不能成为租借的标的。④分割、变更的限制。需要对渔业权进行分割、变更时，必须向都道府县知事提出申请，取得其许可。⑤休业需汇报。渔业权人如果休业一个渔期以上，应确定好休业期间，事先向都道府县知事汇报。休业期持续超过两年，渔业权即可能取消。休业期间，都道府县知事可允许其他条件适宜者在渔业权锁定范围内经营渔业。⑥公益上的限制。公益上有需要，在发放渔业权许可时，可对渔业权附加条件或限制。⑦来自渔业调整委员会的限制。海区渔业调整委员会为保护水产动植物的繁殖、解决渔场纠纷等而认为必要时，可作出禁止或限制采捕、限制渔业者的数量、限制渔场使用的指示，从而限制渔业权的行使。⑧组合管理渔业权人资格上的限制。在日本的渔业生产、经营中，渔业协同组合起着举足轻重的作用。对渔业协同组织所拥有的特定区域渔业权、共同渔业权及入渔权，只有组合的成员且符合该组合的渔业权（入渔权）行使规则所定资格的人才能利用这些权利进行渔业经营，非组合成员则无权利用这些权利。

《日本渔业法》规定，入渔权也被视为物权，但与一般物权相比，行使和取得入渔权时，要受到下列限制：①转让限制。除非取得渔业权人的同意，否则入渔权不得转让。②一般不能作为他项权利的标的。除非因转让或法人的合并取得入渔权，入渔权不能成为他项权利的标的。③入渔权人资格上的限制。渔业协同组合及渔业协同组合联合会成员以外的人，不能取得入渔权。④来自渔业调整委员会的限制。该项限制与渔业权处相似。

《日本渔业法》规定，以珍珠养殖为内容的区划渔业权、内河水面以外的水面上的以养殖水产动物为内容的区划渔业权（特定区划渔业权除外）、共同渔业权的存续期间为10年，其他渔业权的存续期间为5年，从取得许可证之日起算，入渔权的存续期间以约定为准，无约定的，以其标的渔业权的存续期间为准。

《日本渔业法》规定，要取得渔业权，必须向都府道县知事申请，取得许可。

在下列情况下渔业权可能被撤销：①取得许可后，连续2年休业时。②渔业权人丧失合格资格的。③因渔业调整、船舶的航行、停泊、海底电缆铺设等公益上的必要时。④渔业权人违反有关渔业方面的法律时。

渔业权被撤销，渔业权即告消灭。渔业权期限届满又未续延时，渔业权也告消灭。

渔业权人对侵权人可运用下列方法来保护自己的渔业权：①追究其渔业权侵害罪的刑事责任。②主张物权请求权。权利人可以向侵害人提出退出水域、停止侵害、排除妨碍、消除危险的请求。③主张损害赔偿请求权。

（2）许可证渔业。这是指从事某种渔业的人或企业必须持有政府颁发的渔业许可证才能进行生产的渔业。对于整个渔业管理体制来说，许可证渔业也发挥着重要的作用。许可证适用于移动性资源，如拖网渔业等。适用对象包括正在日本水域作业及从事远洋渔业的日本渔民和渔船。许可证由农林水产大臣或县知事颁发。日本的渔业许可证有两种：农林大臣颁发的许可证和地方政府颁发的许可证。从事国家管理的渔业必须持有农林大臣颁发的许可证，因这些渔业涉及大型渔船、大面积的捕鱼区域、国际渔业协定及渔场自然状况等因素。这些渔业由中央政府与渔业协调中心委员会研究后通过法律形式规定。目前共有17种渔业必须由农林大臣颁发许可证。

地方政府颁发的许可证又分为两类：一是农林大臣指定，由地方政府颁发许可证的渔业；二是地方政府可自由地颁发许可证的渔业。第一类包括有必要在国家范围内协调的渔业，颁发范围包括远洋渔业（包括公海和别国专属经济区）和离岸大规模渔业。这些渔业的重要程度仅次于由农林大臣许可的渔业。在这些渔业中，有农林大臣规定允许投产的最多渔船数量，其中包括总吨数为15吨以上的小型拖网渔业，总吨位5~40吨的中型围网渔业，在濑户内海作业的5吨以上的拖网渔业及30吨以下的小型鲑鱼刺网渔业。第二类包括那些为协调捕鱼作业、地方政府认为有必要对沿岸和近海渔业做出一些地区性规定的渔业，如刺网渔曳绳钓渔业、鱼篓渔业和章鱼渔业等。同农林大臣的许可证一样，地方政府的许可证既可颁发给渔民或企业，也可颁发给渔船。若为协调作业，某一种渔业的许可作业船数受到限制时，颁发许可证时考虑申请者的条件和优先顺序。在发放许可证时，农林水产省要发表公告，宣布被许可船只的数量、吨位。另外，农林水产省要听取中央渔业协调委员会的建议。中央渔业协调委员会由25人组成，由首相从符合条件的渔业经营者、渔业雇员及专家中任命。

不论农林大臣或地方政府颁发的许可证，都明确规定了许可证持有者的作业区域、禁渔期、所捕鱼种、最小可捕规格、渔船吨位和马力、卸鱼港口的限制等。许可证每5年更换一次，涉及国际谈判的渔业，许可证逐年发放。若作业渔船数量对资源保持没有影响的话，不必交纳许可证费。为保护资源，农林大臣有权通过减少许可证数量，控制作业渔船的数量，且对取消许可证的渔船不支付任何赔偿。日本对捕捞努力量的控制主要是通过许可证的颁发、限制一定吨位的渔船数来实现。直接进行捕捞量控制，实行限额捕捞的种类只限于鲑鱼、鲸鱼等。

（3）自由渔业。这是不需要渔业权或许可证的渔业，种类较少，如钓鱼业和一部分定置网渔业。

3. 日本的总可捕量（TAC）制管理

总可捕量（Total Allowable Catch，TAC）含义是根据社会状况和经济条件，从行政上决定渔获量的上限，即渔获可能量。实行TAC制度是为了避免酷捕，保护生物资源并可持续地利用资源。

（1）日本TAC制度的实施方法（见图4－11和图4－12）。

1）对象鱼种。日本与1995年召开的海洋法研究会，以下列三条标准作为设定TAC鱼种的选择标准：一是渔获量大且经济价值高的鱼种；二是渔业资源状况相当恶化而需要紧急进行保护管理的鱼种；三是外国渔船在日本周边捕获的鱼种且对资源状况相当了解。1997年确定了6个品种为TAC对象，1998年增加了太平洋褶柔鱼。目前共有7种，分别是狭鳕、竹荚鱼、秋刀鱼、沙丁鱼、鲐鱼、雪蟹、太平洋褶柔鱼。另外鲣鱼、金枪鱼为国际渔业管理的对象鱼种，鲑鳟鱼为栽培渔业对象鱼种，均不列入日本独自制定TAC的对象鱼种范围内。

2）地区性鱼种。除了国家制定的主要渔获物种的TAC外，都道府县针对地方性种群各自制定TAC，以管理地区性种群的资源。

3）对象水域。在考虑资源分布与渔业状况下，划定海域范围，并根据各种渔业可捕捞这些鱼种的许可总渔获量。

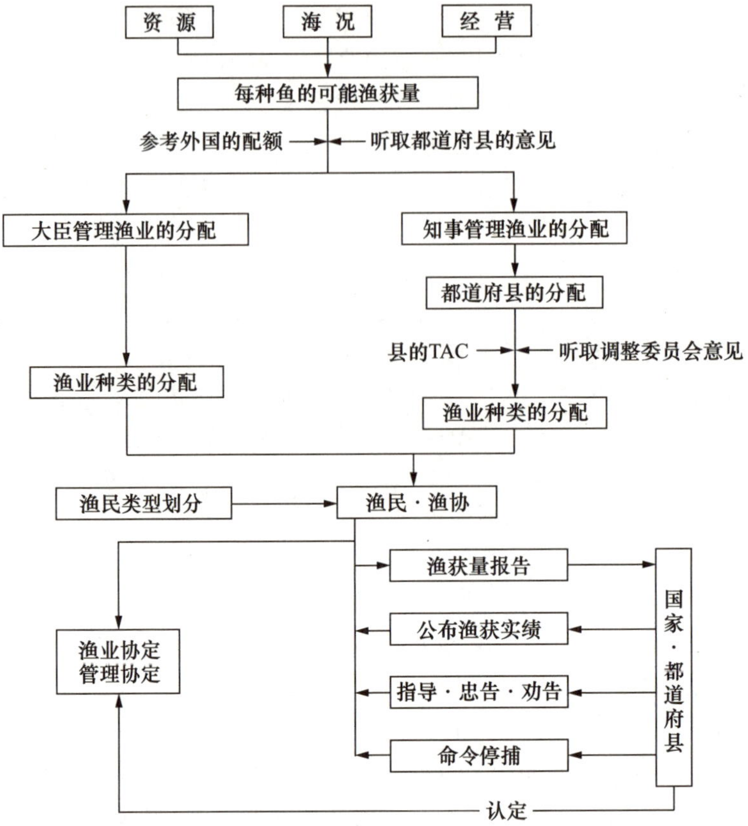

图 4-11　日本渔业中总可捕量（TAC）的分配

4）对象渔业种类。须直接进行数量管理的渔业种类，先考虑渔获量比重大的大臣许可渔业和大臣承认而授权知事许可的渔业。至于知事管理的渔业权渔业、自由渔业和游钓渔业等也应限定在许可总渔获量额度内。在渔业权渔业方面，对渔获量少的渔业应结合地区的实际情况，由都道府县判断是否委托有渔会等地方团体实施自由性管理。另外，有必要对自由渔业和游钓渔业等强化管理措施。

5）设定与分配手续。决定 TAC 时，除了依据研究机关调查的结果，经过科学判断外，还需要考虑当时的社会、经济因素以及以资源保护和管理的观点、科学利用生物为依据。为确保 TAC 的管理，一地区的渔业应分为知事管理的额度（即知事许可渔业）和大臣直接管理的额度（大臣许可渔业）。在分配上，渔业关系者与都道府县的反应起着十分重要的作用。实施时，也需要获得渔业者的谅解与协助。

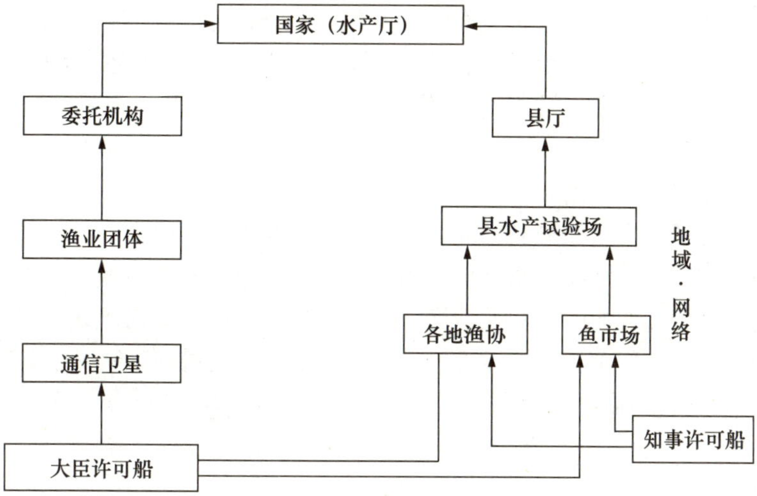

图 4－12 渔获量报告途径

6）遵守许可总渔获量的措施。设定 TAC 是采用自由竞争的奥林匹克方式（也就是说采用弹性，不规定上限为原则）进行作业，再辅以渔获努力量的调整。在进行管理前，先辅以相关的行政指导措施。当对象鱼种达到许可渔获量时，应制定有效的禁止作业措施。

7）资源管理的主体与渔业实绩。为推动 TAC 的管理，由渔业人员作为资源管理的主体，通过他们之间的协定来管理资源。管理许可总渔获量则赋予渔业人员提供渔获报告的义务，并由产地市场提供卸鱼数据，为此须尽快建立相关的网络系统。

8）外国渔船渔获的处理。日本虽不会按《公约》规定的把剩余的渔获量分配给外国，但鉴于传统上日本与一些国家有相互入渔的实践，因而应尽可能在互惠原则下允许这些国家入渔，而外国渔船的渔获量应纳入许可总渔获量的额度内。

9）资源的调查与研究。为制定许可总渔获量提供数据依据，必须进一步加强资源的调查与研究。

10）许可总捕获量与渔业经营的关系。如能合理地应有 TAC 的设定，定能稳定渔业中的中长期经营，不过短期内应考虑经营的实际情况，在不至于造成渔业经营的大影响下，设定许可总渔获量。为今后着想，应考虑在许可总渔获量的制度下谋求渔业的持续安定发展。

随着 TAC 制度的实施，针对主要管理对象而作业的近海底拖网、围网和秋刀鱼渔业，将分别签署各海域的管理协定，从而正式进入渔民自主的资源管理时代。其中，鄂霍次克海的近海底拖网渔业首先于1997年2月24日完成了雪蟹和下鳕协定的签订工作。近海的雪蟹和狭鳕均为TAC的管理对象鱼种，依据农林水产省所颁布承认的渔业取缔令，雪蟹在A、B、C、D四个海域，狭鳕在日本海、鄂霍次克海和太平洋北部的海域为其管理水域。协定所包括的水域，均在日本200海里专属经济区内。

此外，为了使协定能顺利推动，将设立协定委员会。该委员会每年至少开会一次，委员会可视实际需要修订协定内容或废止协定。另外，渔获物的管理应根据市场需求，分配作业时间和作业海区，渔获量报告尽可能在渔获到岸后3天内卸下，同时为了确实掌握相互遵守协定状况，准许相互派驻观察员了解情况。

在狭鳕方面，要求每一航次，体长不足30厘米的幼鱼渔获量不得超过全部的1/5，如果超过此限制比例时，渔船应采取转换渔场等交通措施，以减少幼鱼的渔获比例。

（2）对象鱼种及其许可总渔获量的确定。日本列入TAC管理制度的六种对象鱼种是以上提到的渔获量多、资源状况恶化、外国渔船捕捞的鱼种三项为基准，在海洋生物资源保育管理法实施令的第1条特定的海洋生物资源中也载明了这六种鱼。

据日本水产厅的资料，这六种鱼的渔获量在1994年日本200海里内的总渔获量（509万吨，但不包括鲣鲔、鲑鳟类及其他远洋渔业的渔获量）中所占的比重为：秋刀鱼：23万吨，占4.5%；狭鳕：24万吨，占4.7%；日本竹荚鱼：32万吨，占6.3%；沙丁鱼：119万吨，占23.4%；鲐鱼：58万吨，占11.4%；雪蟹：1万吨，占0.2%。这六种鱼种合计257万吨，占总渔获量的50.5%。TAC设定的这六种鱼种的渔获量和资源动向如表4－6所示。

为使1997年决定TAC不会造成渔业经营的不稳定因素，将以各鱼种的科学资源动向的评估为依据，同时考虑社会、经济因素，并充分听取渔民的意见。而且渔获量的基本方针为：分大臣管理渔业和知事管理渔业两项，每项的配额将按照过去三年的渔获实绩的比率分配。其中，狭鳕和雪蟹因每一区的资源状况各异，所以将设定每区的配额来管理；秋刀鱼、竹荚鱼、沙丁鱼、鲐鱼等中上层鱼，因看不出各水域的资源状况有差异，因而设定中国单一的TAC。

由于初次实施TAC的中国许可总量，因而第一年（1997年）将充分考虑制度的圆满运作与渔业经营的实际情况，日本把秋刀鱼设定为30万吨。各鱼种的TAC均约与其过去数年的渔获实绩水准相同。具体而言，中上层鱼类的秋刀鱼为30万吨，其中，25万吨为大臣管理渔业部分，5万吨为知事管理渔业部分。秋刀鱼过去三年（1993～1995年）的平均渔获实绩约27万吨，因此TAC定为30

万吨属合理。鲐鱼过去三年的平均渔获量为60万吨，所以渔获可能量的中国许可量为63万吨。备受瞩目的沙丁鱼过去三年的平均渔获量为120万吨，但因资源量锐减，1995年仅有59.6万吨，所以中国的许可总量定为72万吨。竹荚鱼过去三年的平均渔获量为31万吨，因而中国许可总量定为37万吨。

表4-6　TAC设定鱼种的渔获量与资源动向　　单位：年/万吨

设定鱼种	日本周边的渔获量					资源动向
	1991年	1992年	1993年	1994年	1995年	
秋刀鱼	26.4	22.5	23.1	22.5	25.5	高水平，有减少倾向
狭鳕	38.3	34.4	25.7	23.9	26.0	北部日本海系：中水平，有减少倾向 根室海峡系：低水平，有减少倾向 北见近海系：低水平，有减少倾向 太平洋系：中水平，有停滞倾向
竹荚鱼	21.7	21.1	30.2	31.5	31.0	太平洋系：高中水平，有增加倾向 东海、日本海系：高中水平，有增加倾向
沙丁鱼	300.9	221.7	171.4	118.8	68.3	太平洋系：低水平，有减少倾向 东海、日本海系：低水平，有减少倾向
鲐鱼	22.0	21.7	59.4	58.0	43.5	太平洋系：低水平，有停滞倾向 东海、日本海系：低水平，有停滞倾向
雪蟹	0.4	0.7	0.9	0.6	0.5	日本海系：低水平，有增加倾向 鄂霍次克海：低水平，有减少倾向

至于底鱼类的狭鳕的中国许可总量因在日本近海的韩国渔船的作业问题纠葛在一起，数量如何备受注目。狭鳕过去三年（1993～1995年）的平均渔获量为26.3万吨，所以中国TAC也是这个数值26.7万吨。问题在于韩国渔船在北海道近海捕捞狭鳕。TAC制度于1997年1月实施，因而与韩国的新协定应在1996年内缔结，否则1997年1月无法实施。韩国渔船往年渔获量每年不到4万吨，而给韩国的配额应考虑到日本在韩国水域的作业，具体还得视日韩协定而定。

雪蟹过去3～4年的渔获量为6000吨左右，但因资源状况逐年恶化，1995年渔获量也仅为5000吨而已，所以中国许可量在5000吨左右。

至于1998年的TAC配额，在1997年六种鱼TAC的基础上适当做了调整，并决定追加太平洋褶柔鱼共七种的TAC对象鱼种（见表4-7）。

1997 年没有把太平洋褶柔鱼作为 TAC 的对象鱼种是因为：一是该柔鱼为一年鱼，不易掌握其资源状况，且未积累设定 TAC 所需充分的科学资料；二是捕获的巴特柔鱼，多半是小型鱿钓渔民所钓获的，但此种渔业为都道府县管理的渔业，作业范围遍布日本、中国，若渔业管理的形态不变，欲进行可捕量的管理则非常困难，因而 1997 年被排除在 TAC 对象鱼种之外。

但嗣后开发了推测资源的方法，并达到预测资源动向的目标，而且自 1997 年 7 月后，规定 5 吨以上的日本鱿钓渔船须由大臣核准的渔业管理体制，因而可以在中国设定 TAC 管理。另外，日本认为中国在日本专属经济区内钓获大量太平洋褶柔鱼，而中日已签订新渔业协定。为了做好与中国等进行有关太平洋褶柔鱼的 TAC，并实际地做好适当的资源管理，于是 1998 年太平洋褶柔鱼被指定为 TAC 对象鱼种。

从表 4 – 7 和表 4 – 8 可以看出，由于渔民的配合，渔获实量限制在总可捕量之内，因此，日本认为，TAC 制度实施第一年的状况还算适当。但从内容来看，大臣管理部分，狭鳕在太平洋海域与鲐鱼等都超过 TAC 的现象。因此，认为今后为避免发生类似的现象，与相关公会协议提出改进的对策。例如，鲐鱼方面计划将一年分为三期，并制定每期的可捕量，进行分别管理。而且在都道府县，也有部分道县的知事管理渔业超过配额，这方面在该道县采取缔结协定等改进对策。

表 4 – 7　日本 1997 年和 1998 年设立鱼种的 TAC 配额

特定海洋生物资源	1997 年初		1997 年变动		1998 年		所属渔业
	TAC	其中大臣管理量	TAC	其中大臣管理量	TAC	其中大臣管理量	
秋刀鱼	30	25	30	24	30	25	秋刀鱼渔业
鲐鱼	63	40	70	44	70	44	大中型围网渔业
沙丁鱼	72	39			52	28	大中型围网渔业
竹荚鱼	37	16			37	16	大中型围网渔业
狭鳕	26.6	16			26.9	16	近海底拖网渔业
褶柔鱼					45	32.2	鱿钓渔业
雪蟹	0.4815	0.3985			0.4945	0.4090	近海底拖网渔业

（3）日本为实施 TAC 采取的相关措施。由于日本实施 TAC 制度，为适应这一新环境，水产厅着手制定渔业结构对付对策、渔业经营安定对策、鱼价和流通对策等计划。为推动这些对策的实施，首先是对水产厅和各地水产研究所的组织进行调整改革。此改革主要是从国际海洋新秩序的整治、顺应事态变化、渔业面

临的新课题以及21世纪水产政策所需执行体制的建立、大幅度修改及调整其组织等方面考虑。根据1997年度的组织编制，水产厅从五部十八课八室改为四部一审议官十七课九室。新组织最受瞩目的是，为综合管理专属经济区TAC制度，并为一元化掌管许可、调整对外交涉、国内调整和加强指导取缔而设置了资源管理部；以200海里水域内为焦点，为谋求渔业的振兴，将原开发部与研究部门合并，设置了开发振兴部；为加强水产品加工流通，在渔政部下增设水产加工课和改组流通消费课。因此，从1997年10月1日开始的新水产厅，将进行一连串的使人耳目一新的改革。

表4-8 日本1997年TAC鱼种的渔获状况和额度消化率

鱼种	TAC（万吨）	渔获实量（万吨）	消化率（%）
秋刀鱼	30	28.5	95
鲐鱼	70	72.6	104
沙丁鱼	72	26.8	37
竹荚鱼	37	29.8	80
狭鳕	26.7	24.8	93
雪蟹	0.4815	0.4300	90

由于实施TAC制度，每年TAC决定后，对于必须减船的鲣鲔围网渔业等、以西底拖网渔业，或对于捕捞鲐鲹等资源变动较大的中小型围网渔业在资源减少而必须休渔时，或对于鲣、鲔钓沿岸渔业。造成收入减少或损失，必须予以补偿或补助时，可通过渔业救济或资源管理基金予以补贴。基金的来源倾向有四项：一是向在专属经济区作业的渔民，或从海洋获得利益者，普遍征收数额很小的资源管理费；二是由当局编列资源管理基金纳入预算；三是把整个水产品入口关税纳入“资源管理基金特别会计”；四是将违规捕鱼的罚款金全部作为“特别会计”纳入资金管理基金内。

TAC制度实施后，由于200海里水域内沿岸与近海渔场大多重叠，为防止近海渔民和沿岸渔民在渔期与渔法等方面引发纷争，妨碍TAC制度的实施，同时为促进资源管理型渔业的协调，日本水产厅从1998年起，在中国6~7个水域以渔业调整事务所为单位，设置沿近海渔民协议会。成员除了沿岸渔民和近海渔民的代表外，还包括有关鱼类研究人员、地方自治体相关人员、流通加工等业者。各区的会议以遵守各水域内的可捕量配额为目的，协议决定近海与沿岸渔民间的渔期、渔法的设定等基本事项，然后将协议事项向中央渔业调整审议会报告，作为水产厅将来TAC制度运用的施政参考。

为了适应TAC管理制度，日本提出应建立即时渔获速报体制。日本虽然一直进行水产市况速报，但远不如美国。日本针对秋刀鱼、秋鲑和狭鳕实施每日渔获统计，但该项工作是由相关业者自行进行的。渔业情报服务中心进行统计的资料为半个月前的资料。农林水产省为一个月前的资料，农林水产省统计结果向外发表，供任何人自由提取。这与美国在国际网络上免费即可获取所显示的渔获情报完全公开有所不同。特别是采用TAC来进行渔业管理时，鱼汛时渔获量的变化必须随时掌握，周报、日报的各种即时渔获速报非常重要。虽然日本目前也有不定时的配额消化情况报道，但其使用的资料为一个月前收集的统计资料，同时又是非常被动的发表形态。若TAC要取得成效，一定要建立“不论任何人在任何地方都可以获得资料”的速报体制。这不仅因为情报公开是世界潮流，同时也可恢复世界对日本渔业的信赖。

二、国外海洋渔业资源资产产权制度的借鉴与启示

在冰岛、挪威和日本的海洋渔业资源资产产权制度中，都采用了总可捕量制度，此项制度需要与其他制度配套使用，才能发挥出制度效力。如果单独使用此制度，不但不会有任何经济效益，而且还会造成捕捞努力量过剩以及渔业资源的枯竭，以致渔业效率的下降。

（一）TAC制度存在的问题探讨

TAC制度要求每年评估对象鱼种的最大持续产量（MSY），根据评估的MSY并结合考虑社会、经济因素决定TAC。设定TAC后，所有渔业者均自由参加，采取奥林匹克方式（也就是说采取弹性，不规定上限）的原则，再辅以渔获努力量的调整。在渔场解禁日起开始作业，每周需看渔获成绩来推定达到配额量的时间，但对象鱼种达到累积的TAC时，立即发布禁止捕捞日期的命令。这种方法是以资源的实际状况对渔获量加以限制，能直接保护渔业资源免遭过度捕捞之虞。从渔业管理方面的观点来看，它是理想的方法，越来越多的国家采取了TAC管理方法，一些国际组织也采取此种管理方法进行渔业管理，但实施TAC制度也存在一些问题，下面加以探讨。

1. 真正的TAC不易确定

TAC是以最大持续产量为基础决定的，从水产资源学的观点来看，要评估出比较符合实际的最大持续产量（MSY），需要积累相当长的时间（5~10年）的渔获量与渔获努力量的统计资料，这就需要做艰苦、细致、耐心的工作，所需资金又相当大，而究竟有多少国家可以科学评估找出真正的最大持续产量，令人生疑。

2. 造成渔业过剩投资

由于TAC是采取自由加入（Open Access）方式作业，不必要的渔船数将会增加。在实际的渔获量尚未达到TAC之前，渔业经营者或每一艘渔船总是千方百计地想尽办法在总可捕量中多捕些，势必会导致捕捞能力过大，乃至提高一些不必要的渔获能力，造成渔业投资过剩，而过剩的渔获能力只好转向开发其他资源，最终导致渔业资源过度捕捞。

3. 渔业监视费大为提高

为了准确掌握渔获量的实际情况，国际必须投入大量的人力和物力，进行捕鱼作业的监测。在实施TAC时，从渔业开始作业起到总可捕量达到TAC止，这期间的渔业监视费用相当高昂，政府要拨大量预算经费。倘若在达到TAC时，渔民想多捕一些而逃避政府的监视，则渔获统计就不准确，对未来的最大持续产量的评估就更难以确定。因此，许多先进渔业国家在采取TAC渔业管理方法时，再采取将TAC分配给渔民的个人可转让配额（ITQ）或不可转让配额（IQ）制度。所谓个人可转让配额是在确定总可捕量之后分成若干配额，分给渔民企业、渔民或渔船，得到配额者可将这些配额加以买卖、租赁、赠与或转让等。在市场机制作用下，只有技术条件优越、生产效率高、成本低廉的渔民才能经营。所谓不可转让配额也与ITQ制度相仿，即总可捕量分成若干配额后，获得配额的渔业经营者在该年度内渔获量达到渔获量配额即不可再从事该鱼种的捕捞。

TAC制度是建立在正确而又及时掌握渔获量的基础上，为此TAC制度对大宗渔获的对象鱼种要求定期提出渔获报告，同时也可经由渔业团体等所设置计算机，获取所需资料。而TAC制度的落实仰赖渔业者本身自觉投入资源管理工作上，因此，TAC制度针对主要管理对象而作业的近海底拖网、围网、秋刀鱼等渔业制定了“渔业者自主进行TAC管理的协定制度”。

当前世界先进的渔业管理已从生产限制与调节型转向渔业资源养护型；从传统的对渔业投入的管理转向渔业产生的管理。TAC制度反映了对资源保护和生态环境的有力促进作用，对渔民及其下一代而言，是可谋求渔业持续发展的制度。

（二）基于市场的渔业管理

冰岛和挪威实施的是基于市场的渔业管理制度。相较于命令与控制渔业管理范式而言，基于市场的渔业管理中捕捞成本将下降的理论预期确实得到了验证，同时也相对容易实施，但最重要的变化还是渔获物质量的显著提高、鱼品供应状况的改善和市场价格的提高，持有配额的渔民重新恢复了迎合市场需求的自由。

基于市场的渔业管理范式的支持者们认为产生于渔业有关的问题的主要原因是“市场失灵”，即所谓的影响个人权益的渔业管理范式，也就是说，依靠市场力量，通过权利的买卖来确定谁有权参与渔业、分配总可捕量（TAC），单个渔船可能会具有更高的效率。实施个别可转让配额（ITQ）制度就被认为是确立个人财产权的第一步且是重要的一步，将有助于使用市场机制克服命令与控制渔业管理范式所遇到的问题，从而从根本上解决渔业管理能力问题。

ITQ 是根据渔业资源的再生能力特别是当前资源量水平所能承受的捕捞强度，并考虑政治、经济和社会等因素，在一定的期间内（通常为 1 年），在特定的水域设定具体渔业生物资源品种所能渔获的最大值即总可捕量（Total Allowable Catch，TAC）；然后，给予每一捕捞单元（可以是渔民、船东、渔船或渔业公司等）在确定的时期和指定的水域内，捕捞总可捕量中一定份额的权利；任何捕捞单元所获得的配额都可以与其他财产一样转让、交换或买卖，因此渔获配额是一种财产。个体渔获配额每年都需重新确定，随每年总可捕量的不同而变化。

ITQ 具有众多制度优势。在 ITQ 下，每个捕捞单元都获得了一定的渔获份额，而且也只能捕捞份额所规定的渔获量。这样，渔民或渔业企业不会为了获得短期更有力的捕捞能力而盲目地增船、加网或雇用更多的劳动力，而将按获得的配额来合理规划渔业生产所需的资金和设备的投入，以便能以最低成本且具有最佳经济效益的生产方式用完其获得的配额。因此，ITQ 避免了渔业生产的过度资本化，减少了渔民或渔业企业在捕捞能力上的竞争。此外，一些渔民或渔业企业基于获得的配额并考虑到自己的生产效率，如果认为渔业生产无利可图，将主动退出渔业，在一定程度上有益于捕捞努力量的控制。

ITQ 使渔业资源的共有性质不复存在，配额的拥有者将认为自己是资源的拥有者，对于其他人的滥捕或资源浪费，他们会认为这有损于自己的利益。因而，实践中，他们将主动与渔业管理部门合作并同一些渔业违法行为作斗争。此外，配额拥有者为了使其配额价值达到最大，将会致力于捕捞个体大、价值高的鱼。而且，由于兼捕的副渔获物要消耗配额，处理又十分费时，这将促使渔民采用选择性好的渔具渔法以尽量减少兼捕量，从而有益于渔业资源的保护。

那些欲退出渔业的渔民或渔业企业可以转让或出租其配额，收回部分投资。因此，将减少渔业投资中的风险性和不确定性。此外，ITQ 下，由于配额可以转让或买卖，这将使配额转向生产效益好的渔民或企业，有助于调整渔业生产结构。在渔业生产中，捕捞竞争程度的降低使渔民有足够的时间去分类、处理和加工渔获物，增加渔获物的价值。这些对于提高渔业生产的经济效益具有十分积极的意义。

在 ITQ 下，渔民或渔业企业可以根据水产品市场的供求状况和鱼类的资源量水平，合理规划不同时期的渔业生产，既有助于其提高渔业生产效益，又有利于保持水产品市场供给的稳定。

此外，捕捞竞争程度的降低将使渔民之间发生冲突的事件减少，渔民也将合理地选择出海时间，避免危险的天气或区域，使渔业生产的安全性得到提高。

尽管 ITQ 具有上述制度优势，但亦存在一些缺点。由于渔业生产中兼捕不可避免，配额拥有者为了获得尽可能高的收益，他们将在海上抛弃渔获物中价值不高的鱼。虚报、谎报或隐瞒渔获量的现象也很容易出现。一些以鱼的尾数作为配额计算单位的渔业中，这种现象更明显。因此 ITQ 将刺激渔民或渔业企业的非法经营。副渔获物的抛弃、虚报或谎报渔获量将严重影响渔获统计资料的质量，从而严重影响了 ITQ 养护和管理资源的效果。

可能会导致那些生产效益好或能获得最低利率资本的个人、企业购买大量的渔获 ITQ 配额，从而出现少数人或少数企业控制市场的状况，形成渔业行业的垄断。这将不利于广大消费者，不利于其他渔民或渔业企业，也不利于与渔业有关的其他产业部门。

ITQ 使渔业捕捞中的就业机会减少，一部分渔民可能会面临失业。一些原本生产效率低的渔民或渔业企业在配额分配中将处于不利地位，有可能将被迫退出渔业。因此，ITQ 将增加渔民的失业人数、影响社会的稳定。那些失业或面临失业的渔民认为 ITQ 威胁到他们的生活，从而反对 ITQ 的实施，这就增加了实施该制度的难度。

ITQ 在避免过度投资，降低捕捞成本，提高经济效益，减少兼捕率，促进渔业资源养护及减少渔民间冲突和提高海上作业安全系数等方面具有明显的制度优势，但是由于该制度在激励渔民提高经济效益的同时，还激励渔民抛弃副渔获物、虚报或谎报渔获量及不管制捕鱼（Illegal, Unreported and Unregulated Fishing，IUU 捕鱼），从而又不利于渔业资源的养护，此外，还有可能产生配额的垄断现象，从而不利于其他利益相关者，进而引发一些社会公平问题，不利于社会的稳定。

另外，冰岛个别可转让配额项目的经验则表明，只是将配额分配给渔民和渔业公司并允许持有者自由转让手中的配额，而不考虑渔业社区的具体情况，部分渔村则可能会出现“空心化”现象，进而影响传统渔村的社会稳定和触发其他社会问题。正是注意到了这一问题并接受了冰岛的教训，美国阿拉斯加在设计个别可转让配额项目时，采用了社区发展配额来防止个别可转让配额项目的实施可能引发的区域经济变化问题，以便保持区域经济和就业稳定。

（三）基于社区的渔业管理

日本在沿近海采取的是基于社区的渔业管理制度。由社区管理委员会通过对渔业投入，如渔船数、作业时间、渔具等的管理，以实现渔业管理的目的。

基于社区的渔业管理（Community - based Fisheries Management）这一术语自20世纪90年代以来得到了广泛推广，它实际上是替代命令与控制式管理机制的一种管理过程，其中，社区和国家（由区域行政部门代表并往往通过区域行政部门传达）这两个行动方共同负责和参与对当地自然资源的管理，社区是微观一级，国家是宏观一级。基于社区的渔业管理安排是基于社区和国家的相对优势和共同利益。

基于社区的渔业管理，是政府和渔民群体共同承担渔业资源养护和利用的权利和责任的一种管理制度，其核心理念是对公共渔业资源的使用权应授予依赖其生存的渔民群体。

基于社区的渔业管理主要是利用自身的社会资本（Social Capital），即渔业社区组织的特征，如信任、规范和网络等，以此来推动协调的行动，提高管理效率。在社区管理中，信息及规则有助于降低社区成员间讨价还价、联系、监督和管理措施实施的成本，而网络则可以减少信息收集、共享的成本，并可为事故、自然灾害等不利事件提供保险机制。

因此，实施渔业社区管理制度，对政府部门来说，通过把相应权利下放到社区，实行分权管理可以降低其渔业管理的成本；在社区这样一个小集体中，由于其社会资本的存在，成员之间比较熟悉，便于信息的收集共享和相互监督；同时也可以充分调动渔民的积极性，给予他们参与管理的机会，增强他们对所依赖渔业资源的主人翁意识和养护的责任感。

从另一方面来讲，这对政府部门也起到促进作用。在实施渔业社区管理后，渔民们有了自己的组织，通过掌握一定的信息和对渔业管理过程的了解，可以减少渔民对政府管理监督的成本；而且随着其主人翁意识的增强，其监督政府的积极性也会相应提高，这对于增加政府部门外部监督和提高监督效果将有很大的帮助。

第五章　海洋渔业资源资产产权分析

海洋渔业资源的资产化管理要求把曾经长期无价的海洋渔业资源价值化、市场化，建立以产权约束为基础的新型管理体制，充分利用市场机制，达到渔业资源的有效配置并增强社会对渔业资源的保护意识。

第一节　海洋渔业资源资产产权的界定

一、海洋渔业资源资产产权界定的原则

合理地界定海洋渔业资源资产产权，是海洋渔业资源资产高效利用的基础。海洋渔业资源的特性和海洋渔业资源作为资产的特殊性，决定了其产权的界定不同于一般的资产。因此对海洋渔业资源资产产权的界定必须遵循以下基本原则（贺义雄，2008）。

（一）真实性原则

海洋渔业资源资产产权界定必须反映出一定所有制的性质和要求。这是因为，产权是所有制的法权形式，产权的首要功能是明确财产的所有关系，维护所有者的权益。

（二）合法性原则

海洋渔业资源资产产权界定必须以国家政治和法律制度为依据。国家意志和法律制度保障是海洋渔业资源资产产权实现所有制形式的基本条件，是构建海洋渔业资源资产产权制度的基础。具体到我国，应该坚持海洋渔业资源资产的国家

所有制度，而不能改变这一基本制度前提。

（三）效率至上原则

产权理论强调判断产权界定是否科学、合理，就是看产权的界定最终能否提高资源配置效率，达到帕累托最优。结合我国实际来说，我国虽然是海洋大国，但由于人口多，海洋渔业资源资产人均占有量并不高，所以为了满足人们的物质生活需要，只能深挖现有海洋渔业资源资产的潜力，提高海洋渔业资源资产的利用效率，这是海洋渔业资源资产产权界定必须关注的问题。

（四）公平原则

对海洋渔业资源资产产权界定在效率标准下还应考虑公平原则。因为我国经济制度正处在深刻的变革中，如果只按照市场经济的标准来衡量，原有的利益格局则极不合理，因此，就要公平客观地划分和确认产权归属，照顾好各方利益，不偏向任何一方，使产权界定的成本最低化。

二、海洋渔业资源资产产权的内涵

海洋渔业权属问题，既是海洋渔业的核心问题，也是一切渔业问题的根源所在。产权是财产权的简称，其包含财产所有权和由所有权衍生的各项权利，是法定主体对财产拥有的各项权利的总和。渔业产权是一个尚存有争议的术语，第三章提出了渔业资源资产的定义，所以，把渔业产权界定为渔业资源资产产权更准确。由于鱼类种群自身的洄游性，海洋渔业资源资产产权拥有并非是对“一份种群资产”的拥有，而是拥有“对资源流的权利”（刘勤，2012）。[①]

参考产权的一般定义，本书将海洋渔业资源资产产权定义为产权持有者对海洋渔业资源资产开发利用的控制程度和享有该资产所产生经济利益的范围。

与一般产权含义一样，海洋渔业资源资产产权同样不是仅具有一种权利，而是权力束，即海洋渔业资源资产产权是由许多权利所构成的，包括所有权（渔业配额的所有权）、使用权（渔业海域领地使用权）、收益权（渔业产出权）和投入权（渔业要素投入权）（贺义雄，2008）。

（一）所有权界定

所有权是体现海洋渔业资源资产归谁所有的经济关系。所有权界定就是要明

① 刘勤．现代渔业大背景下渔业产权制度探析［J］．渔业信息与战略，2012，27（1）：30－34.

确资产的归属关系，它确定的主体是所有者。将所有产权分配给渔民是一种可能的渔业管理手段，通过这一机制，渔民取得了总可捕捞量中一定份额的权利，或者可以获得在一定区域内使用限定数量的捕捞努力量的权利。

（二）使用权界定

海洋渔业资源资产使用权主要指渔业海域领地使用权，其界定至少包括两方面内容：一是界定使用主体和客体。通过主体界定明确海洋渔业资源资产的使用者和非使用者；通过客体界定，明确使用者利用的有哪片海域、哪些海洋渔业资源资产。二是界定分离的内容。即确定所有者保留哪些权利，出让给使用者的又有哪些权利。分离的内容可以是多种多样的，分离的形式也可以是多种多样的。具体的分离内容只能根据生产力发展的要求和海洋渔业资源资产开发利用形式以及社会习惯等因素综合确定。一般情况下，所有者应当保留的权利有①：

1. 海洋渔业资源资产部分收益权

收益权不仅是海洋渔业资源资产所有者有权获得在其开发利用中产生的收益，而且还表现为对使用者留利享有控制、支配的权利。

2. 整体资产处分权

处分权是保障所有权实现目标的根本问题，是最实在的权利。所有者应保留海洋渔业资源资产的重大处分权。重大处分权应包括决定整体资产的转让、委托等重大变动。

3. 监督权

所有者必须保留监督使用主体的权利，一旦发现重大问题可以通过对产权主体质询、撤换，直至追究法律责任来解决。

（三）收益权界定

收益权包括捕捞主体对捕捞产量的拥有权，以及渔获物通过交易而得到收益的拥有权。它是体现海洋渔业资源资产获益本质属性的经济关系，是所有权在经济上得以实现的形式。海洋渔业资源资产收益权界定包括：①界定收益主体和客体。海洋渔业资源资产收益权的主体是所有者和使用者；收益权的客体是海洋渔业资源资产的产权收益，即开发利用海洋渔业资源资产的利润。②界定客体在主体之间的分配。

（四）投入权界定

渔业要素投入权是捕捞主体拥有的从事海洋渔业资源开发的渔具渔法使用的

---

① 吴永建．对产权界定问题的探讨［J］．社会科学研究，1994，3：37－39.

权利。海洋渔业资源资产产权管理包括对渔具渔法进行标准限制。例如，澳大利亚的对虾渔业，该国家采取对进入其北部的对虾渔场的渔船进行总吨位和渔船发动机的功率限制，之后又对渔船拖网数量进行控制。

三、海洋渔业资源资产产权的构成要素

所谓海洋渔业资源资产产权的界定主要是界定所有者、使用者以及其他人对海洋渔业资源资产的权益，它是决定资源配置效率以及收入分配效应的基础条件。由于产权权利的大小、利益的多寡及其稳定与否又是由产权要素决定的，因此，要先分析海洋渔业资源资产产权的要素。

（一）产权主体

产权主体也就是产权持有者。产权经济学认为，完全的产权主体应该享有包括对资产的占有、使用、收益以及处置的全部权能。在当今社会化大生产条件下，产权主体可以而且已经分化，但谁拥有、谁使用、谁经营、谁受益仍然是明确产权主体的基本要求。

（二）产权客体

产权客体即产权包含的具体对象和种类。从理论上说，当某人拥有一块海域的完全产权时，他就拥有海域表面、海域内各种动植物等资源产生的所有权，以及由此带来的利益。产权内含的客体种类越多，说明产权内含的深度越深，这种深度代表着产权的完整性。

（三）产权利益分享规则

产权制度要素中的一个重要问题就是持有者如何从资源总价值中分享应得的利益（布罗姆利，1994）。任何特定产权都是权能和利益的有机统一。这就要求在赋予不同产权主体各种权能的同时，也必须赋予其相应的利益。因此，海洋渔业资源资产产权制度的安排，既要有利于不同产权主体将自己的意志落实在产权客体上，并将这种意志转化为一种特定的行为，也要有助于其将这种意志化的行为转化为相应的利益。这主要包含三个方面的规则：其一，各个利益主体如何分配海洋渔业资源产生的整体效益。其二，渔业资源的资产收益中有多少转向公共目的。例如，政府通过税收、管理费以及其他收费使资产收益转向公众；或为保护资源和环境而限制捕捞，限制产权持有者的潜在利益，以便调节收入分配，引导资源利用方式等。其三，资产收益在扣除用于公共目的后的剩余部分，如何在

所有者和使用者之间分配。产权利益分享规则应当明确、合理、稳定和受法律保护，分配的原则应该是所有者得到租金，而使用者得到合理的报酬。

（四）产权持续时间

产权持续时间即产权持有者权利延伸的长度。产权持续时间的重要性在于它使持有者必须考虑其行为影响的长度。产权持续时间是保障产权持有者收益稳定性的基本因素。

四、海洋渔业资源资产产权的特点

（一）海洋渔业资源资产产权行使的外部性

经济活动的外部性是环境经济学中的一个基础性概念，是从事经济活动当事人给他人或社会带来的无法由市场价格体现的利益或损失。即私人收益与社会收益、私人成本与社会成本不一致的现象。从产权经济学角度看，外部性实质上就是某一产权主体行使其产权的过程中产生了新的权利，这种新的权利处于自然状态，没有或无法得到法律的明确确定。因此，外部性的产生很可能扭曲产权的激励机制，从而影响资源配置效率。

海洋渔业资源资产产权的外部性表现得尤其强烈，而且相当一部分是无法实现“内在化”的。海洋渔业的外部不经济性包括海洋渔业生产的外部不经济性和海洋渔业消费的外部不经济性，这里只探讨海洋渔业生产的外部不经济性。海洋渔业生产的外部不经济性是指海域的开发者或经营者在开发海洋渔业产品过程中给社会带来的负面影响，又可称为海洋渔业生产的外部费用。

海洋渔业资源产权主体行使其产权，开发利用海洋渔业资源，其行为结果不仅是给自己带来一定的经济收益，而且还要保护好海洋渔业资源和海洋生态环境，从而给全社会带来社会效益和生态效益。

（二）产权保护功能的内生性

虽然海洋渔业资源是可再生资源，但是由于一直以来的捕捞强度已远远超过其可再生的能力，所以海洋渔业资源日益匮乏，一些稀有鱼种已濒临灭绝，这就决定了对于海洋渔业资源的保护是首要的，经济利用价值是派生的、非重要的、第二位的，脱离了海洋渔业资源的非经济价值就谈不上海洋渔业资源的经济价值。因此，对于海洋渔业资源资产产权的界定，首要的是体现对海洋渔业资源的保护，即海洋渔业资源资产产权的保护功能是内生的。

（三）海洋渔业资源资产产权特殊的约束性和排他的有限性

排他性是产权最重要的特征，即产权主体对于他所拥有的财产具有自主的使用权、自由的转让权和独享的收益权，从而否定产权主体之外的其他人有使用和收益这一财产的权利。但海洋渔业资源资产产权的排他性是有限的。由于多年来的过度捕捞，海洋渔业资源自身的生长量已经低于捕捞量，造成资源存量大幅降低，为了保持海洋渔业蓄积量的稳定性，渔业产权主体不能完全按照市场规律及自己的经营目标自主决策、自由地进入或退出市场，他们对海洋渔业资源的利用受到种种限制，何时捕捞、捕捞多少都受到限额指标的限制。

（四）海洋渔业资源资产产权界定、保护的困难性

海洋渔业资源产权的初始界定、动态转让和有效维护等行为的成本极高，致使有关活动很难达到目的。

（五）海洋渔业资源资产产权收益预期的不确定性

产权的一项重要功能是能够形成它与其他人进行交易的合理预期。海洋渔业生产受自然影响因素多，不确定性和风险就大，反映渔业产权未来的收益预期的能力就弱。长期以来，国家处理渔业产权问题的随意性和掠夺性也在很大程度上造成渔业产权收益预期的不确定性。

（六）海洋渔业资源资产产权的易流失性

众所周知，海洋渔业资源资产存在于广阔的大自然中，其生产场所就是在大海里，没有围墙，人们不能像工厂、商店那样把自己的生产资料和劳动成果锁起来保护，许多自然和人为的因素都有可能造成海洋渔业资源资产的大量损失，这是海洋渔业资源资产产权可损失性的一面。

第二节　海洋渔业资源资产的产权主体

一、海洋渔业资源资产产权主体构成

海洋渔业资源资产产权制度的构建，涉及不同利益主体的利益调整与分配。

在传统计划经济体制下，权力高度集中于上层，海洋渔业资源资产产权制度的主体主要是政府，而社会公众，如渔民和渔业企业缺乏经营自主权。随着社会经济与政治体制改革的不断深入和进展，社会力量不断成长，政府也日趋民主和成熟，一种多主体参与的产权体系正在形成。

海洋渔业资源资产产权制度的构建，主要涉及渔民、政府（包括中央政府和地方政府）、渔业关联企业以及其他社会团体（如渔业中介组织）等主体。在产权构建过程中必须照顾到各主体的利益，使其利益都增加。否则，任何一方利益受损，产权改革将很难实施下去。其中政府组织属于宏观层面，是以政府为轴心的公共权力机构；其他社会团体（如渔业中介组织）属于中观层面，是介于政府与生产单位之间的社会团体；而渔业关联企业和渔民属于微观层面，他们是基本的生产单位。三个层面分别担负着“分配资源、满足需要、组织生产”的功能。各主体的利益关系如图 5－1 所示。这些不同利益主体有不同的利益诉求、不同的利益博弈关系和格局，都会不同程度地影响海洋渔业资源资产产权制度的构建，同时，各主体也期望着，并努力寻求各自利益的最大化。

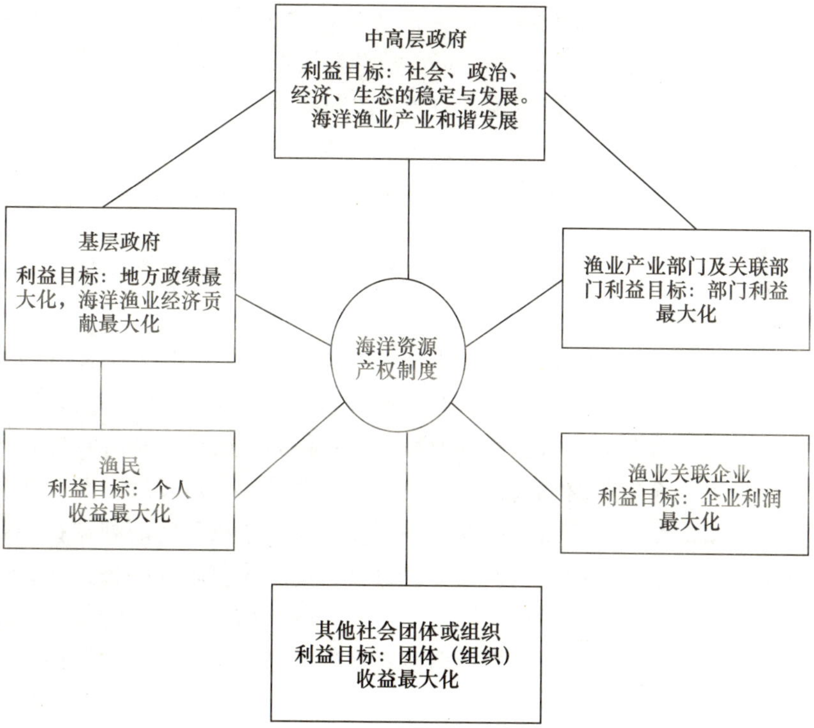

图 5－1　海洋渔业资源资产产权制度利益主体关系

按照经济学的理论，各主体应满足经济学的两个基本假定：一是追求自身利益（效用）最大化。这一假定认为，经济活动主体存在着尽可能增加自身利益的愿望和行为。在西方传统经济理论中，这种愿望和行为集中体现在经济人身上，这些经济人追求利润最大化，或者更一般地追求货币收入或效用最大化。在现代主流经济学中，利益最大化行为被作为一个一般原则应用于对各种经济问题的考察。但要注意，这里的追求自身利益（或效用）最大化是在一定的约束条件下进行的，而不是没有任何约束的最大化。并且随着约束条件的变化，经济活动主体的利益或者效用最大化会出现变化。如在计划经济体制下的利益最大化就可能和市场经济体制的利益最大化不同。二是有限理性。主要是指经济活动主体由于自身的能力以及外界环境的复杂性，因而有很多的信息和技巧是无法获取和掌握的，由此，现实的社会经济活动对于经济活动主体而言，总是有着很多的不确定性和不可预知性（唐云波，2006）。

具体分析如下：

（一）宏观层面——政府组织

政府组织是以社会主体利益（社会福利）的最大化为目标，制定法律规范、宏观经济政策和市场竞争规则，专管公共资源和公共产品分配，维持社会基本秩序。特点是以强制和暴力手段实现其意志，具有最大社会公权。

政府是由人组成的一种组织，在该组织中做出决策的人与其他人没有本质的区别。政府行为同样要受到某些规则的支配，而这些规则也是由人来制定的。所以，政府也是经济人，其行为目标就是利益最大化。任何经济主体的任何行为都是由行为目标引导着的，政府行为的目的就是实现政府所追求的利益最大化。

本书中的政府包括基层政府（主要指县、乡镇政府及村级组织）、中高层政府（包括市、省及中央政府），以及政府系统内的海洋渔业产业部门和关联部门。政府作为国家社会管理的行政机关，也有其自身利益目标。基层政府的利益目标是实现地方财政收入与官员政绩的最大化；中高层政府的利益目标是实现整个区域或国家在一个较长时期内社会、政治、经济的稳定与发展，在此基础上追求财政收入的最大化。对于海洋渔业产权制度而言，基层政府的利益目标是在寻求海洋渔业产业对地方财政收入的贡献最大化，以及执政政绩的最大化；而中高层政府的目标则是实现海洋渔业发展与社会发展的协调、生态与经济的和谐，并在此基础上寻求海洋渔业产业对地方财政收入的贡献最大化。而海洋渔业产业部门作为海洋渔业生产经营的直接对口管理部门，寻求的是部门利益最大化，具体体现为推动和促进海洋渔业经济发展，提升海洋产业的社会贡献和社会地位。

政府组织管理体制按行业部门和局部区域进行管理，我国目前的渔业政府管理体系结构主要分为农业部渔业局和国家海洋与渔业局两部分。农业部渔业局（中华人民共和国渔政渔港监督管理局）是国家对水产业进行行业管理、主管全国水产工作的水产行政主管部门。下设东海渔政局、黄渤海渔政局和南海渔政局。东海渔政管理局主要负责上海、浙江、江苏和福建沿海海洋渔业的管理；南海渔政管理局主要负责广东、广西和海南沿海海洋渔业的管理；黄渤海渔政管理局主要负责天津、河北、辽宁和山东沿海海洋渔业的管理。这三者主要是通过下设渔政站对所管辖的海区以及流域进行宏观管理，是相互独立的渔业管理部门，同时各渔业区的渔政管理部门的管理方式又有一定的差异。国家海洋与渔业局包括北海分局、东海分局和各省级海洋与渔业局。省级海洋与渔业局又下设市级、县级（见图5－2），依法对海域实施海洋综合管理，履行海域权益管理、海洋资源综合开发利用、海洋环境保护等职能，实施海洋综合管理，完成国家下达的维护海洋权益，开发海洋资源，保护海洋环境，减灾、防灾服务等任务，负有本海域海洋事务协调功能。

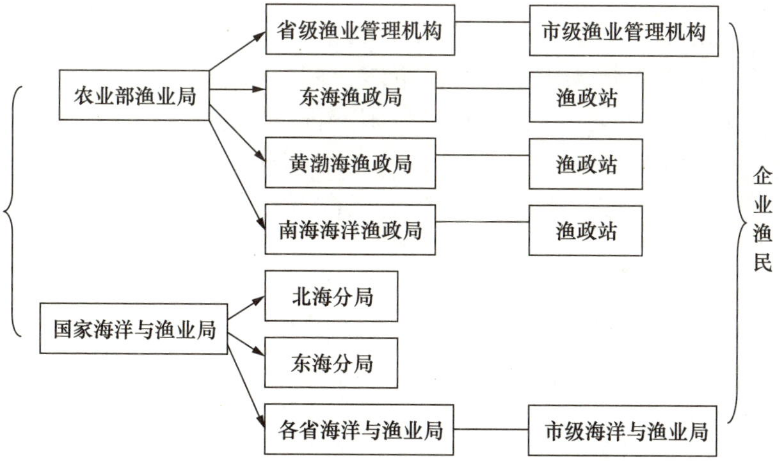

图5－2　我国渔业管理部门设置简化图

（二）中观层面——其他社会团体（如渔业中介组织）

这里的其他社会团体组织是相对第一部门（政府）、第二部门（营利部门）而言的，亦有称第三部门、非政府组织、非营利性组织、志愿部门或人群服务部门的。其目的是通过自主组织和自主努力来实现一定的社会目的和社会利益。其他社会组织的发展壮大是社会发展的必然趋势，其在海洋发展领域的作用也将进一步增强。这里以渔业中介组织为例展开论述。

从渔业中介组织特征的角度出发，可以把渔业中介组织界定为：存在于政府和渔业企业及渔民等社会主体和经济主体之间，不直接从事渔业生产原材料及渔产品交易，而只是按照一定的法律、法规、规章，遵循独立、公平和公正的原则，凭借其特有的社会服务、沟通、公正鉴定和监督管理等功能，沟通政府与渔业企业之间、渔业企业与渔业企业之间的信息，协调双方的利益，为渔业产业相关各主体（包括政府、渔业企业及渔民和渔业相关企业）提供各种服务的社会自律性组织。其具有如下特征：

1. 官民双重性

渔业中介组织应该是一种渔民自发组织，它是不带有政府行为特征的，即使它是从政府部门分离出来的，或是在政府的指导、协助下成立的。但是，我国是一个后发现代化国家，政府是推动现代化的主要动力，这就使得中国社会明显带有政府主导的特征。在现实中，中国的许多渔业中介组织如渔业协会等都挂靠在政府部门内，受政府指导。

2. 中介性

渔业中介组织的中介性就是这类组织因充任不同主体之间联系的中间介质而具有的特征。渔业中介组织处于政府与渔民之间，发挥中观管理的作用，这是其本质所在。比较完善的社会结构应该是一种三位一体的结构形式，作为最高权力的主体——政府当然应该处于最高位置，发挥宏观管理的作用；市场主体是经济活动和经济体系的基础；而中介组织联结二者，使整个体系综合完整起来。

3. 自主性

渔业中介组织对其所辖范围内的事务具体负责，不受政府干预。这表现在：一是渔业中介组织的内部运行完全自主，运行机制和机构是独立的；二是其财政预算不受政府干预，属于一种自主经营、自负盈亏性质的组织；三是其对外行为在法律法规范围内进行，政府不可干涉渔业中介组织的行为。

4. 自律性

渔业中介组织的管理从运行机制上具有自律性，属于自我控制，自我管理，遵行自控原则。一方面，渔业中介组织的管理必须依法进行，基于章程或者一些公开的条文向成员或者社会承诺，接受社会公开监督；另一方面，渔业中介组织必须按照章程或有关规则，进行自我管理、自我约束，充分发挥自律机制作用，使其自身行为趋于合理合法化，有利于实现其协助政府、服务社会的职能。

（三）微观层面——渔民与渔业海洋关联企业

这里指以个体存在的公众以及私营企业等。改革开放以来，渔民或一些私营企业承包国家渔区、滩涂等以获取经济效益的情况表明，渔民及渔业企业主已成为海洋渔业生产和渔业产权关系中比较大的利益主体。我国海洋渔业的发展最终是由数量众多的渔民来经营。

在我国海洋资源发展过程中，渔民在渔业生产中有着不可或缺的作用。尤其是我国海洋产业发展逐渐走向了分类经营，探讨渔民通过海洋产权机制，参与海洋生产的具体形式和方法尤其显得重要。当然，渔民参与海洋发展需要一系列的前提条件，其中最重要的就是产权。只有在产权上保障私人的权益，才能从根本上调动私人参与海洋发展的积极性。

二、海洋渔业资源资产产权主体的相互关系及影响

（一）产权主体的博弈关系分析

1. 渔民间的博弈——公地悲剧

在海洋渔业资源的利用中，存在渔民与渔民之间的博弈行为。根据博弈论和信息经济学的有关理论可知，如果所有的渔民都遵守规定，从海洋渔业可持续发展的角度出发，即选择合作，因为这样对各方都有好处，对一片海域中只有一个渔民来说好办，一旦这片海域的渔民增加后，问题就变得复杂了，因为渔民增加之后每一个渔民的责任感开始减弱，表现在当人数增加之后，个人行为的后果对整体来说可能微不足道，但对自己却影响重大。也就是说，当有人去捕鱼，而自己却基于永续利用的观点自我克制，那么对整个渔业资源的增长带来的好处不大，但自己却要承担可观的成本，这时他会选择违规捕捞；但如果自己基于本身的利害而违规捕捞，那么对整体造成的伤害并不显著，可是自己却可以明显而且立即得到好处，这时他选择的策略是违规捕捞。即在总体上有加大利用资源的可能时，自己加大利用而别人不加大利用则自己得利；自己加大利用时其他人也加大利用，则自己不至于吃亏，最终是所有人都加大利用资源直至不能再加大利用（再加大利用肯定要受损）的纳什均衡（所谓纳什均衡就是各博弈方都不愿改变的策略组合）水平（谢识予，2005）。

简单地说，就是在激烈的市场竞争中，当渔民进行分散经济决策时，只要找不到可以不增加私人成本的可持续方式，渔民就会根据自身个人（或家庭）利益选择非持续方式。设一个海域有 N 户渔民，以捕鱼为生，这些渔民可以自由捕捞该海域的鱼，由于海域一年自然产鱼总量有限，只能供有限渔民进行捕捞，如果超过这个限度，渔民就可能因为缺乏足够的鱼源而减产或无收成，假设渔民们都知道这个海域一年自然产鱼量，这就构成 N 个渔民之间关于捕鱼的博弈。在这个博弈中，N 个渔民是博弈方，其各自的策略空间就是他们可能选择的捕鱼数

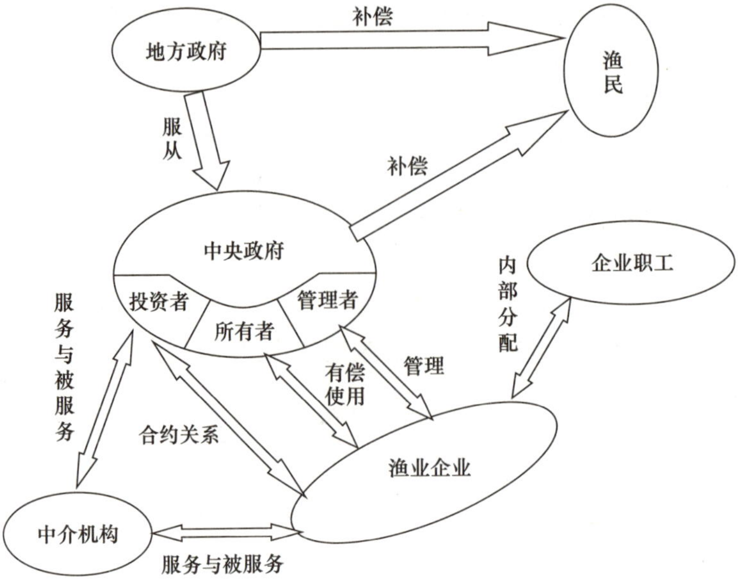

图5－3 海洋资源产权主体关系示意图

q_i（i=1，2，…，N）；当各渔民捕鱼数为 q_1，…，q_n 时，总数为：$Q=\sum_{i=1}^{n}q_i$，现假设该海区最多能自然产鱼量为V，即在捕捞量为V时，第二年便可自然恢复到原来的状态。显然Q=V是最好的选择，这样能充分开发该海域的渔业资源；当Q<V时，说明鱼未被充分捕捞；当Q>V时，说明已过分捕捞，破坏鱼自然生产，会造成以后减产；Q远大于V会导致以后供鱼量趋于零，致使所有渔民破产。但是在现实中渔民一般只会考虑增加自己的捕捞量，提高自己的收益，要达到Q=V这种状态几乎是不可能的，所以，产生Q>V直至Q远大于V，导致该海域鱼产量严重下降甚至灭绝。

2. 渔民与政府——监督博弈

在海洋渔业资源的管理中，政府制定和实施渔业资源管理的政策，对渔民或渔业企业的行为进行规范，渔民作为被管理的对象，其行为总是在现有约束条件下，达到其效用最大化，可见渔民和政府也是博弈的双方。在这场博弈中，政府是先动者，它根据自己的信息先制定政策，目标是保护渔业资源，即实现整体利益最大化，而渔民作为后动者，是在政策制定后，按利益最大化原则做出自己的决策，即局部利益最大化，这就出现了渔民的决策目标和政府的决策目标不一致的矛盾。这可以认为是一个“两人动态博弈”。国家已经制定了很多保护渔业资源的政策，如捕捞许可证制度、休渔期制度、捕捞限额制度等，下面以休渔制度为例，分析一下政府执法部门与渔民间的博弈（见图5－4）。

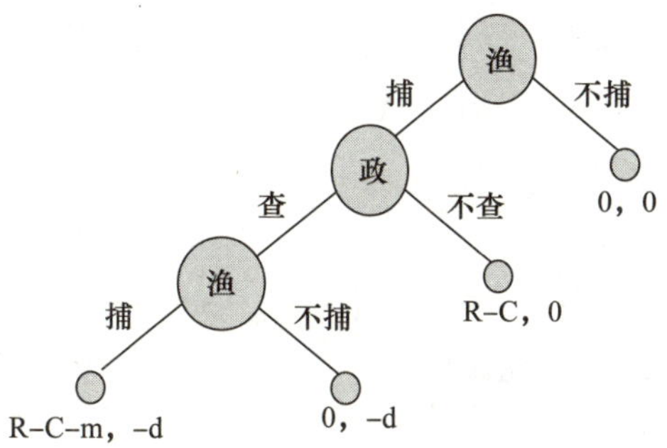

图5－4　政府与渔民的动态博弈

在禁渔期间，若渔民遵守禁渔约定，不违约捕捞，政府也不必支出经费在海上执法，其双方均无付出，也无收益，即（0，0）；若渔民违约出海，这时若政府不巡查，即(R－C，0)，其中渔民得益R－C >0，R为收入，C为出海成本；若政府巡查，要付出缉查成本d，这时若渔民遵守规定，不违约出海，则（0，－d）；若出海被查（R－C－m，－d），m为被抓到后付出的成本，如罚款等。当R－C－m <0时，比较最后阶段有缉查情形下的子博弈，渔民选择的不捕为优策略，即（0，－d）；逆向推进第二阶段，出现政府不查得利大，渔民出海得利大的两难选择。因此，只有实行付出成本－d的查禁措施，使渔民遵守政府渔业法规，认真执行禁渔期。当R－C－m >0时，渔民有利可图，会想方设法偷渔，因此，没收渔获或非法所得并处以罚款的罚没双重经济处罚才能有经济制约作用（林纪光，2005）。

3. 渔业中介组织与政府和渔民——委托—代理机制

政府虽然派出了由公安、工商等部门人员组成的联合执法队，但其对渔民的监督不可能是全天候的，为了降低监管成本，便采用了委托—代理机制，政府把主要的监督工作委托给渔业专业合作社操作。渔业专业合作社是由农业主管部门审核批准、法定中介机构组织验资、工商部门注册登记的具备法人资格的渔业中介组织。

委托—代理关系被定义为一种契约，在这种契约下，一个或一些人（委托人）授权一个或一些人（代理人）为他们的利益而从事某些活动，其中包括授予代理人某些决策权力。由于在委托—代理关系中，代理人的行为都具有理性和自我利益导向的特征，从而导致委托人和代理人之间存在着追求目标和利益上的差别和信息不对称问题，产生代理风险。要想使委托—代理关系继续存在，就必须控制代理风险，消除或严控败德行为与机会主义行为。要降低代理成本，应主要靠建立一套有效的激励机制来实行委托—代理机制的设计问题和最终所要解决的激励与约束问题（Kreps，1997）。

在渔业资源保护过程中，渔业中介组织不仅与政府之间存在委托—代理关系，与渔民也存在委托—代理关系，渔业中介组织与政府和渔民的委托—代理机制的双向构造如图 5 –5 所示。

图 5 –5　渔业中介组织与政府、渔民的双向委托—代理机制

在渔业中介组织与政府的委托—代理关系中，政府委托渔业中介对渔民进行监督工作。在渔业中介组织与渔民的委托—代理关系中，当渔民的合法权益没有得到合理满足时，中介组织可作为渔民利益诉求的代理人与政府进行博弈。引入这样的委托—代理机制可以降低政府的监管成本，提高监督频率和效率，消除渔民疯狂捕捞的混乱状态。

在现实中，渔业中介虽然发挥了很大的作用，但仍有很多问题。

第一，由于渔业中介与政府和渔民之间的委托—代理关系并没有成文的契约，只是一种事实存在的关系。在没有激励和约束的情况下，由于代理人是追求自身效用最大化的理性经济人，所以他仍存在一定的从事道德风险行为的空间。

第二，在与政府的委托—代理关系中，中介组织作为政府的代理方，在执法过程中只有责任，却没有相应的权力，本身就是一种激励机制的缺乏。另外，由于政府没有对代理方的执法行为进行监管的约束机制，渔业中介组织完全可能监管处罚力度不够，或与渔民达成某种协议，代理人从渔民处收受好处，而渔民可通过加大捕捞力度多获收益。

第三，在与渔民的委托—代理关系中，渔业中介组织的工作人员或其家属很多都是渔民，渔业中介组织与渔民的目标函数具有一致性。因此，在实施政府政策的过程中，中介向政府争取自身利益的同时，客观上也作为渔民的代理人与政府对话。但这种自发形成的委托—代理关系并不稳固。

可见，虽然渔业中介组织处于双向委托—代理关系的中心，在政府和渔民的博弈中起着桥梁作用，但是由于没有有效的激励和约束，代理人有充分从事道德风险行为的动机，并没有充分有效地发挥作用，也影响了渔业资源保护的有效开展。

目前，建立低成本高效率的治理机制，降低政府监管成本，引入委托—代理机制，实施社会化有偿服务、进行市场化运营机制是必然趋势。但是，如何优化委托方和代理方的目标函数，以最小的激励成本和约束成本达到各方的激励兼容状态，是个需要深入探索的问题。

4. 上级政府与下级政府——不完全信息的动态博弈

要分析海洋渔业资源管理中政策实施出现的“窘境”，还需首要分析政策实施的效果与地区利益主体的预期经济利益目标存在的差异，也即为何存在中央政府制定政策，而地方政府却为维护利益制定对策，从而导致渔业资源保护措施的实施艰难的原因。

在保护渔业资源的现实运作上，基本遵循着中央政府进行决策和政策发布，沿海地方政府负责具体实施和负责落实的思路。这是一个不完全信息的动态博弈，也就是说，作为后者的地方政府是通过观察中央政府的行动来获得信息，并依据中央政府的进一步行动采取自己的行动，实际上是中央和地方两级政府之间的一次或有限次的动态博弈过程。因此，在这个博弈中，地方政府有两种策略选择，即积极实施政策和消极实施政策；中央政府也有两种策略，即①积极投入资金和严格监督；②不投入或少量投入资金和监督不严格。假定两级政府的得益矩阵为图 5 - 6（此处数值是相对数值，只是用来表示相对的大小，并无实际意义），动态博弈过程如图 5 - 7 所示。图中的数字显示了支付的相对大小，并不代表具体的数额。如图 5 - 6 所示，消极实施是地方政府的占优策略，中央政府没有占优策略，博弈均衡解为（积极，消极），即中央政府主动承担经费并推动政策实施，地方政府不愿出钱或是承担极少部分。

		地方政府	
		积极	消极
中央政府	积极	2，1	1，2
	消极	5，-2	0，0

图 5 - 6 中央政府与地方政府博弈得益矩阵

注：此处数值为相对数值，只是用来表示相对的大小，并无实际意义。数值的选取是以各种情况下中央政府与地方政府可能收益的相对大小为根据。

对地方政府而言，选择消极实施政策比积极实施政策好是因为，地方政府实行政策的积极性也取决于给其带来的成本与收益。地方政府的成本分为直接成本、间接成本和机会成本三方面。在政策实施过程中，地方政府需要承担的直接成本有当地海上执法机关、公安、工商等部门监督、检查、管理和治理费及与中央政府相配套的其他资金投入，还有许多相关产业所受影响和冲击的损失，这实际上是地方政府承担的最大直接成本。相应的间接成本包括带来的就业、社会治安等社会负效益，机会成本主要是因实施政策带来的政绩损失。

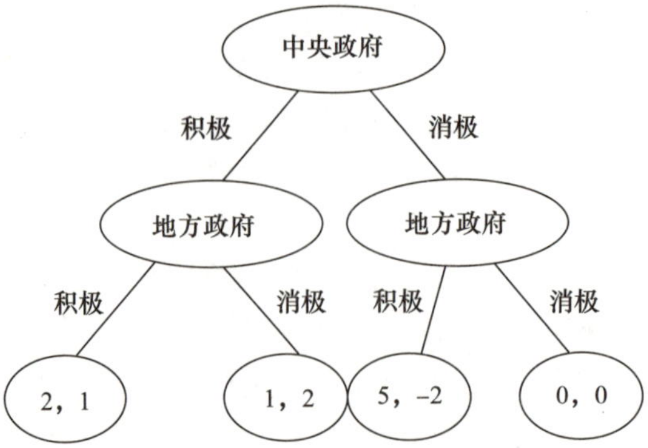

图5-7　中央政府和地方政府的博弈

从现实情况来看，即使中央政府投入大量资金，地方政府还要付出相当一部分配套资金，就有可能导致执行政策利润为负的情况出现，消极执行将是地方政府的占优策略，均衡结果同前。

如果中央政府在政策实施中忽视了地方政府的利益需求，不仅加重了地方政府的工作负担和财政负担，更缺乏促进地方未来经济发展的配套扶持政策和资金支持，也对地方政府缺乏激励。地方政府实施国家政策，既是希望通过政策的实施获得发展机遇及所需资金，更是迫于目标责任制下上级政府巨大的行政压力。这既不利于保护海洋渔业活动的进一步开展，更有失公正。另外，决定地方政府领导人短期行为的主导因素是任期内的经济发展业绩考核，而保护海洋渔业资源则是一项长期工程。如果地方政府注重长期行为，则必将与中央政府保持一致而使治理效果良好。然而渔业资源的恢复周期较长，而每届政府任期有限，任何一届政府都会对其预期收益大打折扣。所以对于地方政府来说，选择短期行为支付水平会更高，地方领导能更快地升迁，其他工作人员花费较小的成本还能得到同样的收益。从图5-7的分析可以看出，无论中央政府怎样决定，地方政府必然会选择［消极，（积极，消极）］这个战略组合。该战略组合是子博弈纳什精炼均衡，然而却不满足帕累托最优。这里帕累托低效均衡点产生的原因在于“激励不兼容”，由于主体间利益的不一致而产生。

5. 同级地方政府

同级政府间的博弈关系与哈丁提出的公地悲剧模型情况相似，各个地方政府都知道自己的这种地区利益本位主义的发展行为对我国整个社会的发展存在不良影响，积累到一定的程度会导致宏观失控。如沿海的城市有很多，但渔业资源有限，如果谁先停下来，谁就会失去眼下的发展机会，并且宏观失控的后果谁都有份。这时理性的地方政府就会不顾一切地追逐眼前利益，而把宏观调控的任务交给中央政府管。在没有对政府间利益关系做出制度上合理安排之前，地方政府间的关系很容易陷入公地悲剧中。客观地说，中央政府旨在促进整个国家协调发展的各项政策的实施都遇到了来自地区利益的强大阻力，具体表现为地方保护主义的泛滥。在公地悲剧的博弈格局下，地方政府若稍稍照顾中央政府或其他地区即全局利益，地区利益就可能遭到巨大的损失，而“不听话”的地方政府则可能因此而捞到不少额外的好处，从而为进一步的公地悲剧博弈打下基础（赵全军，2002）。可见，地区利益的冲突是诱发地方政府行为的主要动机。

（二）行为主体利益的协调与解决

上面分析了海洋渔业资源开发的利益相关者的博弈关系，下面就基于利益协调的思想对各主体之间利益冲突的协调提出以下几点建议：

（1）在海洋渔业资源保护政策的制定和实施过程中，必须充分重视微观主体的利益，激发其参与资源保护的动因。资源保护政策与任何一项制度和措施一样，如果不具备其经济合理性，很难贯彻实施。无论是监督处罚还是给予补贴，必须与渔民的相应经济利益挂钩，用激励相容机制让渔民把资源保护内部化为自觉的经济行为，促进渔业资源的良性循环。

（2）建立合理的监督管理机制，提高监管效率和力度，降低监管成本。在信息不对称情况下，执法部门对滥捕行为的监控需要设置适宜的罚款措施，加大罚款力度，降低监控成本，实现政府对资源保护的监控效果与优化目标。

（3）引入市场化机制，降低开展资源保护中的社会总成本。加强渔业中介组织的监督管理作用，充分发挥其社会中介组织的作用，可以降低政府监管成本，但需要配套相应的激励和约束机制，降低社会总成本。

（4）改革政绩考核制度，约束政府及其官员的“寻租”行为，避免消除政治利益对资源保护的不利影响。

第三节　海洋渔业资源资产的产权体系

一、海洋渔业资源资产产权体系构建基础

海洋渔业资源资产产权制度构建，是基于促进渔业资源可持续发展的总体目

标，在一定的规则框架的基础上，多元的渔业资源主体共同参与、平等合作而建立起来的。

（一）多元化的海洋渔业资源产权制度形成主体

一直以来，我国的计划体制发挥了重大作用，形成了较深远的影响，政策法规制度形成主体基本上是单一的而不是多元的。这一元化的产权制度主体就是政府，其他主体如渔民、渔业企业、其他社会团体组织等，虽然也是制度形成过程的参与者，但并未真正参与到制度形成过程中来，其偏好和利益的要求没有有效地在海洋渔业资源政策法规的制定中予以考虑，因此并未成为真正意义上的主体。

博蓝尼将一种组织社会任务的秩序确定为多中心的秩序，即其中的许多因素的行为相互独立，但能够相互调适，以在一般的规则体系中归置其相互关系。在一组规则之内，个人决策者可自由地追求其自己的利益，但其利益受实施这些决策规则所固有的约束（奥斯特罗姆，2000）。关于多中心的概念与多主体的借鉴作用，从我国海洋渔业资源资产产权制度的实际出发，海洋渔业资源资产产权制度形成过程的主体应该是多元的，除了政策部门，还应包括其他社会主体，各主体的偏好和要求应该能够平等地进入海洋渔业资源产权制度目标、制度制定和执行、监督和评估等过程中去，而不仅仅是被动的执行者，这是一个平等、参与，表达意愿的过程。具体的海洋渔业资源资产产权主体的构成、作用及相互关系已在前文中详细论述过。

（二）基于规则的合作框架

多元主体的海洋渔业资源资产产权制度的构建需要有一系列坚实的制度规则来支援，否则多主体的合作框架将流于形式，具体来讲，支持多主体的制度规则可以有两方面：法律层面上的制度与法规层面上的制度。法律层面的制度主要是指界定海洋渔业资源资产产权主体的法律地位和表现方式途径以及其在渔业生产的利益和义务、渔业产权的完整与分割清晰等原则性的和基础性的法律法规，目的是作为海洋渔业资源资产产权运作过程的根基。由于环境的不确定性及个人效用函数的不同决定了社会不能代替个人作出最优决策。所以，法律只能对产权作一些原则性与基础性的规定，契约社会的特征是允许个人自由交易，达成权利安排，于是出现了各种各样的产权组织。这并不是说产权与法律不相关，法律可以保护产权，增加产权强度。

法规层面的制度则是由于不同主体行为的多变性、偏好的多样性及交易的复杂性和丰富性使产权的法律结构不能准确地反映和完全包容客观现实中的权利关系。换句话说，国家不能把人们的交易条件、交易方式、交易范围都用法律逐条地固定下来。能由法律规定和明确解释的权利只是一部分甚至是一小部分，产权还要由社会的文化、习俗、伦理道德等准则来支撑和维持。以上法律法规与社会通行的行为规范和道德准则等一起构成一个社会的基本产权制度。

二、海洋渔业资源资产产权体系

海洋渔业资源资产产权体系如图 5－8 所示。

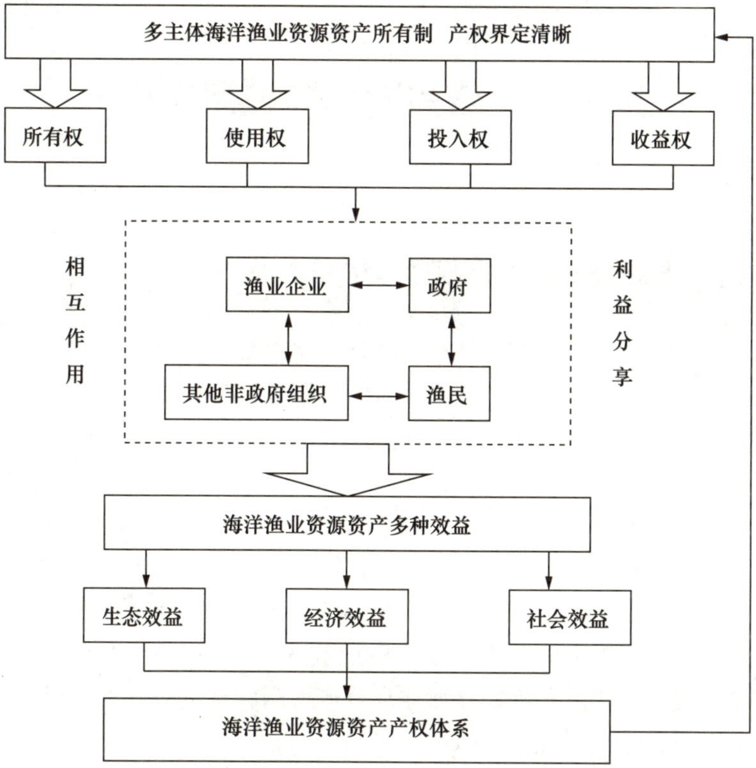

图 5－8 海洋渔业资源资产产权体系结构

第六章　海洋渔业资源资产产权效率

第一节　概念涵界与作用机理

一、海洋渔业资源资产产权效率的概念涵界

海洋渔业资源资产产权制度效率属于投入产出范畴的概念。

(一) 产出方面

有效率的产权制度所追求的产出效果应该是符合大众需求和社会发展需要，能实现社会总体福利最大化、长期化的物质和精神成果。这样看来，那些花巨资打造的政绩工程和形象工程都不是有效产权制度所要追求的目标。更不用说那些以损害生态环境为代价取得的经济成果。当然，考察海洋渔业资源资产产权制度效率也不能只看到其对海洋经济增长和财政收入（尤其是地方财政收入）的贡献，还应考察渔民、渔区和渔民在海洋渔业产权制度运行中的利益得失和福利损益、考虑到其对社会公平和市场机制发育的影响。

(二) 投入方面

海洋渔业资源资产产权制度的运行成本不能只看财务成本，还应考虑社会成本，包括社会维稳成本和生态环境成本；不仅是当前成本，还应考虑未来成本，即对可持续性的破坏。文明社会的效率更应该以法制和基本的社会公平为基础，不然明抢豪夺甚至抢劫最有效率。任何伟大的目标和良好的动机，都不应该成为剥夺他人利益的理由和借口。

由此，本书认为，产权制度的效率取决于它所能提供的制度效益与制度成本之间的比较。为了反映这个关系，并能做某种可能意义上的比较，本书将海洋渔业资源资产产权效率定义为某种渔业资源资产产权制度实施的收益与制定、运行该产权制度的成本之间的比较。

二、海洋渔业资源资产产权效率的影响机理

（一）海洋渔业资源资产产权界定、产权安排与产权效率

根据科斯定理，在交易成本大于零的情况下，产权界定对资源的配置将产生重大影响。清晰明确的产权界定不仅可以界定清楚产权主体及其相应的权利与责任边界，有利于在产权主体之间达成权利与责任对称、激励与约束并存的产权契约，在一定程度上减少不同产权主体之间的不确定性，从而降低交易成本；而且可以有效、适时地排除产权纠纷，使外部性得以内在化，从而减少“搭便车”等行为的出现，更有效地保护和实施产权。

产权安排就是在产权界定的基础上选择一种资源配置的交易方式或几种交易方式的组合。产权安排不是一成不变的，在经济条件改变的情况下，产权就会从一种安排向另一种安排转换，另一种安排就是对原来产权安排的重新安排。合理的安排产权可以使海洋渔业资源资产产权主体按照市场原则实现产权的流动和重组，为产权的动态调整和开放配置创造前提条件。

产权界定和产权安排与效率的关系可以用图6－1来说明。在图6－1中，纵轴表示成本和收益，横轴表示交易量。TC、TV分别表示产权运行的成本曲线和收益曲线。一般地说，对于任何一种特定的产权界定和产权安排，TV曲线向右上方倾斜，表明随着交易量的增加，产权运行收益也增加；当所有有效的交易发生后，收益达到最大点。然而，产权运行收益通常不能达到最大点，这是因为产权交易是要花费交易成本的。总交易成本随着交易的增加而增加，如图6－1中TC曲线所示。因而，交易主体应该使交易量达到T，这时，TC曲线与TV曲线的斜率相等，产权运行的边际成本等于边际收益。TV与TC的差额最大，即净收益最大。当产权重新安排时，一方面可以通过交易量的减少（当然这种交易量的减少是为获得收益最大化所必需）或相对于既定的交易量新收益的增加使TV向左上方倾斜，结果是促成更少的更有效的交易和交易收益增加（V″）；另一方面，产权重新安排可以减少交易成本本身，使TC曲线向右下方倾斜，结果形成更多的交易，而这些交易又是有效和低成本的，因而交易收益增加（C″）。

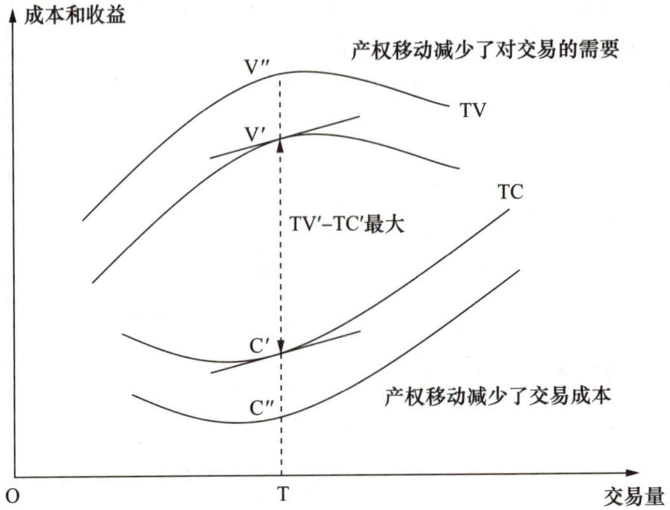

图 6-1　产权界定与安排示意

(二) 海洋渔业资源资产配置效率与产权效率——相关而不相等

海洋渔业资源资产的配置效率是开发利用渔业资源所有的资源耗费（从个人来说是个人所耗费的全部资源，从社会来说是全社会所耗费的全部资源）与所带来效用的比较。而资源是耗费在各种活动或各个项目上的。人类的经济活动分成生产活动和交易活动，从而资源耗费分成生产成本和交易成本两大块，它们共同构成为提供一定效用而花费的成本。因为交易本质上是产权的交易，所以，交易成本实质上是产权制度的成本。

产权制度的效率变化对渔业资源资产配置效率的影响有四种情况：①假定生产成本和效用既定，交易成本的增加或减少，导致资源配置效率的下降或提高。②假定效用既定，生产成本与交易成本同时上升，不管交易成本上升多少，都对资源配置效率产生负影响，谁的负面影响大即取决于谁上升速度快、幅度大。③假定效用既定，生产成本交易成本同时下降，当然资源配置效率提高。谁对提高效率的作用大即取决于谁下降的速度快、幅度大。④假定效用既定，交易成本与生产成本按相反方向变动：无论交易成本是上升还是下降都影响资源配置效率变化，只不过在不同情况下，影响力大小不一样。

交易成本高低即产权制度效率高低与资源配置效率密切相关，但是并不意味着二者相等。设资源配置效率为 E，效用为 U，交易成本为 TC，生产成本为 PC，有公式：

$$E = \frac{U}{TC + PC}$$

或有函数式：$E = f(u, Tc, Pc)$

如果不考虑交易成本，也就是不考虑产权制度对资源配置效率的影响，显然是不符合事实的，无法准确反映资源配置的真实效率状况。如果把产权制度效率等同于资源配置效率，也同样是片面的，掩盖了资源配置效率的真相。现代产权经济学通过创立交易费用学说，把产权制度安排与资源配置效率联系起来，也只能说明产权制度的成本与资源配置效率相关，优化产权制度是提高资源配置效率的必要条件或必要途径之一，并不能说明产权制度效率等于资源配置效率。如果企图用产权制度安排来说明资源配置效率的全部问题，显然是夸大了产权制度的现实作用和产权理论的理论功能（王秋石，2002）。

（三）海洋渔业资源资产产权制度环境与产权效率

戴维斯（Davis）和诺思（North）在合著的论文《制度变迁的理论：概念和原因》中指出："制度环境是一系列用来建立生产、交换与分配基础的基本的政治、社会和法律规则。"在经济系统中，产权制度环境会对既定的产权制度安排产生约束和影响，从而影响产权效率。产权制度环境与产权制度安排是相对的意义。制度环境随着制度安排的考察对象的范围大小而变化，在对一具体的产权制度安排进行分析时，一般将该制度安排所对应的制度环境视为是既定的。即对应于经济系统的外生变量，而所要分析的制度安排则被视为经济系统的内生变量。产权制度环境对产权安排有决定作用，进而影响产权效率，如图6－2所示。

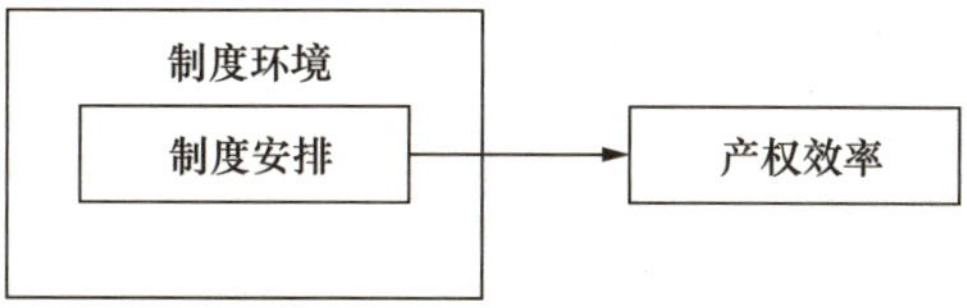

图6－2　制度安排、制度环境及产权效率关系

（四）海洋渔业资源资产产权结构、产权形式与产权效率

不少相关的研究都习惯于将产权结构与产权、产权的各种形式等同起来：或是将产权结构与产权相等同，或是将产权结构界定为私有产权、共有产权和国有产权的统称。而实际上结构应该是一种事物内部各组成部分间系统组合的表现。也许正是认识到这一点，不少学者将产权结构定义为产权中各项权利束之间的不

同搭配和组合关系。因此，海洋渔业资源资产产权结构也成了其使用权、转让权和收益权等权利的不同搭配和组合形式。但是，这一定义仅是从产权内部具体权利构成的角度出发给出的解释。作为产权内涵的具体表现，不同产权安排形式的组合关系也应成为产权结构含义所不可或缺的部分，特别是还要考虑到不同权利主体的产权对产权安排形式的影响。

本书从两个方面来界定海洋渔业资源资产的产权结构：一是产权的外部结构，指产权在不同权利主体（包括国家、集体以及个人等）间安排的组合关系；二是产权的内部结构，指产权内部各项权利束之间的不同搭配和组合关系。因此，我们将海洋渔业资源资产的产权结构界定为：海洋渔业资源资产产权在不同权利主体间的安排差异以及产权内部各权利束的不同组合。

特定产权形式如上章所述主要包括私有产权、共有产权与国有产权等。事实上，这里的特定产权形式也应该是包含于产权结构之中的。产权通过特定的产权形式或是不同的产权结构对权利主体的目标和行为产生影响，在这一影响下产权通过其激励约束功能、外部性内部化以及资源优化配置效应等促使权利主体的相应行为向有利于增加产出、降低成本从而提高产权效率的方向发展。产权对效率的基本作用途径如图 6－3 所示（陈志刚，2005）。

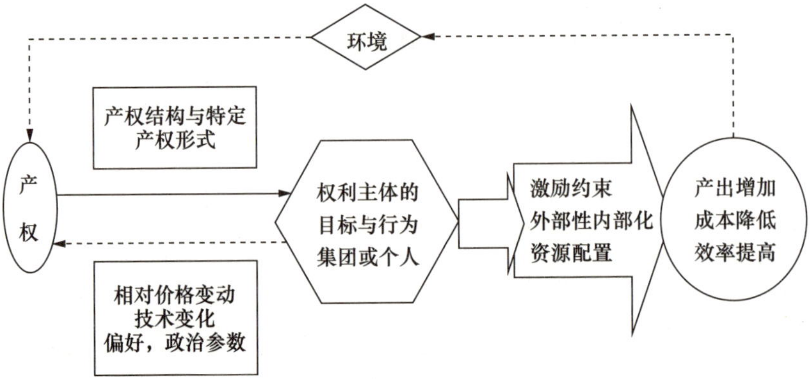

图 6－3　产权结构对产权效率的作用途径

第二节　影响因素与评价标准

一、海洋渔业资源资产产权效率的影响因素

制度经济学认为，制度存在效率递减规律，即某一特定制度只能存在于某一特定时期，制度的存在有它自己的生命周期，当制度的效率生命线在达到一定的点之后会随着生存时间的延长出现效率递减的趋势（安宁等，2006）。制度效率是受诸多因素影响的，从总体上看，影响因素决定效率单元，效率单元决定产权效率。同时，在影响因素之间、效率单元之间同样也存在着相互制约、相互决定的复杂关系，而且这种复杂的关系随着经济的发展而不断变化，没有一个确定的量化关系。具体分析如下：

（一）资源的稀缺性

从经济学意义而言，所谓资源稀缺性是指如果某种资源相对于人们的无限需要而言数量是有限的，就称这种资源具有稀缺性，可见稀缺性是一个相对概念，而不是绝对量的比较（高鸿业，2004）。从近年的海洋渔业发展来看，虽然海洋渔业总产值逐年提高，但是在这个发展过程中渔业资源的稀缺性也在逐渐增加，这主要是由于人们对海洋渔业资源的需要呈现多样化的趋势，致使对海洋渔业资源的需求逐渐增加。人们对海洋渔业资源的需求由单一的经济需求，发展为经济、社会、生态多方面的需求，并且随着生态状况恶化程度的加剧，对海洋渔业资源的生态需求逐渐上升为主导需求，这就需要有更多的海洋渔业资源来满足人们的多种需求。

海洋渔业资源稀缺程度的加重使其产权私有化的趋势增强，同时由于海洋渔业资源在一定程度上具有公共物品的性质，单一的私有不能提供足够的海洋渔业生态产品的供给，因而，应在分类经营的基础上不断丰富其产权主体和产权形式。

（二）需求变化

人类偏好和需求的变化也会对产权的初始安排提出挑战，如人们对良好环境质量偏好的变化会导致对自然资源的产权制度安排变革的要求日益迫切。无论在

工业化国家还是在发展中国家，这种变化一刻都没有停止过，这也证明了产权安排对环境质量的重要影响。

从需求角度来看，发展海洋渔业资源的目的就是要满足不断增长的人类需求。人类对渔业的需求经过了原始需求、简单需求，现已进入了现代需求阶段。现代需求的本质是要求海洋渔业自身做到可持续发展，同时参与整个经济—社会的可持续发展，要求今后的渔业既要考虑经济利益也要考虑生态利益。随着生态环境问题的日益严峻和人们生活水平的不断提高，社会对海洋渔业的主导需求变迁为生态需求，这样，海洋渔业资源资产产权的内涵和外延都得到了拓展。由此可见，人们对海洋渔业资源资产需求的变化会影响其产权制度。

（三）利益主体

1. 利益主体的成熟程度

在人类历史的长河中，制度的利益结构及由利益结构所产生的各种效应都是以利益主体的存在为前提的，不同利益主体的存在既是促成制度产生的基础，又是制度效能得以发挥的关键，也是制度演进的根源所在。因此，在不同的历史时期，利益主体的成熟程度总是影响制度成本的主要因素。但是，利益主体的形成是一个现实的社会过程，首先需要利益主体利益意识的觉醒，其次需要利益观念的塑造，最后是解决具体的获利方法和途径（陈丽，2007）。

海洋渔业资源资产产权制度同样如此，其成本也受不同利益集团地位的影响。在现行产权制度中，中央政府作为决策主体，在制定产权制度过程中具有支配地位，出于对公共利益以及中央政府在资源配置中的统治地位考虑，在产权制度中必将体现这一利益集团的偏好，大大增加中央政策在产权制度中的份额，保证政令的畅通，必然影响海洋渔业资源资产产权的制度成本。同样，其他利益集团也会影响制度的成本。在产权制度构建中，中央政府更多关注资源保护以及海洋渔业资源利用在社会经济中的宏观调控作用；而地方政府、渔业企业等则是集中精力关注地方的利益和企业自身利益，各利益主体越成熟，利益差异越明显，对产权制度需求的目标差异性越大，各自都希望海洋渔业资源资产的产权制度能尽力降低自己的成本，这样必然导致产权制度制定与实施的交易成本的增加，从而增加产权制度的总成本。

2. 利益主体的意识形态

在海洋渔业资源资产产权制度的选择中，产权制度利益主体的意识形态也扮演着重要的角色。利益主体及其所在的利益集团不可能是通晓各个专业的通才，也并不一定具有海洋渔业资源开发利用的专业背景。但无疑，专业背景对于决策者的影响是潜移默化和深层次的，在制定产权制度时，不同的决策者自然会更偏好不同专业背景形成的不同价值观。然而，在我国决策机制中心化的情况下，决策者个体的专业背景将会因其行政领导的角色而强化，而其他人的专业背景则被弱化，不同的意见无法平等展开讨论，从而造成决策的困难和风险的增加，这必然增加制度成本。另外，如果决策者对其所不熟悉的海洋渔业资源资产的产权制度提供支持，那么首先得花费时间去学习，而这显然是需要付出成本的。

具体到渔民，渔民是海洋渔业资源资产利用的主体，渔民对某项产权制度的支持程度影响着产权的运行成本，当渔民支持某项制度，则产权制度向下落实的成本就小；反之，则成本高。

（四）产品与要素价格

渔业产品和要素的相对价格变化是影响制度效率的主要因素。相对价格的变化改变了对渔民和相关利益主体的激励结构和讨价还价的能力，导致各相关利益主体重新订约的努力。在相对价格的变动中，人口及其与资源的比例是两个重要的变量。在计划经济时期，产品及要素的非商品性削弱了价格对制度变迁的影响，但是随着人口的急剧增加，人口与资源的比例大大提高，致使 20 世纪 70 年代开始海洋渔业资源被过度开发，大量海洋渔业租金消散。无论是渔民还是政府都对阻止租金消散、提高社会福利的制度安排产生强烈的需求。这导致 1979 年《水产资源繁殖保护条例》的颁布，使我国海洋渔业资源制度从自由入渔制度转变为进入限制制度。同时，随着渔业劳动力及资本不断地投入，受海洋渔业资源负外部性的影响，劳动力及资本的收益率不断下降，因此有效的激励机制和产权明晰的制度安排就成为一种可能和必要。家庭承包责任制的建立和《渔业法》的实施正是适应新需求的制度安排，渔业权（养殖权、捕捞权）通过法律形式加以确认。当渔业资源被过度使用的程度越严重时，新的制度安排的潜在利润也就越大，渔民和政府对新制度安排的需求也就越强烈。

（五）科学技术

技术发展水平及其变化对制度效率的影响是多方面的。技术的进一步降低了交易费用，使原先不起作用的某些制度安排起作用。技术进步能降低产权的排他费用，从而使私有产权制度成为可能。总之，对任何制度的需求都不能离开技术。科学技术对制度的影响主要体现在以下几方面：

首先，科学技术的进步会影响获取信息的成本，各种通信技术的应用大大缩短了时间和空间的距离，为收集信息提供了便捷途径，使获取信息成本降低，同时由于信息具有边际报酬递增的特点，成本的降低和边际报酬递增的双重作用使技术进步对获取信息的影响大大增强（赵晓丽等，2006）。

其次，技术的进步可能会调动个人对其资源进行重新配置的积极性，以及为了再确定产权以实现新收入流的分割而组织和引进集体行动的积极性（方浩，2006）。

最后，技术变化也可能影响交易费用，降低排他性成本、监督成本，使产权更明晰的制度安排成为可能；技术进步能提高渔民的生产率和抵御风险的能力，提高对新制度安排的预期。

（六）决策者行为

对海洋渔业资源产权制度而言，其利益主体首先考虑的是其行为的有限理性和风险不确定性。渔业资源产权制度利益主体很容易利用参与决策成员的有限理性来为自己所偏好的产权制度服务，即由于参与决策的成员不一定真正认识到海洋渔业资源资产产权制度实施的效果。因此，决策者很容易借公共利益的维护等象征性口号来吸引公众的注意力，即使其本身也知道实际的政策可能不是所宣传的那样，这使政治家们能以很低的机会成本获得大量的公众支持。

另外，对海洋渔业资源资产产权制度决策的控制权大小也影响制度决策者及行政官员对产权制度的选择。一般来说，由于产权制度决策者可以有效地通过对行政规则及程序的制定来对不同的利益集团产生影响，海洋渔业资源资产产权制度能使决策者拥有更多的对海洋渔业资源利用结构变化的控制权。相对来说，建立在市场基础上的政策则把更多的权力交给了市场，在规则面前对所有的资源使用者一视同仁，因此决策者很难掌控渔业资源产权制度实施的结果。所以，那些追求权力最大化的制度决策者往往会更倾向于支持实现自己这一目标的命令——控制方式政策。

同样，对官员来说也不太可能反对决策者们提出的与自己偏好相一致的政策，因为：①建立在市场基础上的制度运行所要求掌握的行政技能与命令、控制方式是不一致的，重新学习以市场为基础的新政策需要付出相应的学习成本；②从命令、控制方式转向市场激励方式，意味着对海洋渔业资源资产产权制度的掌控将更多从政府官僚机构转向私人企业，从而削弱他们的职业声望甚至危及其职业地位（陈丽，2007）。

（七）宪法制度

宪法秩序是影响制度安排和制度效率的首要因素。宪法是一个国家的根本大法，它一方面规定了派生制度的维持、改变和创立的规则；另一方面规定了派生制度的可行范围，规定了哪些派生制度可以创立、维持和改变，哪些派生制度不可以创立、维持和改变。具体来讲，首先，宪法秩序可能有助于自由的调查和社会实验，或者可能起根本性的压制作用。如果是后者，制度变化所依赖的知识基础将受到削弱，变化将受到扭曲或阻碍。其次，宪法秩序直接影响进入政治体系的成本和建立新制度的立法基础的难易度。如果在现行宪法秩序下，利益主体无法承受进入政治体系的成本或者既得利益格局对新的立法阻力过大，则将很可能限制制度创新；反之，则有助于制度创新。再次，宪法秩序为制度安排规定了选择空间，并影响着制度改革的进程和方式。如宪法通过对政体和基本经济制度的明确规定来界定制度变革的方向和形式。最后，一种稳定而有活力的宪法秩序会给政治经济引入一种文明秩序的意识、一种关于解决冲突的基本价值和相应的程序，这种意识会大大降低创新的成本和风险（卢现祥，1996）。

以海洋渔业资源资产为例，宪法制度是一种基础性制度安排，或者说是海洋渔业资源制度的制度环境。它影响创造新的海洋渔业制度安排的预期收益和预期成本，从而影响对新的制度安排的需求。我国《宪法》对海洋渔业资源等自然资源所确立的国家所有权及高度中央集权的计划体制的确立，深刻影响渔民对新海洋渔业资源制度安排的需求，也影响了政府的制度需求。随着宪法制度所确立的集权式计划经济体制向市场经济的转换，渔民、政府及相应利益集团都产生了对新的海洋渔业资源制度安排的需求。家庭承包责任制、渔业股份合作制、捕捞许可证制度、捕捞限额制度等都是适应需求所建立和实施的制度安排。

二、评价指标

（一）产权明晰度

产权明晰度是产权界定是否明晰的一种程度上的量化和刻度。一般而言，产权的明确界定有助于制度效率的改进。明确的产权界定可以明确产权主体及其相应的权责利边界，有利于在各个产权主体之间达成和实施权利与责任对称、激励与约束制衡的契约关系。在一定程度上减少不确定性，有利于降低交易成本；明确的产权界定可以适时有效地排除产权纠纷，使外部性得以内化，从而减少“搭便车”等行为的出现，可以更有效地保护和实施产权；明确的产权界定，还可以按照市场原则实现产权的流动和重组，有助于使产权在动态调整和开放配置中不断改进效率。

然而，明确的产权界定虽有助于实现产权效率的改进，在一定程度上获取产权界定的收益，但这并不是绝对有效的。在不考虑产权界定成本的前提下，产权的充分明晰化无疑是一个值得追求的目标，问题在于，产权界定本身不是只有收益而不付出代价的，对产权进行充分的明晰化不仅肯定要付出成本，而且这种成本还可能一时难以明确界定；有些产权虽然可以充分明晰化，但代价可能会很高，产权界定的成本甚至可能超过未界定产权而造成的收益损失。在这种情况下，人们不得不暂时容忍产权模糊的存在，有时，模糊的产权可能比明晰的产权更有效率。由此，需要对产权界定本身的效率展开进一步分析。

设海洋渔业资源资产产权界定的收益为R，它将是产权效率改进的一个贡献变量，其边际收益为MR；又设产权界定成本为C，边际成本为MC，则产权界定效率Y可示为：

$$Y = \frac{R}{C}$$

又设产权界定的明晰度为K，则如图6－4所示，海洋渔业资源资产产权明晰度与产权界定效率存在一定的对应关系。

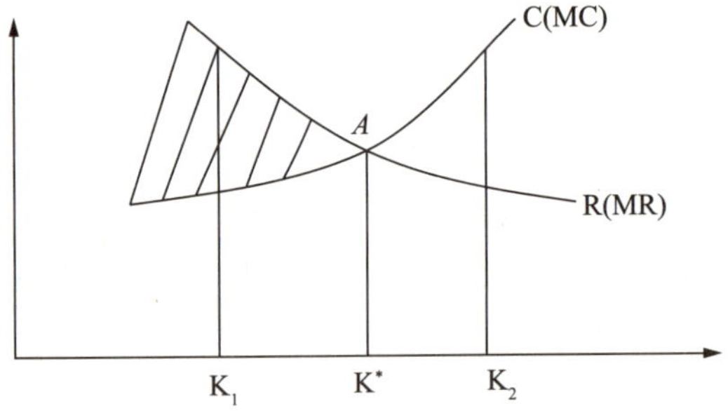

图6－4　产权明晰度与产权界定效率

当$0<K<K^*$时，如图6－4中的K_1点所示，$R>C$且$MR>MC$，产权界定是值得追求的；当$K>K^*$时，如K_2所示，由于$C>R$且$MC>MR$，产权进一步界定得不偿失；当$K=K^*$时，$MC=MR$，此时产权界定效率达到最优（净收益最大，如图中的阴影部分）。K^*就是产权界定的最优度（明晰度）（赵守国，1995）。

通过上面的分析，可以得出关于产权最优度（明晰度）的几点认识：在尚未达到最优度以前，产权界定越明晰则越有助于提高产权效率，但在超过产权界定最优度之后，则模糊的产权比明晰的产权更有效率，因此，产权界定的最优度是评价产权界定效率的关键指标。

产权明晰程度可以具体化为以下两个指标：

1. 外部性内在化程度

各种产权形式的效率主要取决于它为其所支配下的经济主体提供的将外部性内在化的激励，这是产权最基本的功能。正如德姆塞茨所提到的："产权的一个主要功能是引导人们实现将外部性较大地内在化的激励。"外部性最早是由福利经济学提出的，当某个人的行动所引起的个人成本不等于社会成本、个人收益不等于社会收益时，就存在外部性（卢现祥，1996）。污染问题就是最典型的外部性问题。传统的福利经济学认为，解决污染问题的办法要么就是利用行政指令使排污者停止工作，要么就是通过税收或者补偿的手段阻止排污者。对此，科斯却提出了不同的解决方法。根据他的观点，传统福利经济学的办法虽然可以控制污染的扩大，但是往往使排污者也遭受损失。因此，科斯提出产权的清晰界定可以有效地解决外部性问题。如果一个工厂有权污染，污染所引起的成本是由被污染者的存在造成的，因而污染不是它的个人成本；如果无权污染，就必须为污染付费，因而污染就是它的个人成本（卢现祥，1996）。

公地悲剧就是产权不清的结果。例如，如果渔业的产权不明晰，人们利用渔业的成本就成了社会成本，使用者在决策时就根本不考虑海洋渔业资源被过度捕捞的损失，因而往往会导致资源的急剧退化；如果产权明确界定，渔业资源过度利用带来的损失就成了使用者的个人成本，其在决策时就会考虑如何合理利用资源以节约成本，因而往往有利于渔业资源的高效、持续利用。

2. 激励与约束程度

在外部性内部化的基础上，产权更进一步地对人们的行为产生了激励和约束效应。应该说，这些都是基于产权的利益内容。在市场经济活动中，离开了利益关系，就无所谓产权关系。在经济运行过程中，若当事人的利益通过明确产权得到肯定与保护，则主体行为的内在动力就有了保证。这时，产权的激励效应就通过利益机制得以实现。反之，若产权不明晰，利益关系模糊，则必然导致当事人失去动力，失去生产经营的积极性，从而使经济运行效率低下。可见，产权的激励效应是显著的，产权越明晰，产权的激励效果越好；反之，则越差。

从本质上讲，约束也是一种激励，确切地说它是一种反激励。约束与激励是相辅相成的。产权能够成其为产权，基本属性之一就是有限性，即对任何资产的任何产权，无论其多少或大小，都是有限的（何维达等，1998）。产权的约束功能表现为产权的责任（或成本）约束，即在界定产权时，除了要明确当事人的利益以外，更要明确当事人的责任（或成本），使他明白各种行为的后果或要付出的代价。这样，产权主体或当事人就会自我约束。概括地说就是产权在内部化外部性的同时，不仅将浮游于公共领域的利益内化为个人收益，而且也将社会成本转变为个人成本了（陈志刚，2005）。

（二）产权权益个体化程度

关于产权效率的内在动因，西方经济学已完成了大部分工作。几乎所有的产权经济学家都认定分割到自然人的产权是最具利益动机的产权形式，激励、约束到个人的产权安排往往是最具有生产性的产权结构，这就说明了：一种有效的产权制度应该是一种符合人性的产权，是符合了经济人追逐自我利益最大化之本性的产权安排。然而怎样的产权制度才能将产权界定到个人、落实到个人呢？对此，西方经济学家通过对交易费用的分析，得出只有私有化产权才能界定到个人，私有产权是最有效率的产权。私有产权之所以较公有产权优越，是因为私有产权是将产权关系明确划分到产权主体的最基本单位——个人的产权。而财产权利一旦落实到个人，经济人的自利本性就会使他们立即推动主体尽心竭力谋求产权收益，避免负收益；并且，产权就能自由地转移和交易，资源就将由市场机制进行配置，于是在私产制度下，交易费用大大降低，而效率则会大大提高。相反，在公有产权制度下，由于个人主体产权划分不清，经济运作的交易费用过大。因而，在这些经济学家眼中，私有产权是相对更具效率的产权，是产权制度构建的必然方向。

（三）产权社会化程度

产权社会化是构造产权效率的又一途径，而产权的社会化程度和社会化状态正构成判断一种产权制度是否具有内生效率的又一重要指标。

产权社会化是指现实中的产权是否在时空上充分展开，表现为产权的流动性、开放性和规模性。产权社会化是源于社会化大生产的需要及资本集中的规模经济的需要，源于对社会交易费用过高的克服。其一旦形成，就不但满足了社会化大生产的社会大分工的需要、呈现出规模经济的效率特性，且可以克服个别资本与社会资本的矛盾，打开了资源在更大社会范围内优化组合的空间，进而发挥出直接的效率性功能（王野林，2008）。产权社会化是产权效率实现的又一个度向。

第三节　理论模型解释与深入

一、几个基本假设

本书运用成本收益分析的基本方法来构建海洋渔业资源资产产权效率的理论模型，是基于西方经济学分析的四点基本理论假设：资源的稀缺性、交易成本的不可避免性、理性人的假设、通过博弈达致均衡。因此，首先将这四点基本理论假设作为从制度效率角度分析海洋渔业资源资产产权制度正当性的切入点。

（一）资源的稀缺性

经济学家萨缪尔森曾经指出，经济学理论从稀缺性假设开始，继承了经济学理论与分析方法的产权效率分析的第一大基本假设非稀缺性莫属。

资源的稀缺性是产权效率分析的理论前提。这里所说的资源既包括海洋渔业等自然资源，也包括财力、人力等社会资源，而无论是自然资源还是社会资源，在现有生产力水平和社会发展状况下都表现出显著的稀缺性。基于对这一事实的判断，分析者认识到，制度应制定合理规则，以促进资源的合理配置。表现之一就是优化权利配置、设立有效的海洋渔业资源资产产权制度。

海洋渔业资源资产与海洋渔业资源资产产权这两个概念作为海洋渔业资源资产产权效率分析的基础，在前文已经做过详细界定。海洋渔业资源的稀缺性已被广泛认可，它是一个由多个事实构成的整体性概念，既包括海洋渔业资源自身数量的有限性、分布的不均匀性，也包括相对于人类日益膨胀的种种欲求的匮乏性，以及由科学技术水平限制导致的人类开发利用资源能力的局限性。

海洋渔业资源的稀缺性与其对人的固有价值结合在一起，使人们在海洋渔业资源的开发、利用、分配上存在竞争与利益冲突，从而使通过制度对此种冲突进行调整成为必要。海洋渔业资源作为物，通过制度对其开发、利用、分配进行调整，应当明确其权属关系，即建立海洋渔业资源资产产权制度。而如何判断某一制度的良好与否，资源稀缺性又为我们提供了一种相对客观的进路——在当代社会，从某种意义上说，对自然资源的分配即意味着对财富的分配，基于波斯纳财富最大化的判断标准，海洋渔业资源资产产权制度必须最大化社会财富才是公正或良好的。

当下，我国海洋渔业资源资产管理制度呈现出所有权与使用权分离，产权性质介于公有产权与私有产权之间等特点。这种产权分离、公私产权混合的制度在产权效率上具有更大的弹性，在一段时间内发挥了激发渔民的劳动热情、推动劳动技术发展与生产效率提高的积极作用，但随着社会实践的发展，逐渐暴露出同市场经济体制和资源可持续利用不相协调的问题（谢地，2006）。这使现有海洋渔业资源产权制度成为阻碍社会财富最大化的消极因素，因而健全海洋渔业资源资产产权制度成为当下的应有之义。

（二）交易成本的不可避免性

交易成本指“为某项合约达成一致而不得不付出的谈判、监督、贯彻实施的成本”。“由于信息的不完全性与不对称性以及市场运转所必须消耗的成本，交易成本在契约的缔结、监督与实施环节是无处不在的”（徐亚文，2010）。交易成本分析是制度效率分析区别于其他学术分析方法的标志，其理论奠基人之一科斯在《社会成本问题》和《企业的性质》两部划时代的经典著作中将交易成本引入制度效益分析当中。他（1990）认为，当交易成本过高导致市场自发的交易行为不可能发生时，“制度规则就会替代市场发挥作用”。

信赖和秩序是影响交易成本的两个最重要因素。交易成本的一个重要构成部分是主体为维持自身安全感而力图索取和占有的资源份额，信赖则是主体因环境和对方稳定性而产生的安全感。主体间的信赖程度越高，代表着需要依靠占有额外资源而维持的安全感的份额越小，更多的资源被应用于生产和流通中，交易成本自然更小。交易成本的另一个重要组成部分来自为维护合理秩序而产生的资源消耗。限于时空条件和人的自利冲动，合理的秩序往往是无法自主产生和维持的，需要中间力量的创造和维护。对这种中间力量的投入即产生成本，这种成本的降低有赖于合理的制度设计。信赖和秩序是相辅相成的，二者任一方面的变化都会对另一方面产生巨大影响，而制度则对二者有着同样巨大甚或决定性的影响。可以说，最理想的法律义务与权利配置方案，也是把交易成本降到最低的方案。

现有海洋渔业资源资产制度特点致使我国渔业资源权利界定不清晰，侵权行为严重，缺乏稳定性，进而导致资源市场交易活动中主体间信赖的难以建立和交易秩序的混乱。各方主体需要付出高额成本用于作为担保和维护交易秩序，很大一部分资源被置于生产、流通环节之外，未能起到创造社会财富的作用，造成了资源的巨大浪费。健全海洋渔业资源资产产权制度是一种有益的尝试，力图通过明晰权利归属和权利界限，增强市场交易活动的稳定性与可期待性。

最大限度地提升各主体间的相互信赖并保证相关契约的缔结、实施、监督及相关司法活动的有序进行，从而降低交易成本，实现社会财富的最大化。

（三）理性人的假设

每个人都是利己的。这种理性人的假设最早体现于亚当·斯密的《国富论》和《道德情操论》中[①]，经过不断完善和发展成为西方经济学的基本理论前提之一。理性人意味着主体会根据主观偏好和自身利益需求，运用所有可能的方式实现自身利益的最大化。依照此假设，商业活动中缔约或者违约甚至社会实践中的一些故意犯罪，都是当事人在充分比较预期成本和收益之后做出的理性选择。

① 这里所说理性人的假设即是理性经济人的假设。源自亚当·斯密《国富论》中的一段话：“我们每天所需要的食物和饮料，不是出自屠户、酿酒家和面包师的恩惠，而是出于他们自利的打算。”

"理性人假设的目的不在于研究人性本身，而在于为主体偏好的稳定性以及预测主体对法律规则的可能反应提供必要的理据。也就是说，通过理性人假设可以连接个人偏好与可能的行动"（徐亚文，2010）。

将理性人的假设引入制度研究中，一方面使制度效益分析者对主体理性的假设更全面和准确，从而对主体可能行动的期待更加合理；另一方面，正如布坎南所主张的那样，理性人假设打破了公共人的乐观假设，弥合了现实情况与公共人假设之间的裂缝与错位，这一点对于我国来说或许尤为重要。由于官本位思想、意识形态观念的长期存在以及媒体宣传对负面形象的规避，在我国民众的意识中，官员应当是"铁面无私、两袖清风、为了人民利益奉献自我"的为公者形象，而不应考虑个人利益得失。但现实却一次次打破民众的这种设想，展现出众多官员以权谋私、自私自利的一面。这种现实与设想的反差可以在理性人的假设中得到弥合，使民众理解人的自利冲动是不可避免的，法律制度的目的不是要将官员塑造为大公无私的为公者，而在于通过合理的制度设计约束官员的自利冲动，保证官员的行为选择不会损及公共利益。

我国现有海洋渔业制度下收益的实现形式，是在渔业资源产权公有和政府审批制度下，渔业资源的收益"被通过资格审批而获得使用权或控制权的企业所攫取"（代吉林，2004）。这种收益实现形式为政府官员留下了巨大的权力"寻租"空间，而公私产权混合造成的权利界定不明晰在某种程度上又加剧了官员为谋求私利而侵害公共利益的冲动。健全海洋渔业资源资产产权制度，在理性人的假设下通过制定合理的法律制度提高官员违法犯罪的成本，遏制其通过侵害公共利益以谋取私利的冲动，具有充分的正当性。

（四）通过博弈达致均衡

所谓均衡，是指各方主体因利益或实现利益途径的一致而达致的平衡状态，而均衡是在各主体的相互博弈中实现的。一般来说，博弈分为两种：一是合作博弈，是指主体间达成有约束力的协议；二是非合作博弈，主体间无法达成此种协议。应当说非合作博弈对于法的效益分析具有更重要的意义，这种博弈的均衡是"建立在参与人在给定约束的条件下最大化其自身的效用的基础上的"（拉斯缪森，2003）。非合作博弈理论指出，在资源稀缺性、交易成本不可避免性的前提下，主体之间的相互联系决定了每个人的最优决策都依赖于他人的决策。通过对博弈论的运用，产权效率分析"不仅关注个体对法律规则的反应，更关注在法律规则之下行为人之间的相互反应"（周彬彬等，2008）。合作博弈与非合作博弈形成的原因及其可能带来的主体行为选择，可以运用成本效益分析法进行分析。当作为理性人的主体寻求实现自身利益的最佳选择时，如果其他主体实现利益的途径与其存在一致性，个体差异往往不再表现为利益冲突，而转化为互补性，达成有约束力的协议亦即合作成为各主体实现利益最大化的最佳方式，此时的博弈便是合作博弈；但如果其他主体实现利益的途径与其存在分歧，个体差异则表现为利益冲突，自身利益最大化的冲动使主体间的利益博弈具有了对抗性，合作无法达成，此时的博弈便是非合作博弈。合作博弈大多是良性的，“双赢”或者多赢带来社会财富的增加；而非合作博弈却可能导致个体理性与集体理性的冲突。基于主体理性的有限性①以及主体间的相互联系，非合作博弈中纯粹个体理性支配下做出的行为选择既无法实现个体利益的最大化，又将损害社会的整体利益。信息的不完全性与不对称性以及个体理性的过度扩张是造成这种内部不经济性和外部不经济性并存现象的主要原因。此时，制度的任务是通过调整博弈各方的权利义务分配、规范信息交流方式、约束个体理性的过度扩张，使博弈达到尽可能均衡的状态。

我国现有的海洋渔业资源制度特点无法实现市场经济体制和资源的可持续利用相协调，造成资源的过度开发与闲置并存。这种博弈的失衡来自政府、资源开发者、利用者等各方主体间利益的差异与分歧，也来自各主体因地位不平等和缺乏规范的信息交流渠道而导致的信息不对称性。这种失衡状态极大地阻碍市场机制作用的发挥，束缚着渔业资源开发者、利用者的手脚，造成渔业资源配置的不合理，因此通过健全海洋渔业资源资产产权制度来改善这种失衡状态是正当且紧迫的。

二、海洋渔业资源资产产权效率的理论模型

（一）图示

在第五章第一节中已经定义了产权效率，即实施了某种渔业产权制度后的收益与制定、运行该产权制度的成本之间的比较。成本—收益作为一个对应的概念范畴，是对海洋渔业资源资产产权制度分析的完整框架。

假设，海洋渔业资源资产产权制度的总成本为C，总收益为R，则为了使海洋渔业资源资产产权制度有效，从理论上应满足：$R > C$ 或 $R - C \geqslant 0$。在图6－5的模型中，横轴表示产权制度实施力度，即海洋渔业资源资产产权制度对资源使

---

① 有限理性人假设由社会协作系统学派的创始人切斯特·巴纳德提出，他认为人只具有有限的决策能力和选择能力，并非是完全理性的经济人。赫伯特·西蒙继承并发展了这一观点：“单独一个人的行为，不可能达到任何较高程度的理性。由于他所必须寻找的备选方案如此纷繁，他为评价这些方案所需的信息如此之多，因此，即使近似的客观理性，也令人难以置信。”

用者的行为方式和内容等方面的约束程度；纵轴表示产权制度的成本与收益。在通常情况下，产权制度成本随着其实施力度的加大逐步上升，而其收益虽会在实施初期表现为随之而增加，但是，当实施力度超过一定的限度（即 E 点），产权制度实施的净收益就会下降。

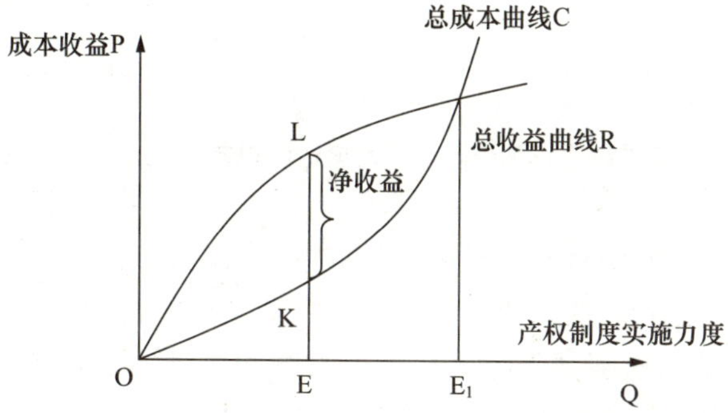

图 6－5 海洋渔业资源资产产权制度成本—收益分析理论模型

从成本—收益的角度对产权制度分析（见图 6－5）可以看出：在 E 点的左边，随着产权制度实施力度的逐步加大，产权制度的成本逐步上升，但与其收益相比，还是收益增加得多。在产权制度实施初期，由于制度的实施，海洋渔业资源使用者行为的控制会使海洋渔业资源资产产权制度呈现良好的运行效率，进而提高了渔业资源配置的效率。然而，在 E 点的右边，即产权制度实施的成本上升超过了其收益的增加，从而使产权制度的实施净收益逐步缩小，并在 E_1 点趋于零。这表明：在海洋渔业资源资产制度实施之后，随着实施力度的加大，产权制度实施开始出现过度或过严的情况，使资源使用者利用资源的成本增加，从而使得整个产权制度的运行效率下降。在 E 点海洋渔业资源资产产权制度实施的净收益为最大；在 E_1 点产权制度实施的净收益为零；而在 E_1 的右边，产权制度实施的净收益为负，即其制度实施的总成本高于其总收益。这也说明 E 点是海洋渔业资源资产产权制度实施的适度点；E 点的左边和右边分别是产权制度实施的不足点和过度点。

从边际成本—收益的角度对海洋渔业资源资产产权制度进行分析可以看出：随着产权制度实施力度的加大，产权制度的边际成本不断上升，而边际收益却不断下降。海洋渔业资源资产产权制度实施的边际成本曲线与边际收益曲线相交于 S 点，对应的 Q_0 为产权制度实施的适度点（见图 6－6）。这表明：Q_0 为海洋渔业资源产权制度实施力度的最佳选择点，也是产权制度效率最高的点。

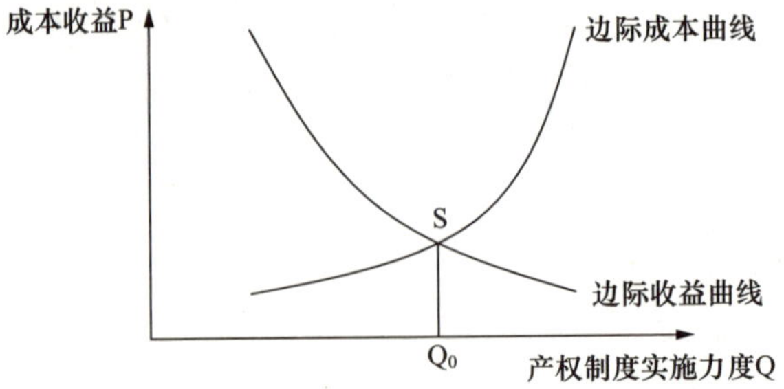

图6-6　海洋渔业资源资产产权制度边际成本—收益分析理论模型

由上述海洋渔业资源资产产权制度的成本—收益理论模型可知，海洋渔业资源资产产权制度存在着收益与成本问题，并存在其净收益最大值。但是，这个最大值的获取应基于规划制度建立、执行、监督和治理的全部成本是已知的。然而，在现实场景中，仍不得不通过对产权制度的投资与产出来获得有关收益与成本的信息，但现实中进行的许多计算并不涉及收益和成本的货币化。因此，这是关于海洋渔业资源资产产权效率一种理论上的解释。

（二）公式

根据产权效率的定义，将海洋渔业资源资产产权效率公式化表示如下：

$$产权效率=\frac{(产权运行收益-产权成本)}{产权成本}$$

$$或\quad E_i=\frac{R_i(u)-C_i(u)}{C_i(u)} \tag{6-1}$$

$$R_i(u)-C_i(u)\geqslant W_i(u)$$

式中：E_i 为第 i 种海洋渔业资源资产产权制度的效率；$R_i(u)$ 为第 i 种海洋渔业资源资产产权制度下的收益；$C_i(u)$ 为第 i 种海洋渔业资源资产产权制度下的成本；$W_i(u)$ 为第 i 种海洋渔业资源资产产权制度下的福利水平；u 为效用水平。

1. 理论模型的展开

在式（6-1）中，有三个函数：一是预期收益函数 $R_i(u)$；二是预期成本函数 $C_i(u)$；三是现有福利水平函数 $W_i(u)$。假设这三个函数都是效用水平的函数（这种假设也符合现实情况），因为某项产权制度对人们福利水平的影响，最明显也最根本的就体现在效用水平上。这样，实行一项产权制度的净收益也就是 $R_i(u)-C_i(u)$。从式(6-1)可以看出，产权效率最大化实际上就是 $R_i(u)-C_i(u)$ 最大化的问题。当 $R_i(u)$ 足够大、$C_i(u)$ 足够小时，产权效率达到最大值，但现实中往往并不是这样的。正因如此，对 $R_i(u)-C_i(u)$ 的讨论才有可能并且有意义。此外，还有一个约束条件，就是 $R_i(u)-C_i(u)$ 必须大于或至少等于 $W_i(u)$，其经济意义十分明显，人们一般是不会支持产权效率低的产权制度的。

需要指出的是，产权制度中的成本和收益，要比一般经济活动中的成本—收益分析复杂得多。有些是可计量的，有些是不可计量的；有些是公开的，有些是隐蔽的；有些是现在可以计量，有些在未来才能计量。但在实际中，尽管有些成本和收益无法用数字精确地计算，但这些不可计量的成本和收益也极有可能被估计出来。这种估计的差异也是影响产权制度的一个重要因素。

2. 模型的深入

把上面的讨论简化为以下这样一个数学模型：

$\max[R_i(u)-C_i(u)]$

$s.t.\ \max R_i(u)-C_i(u)\geqslant W_i(u)$

构造拉格朗日函数：

$L=R_i(u)-C_i(u)+\lambda[R_i(u)-C_i(u)-W_i(u)](\lambda>0)$

对 u 求一阶偏导可得：

$$\frac{\partial R}{\partial u}-\frac{\partial C}{\partial u}+\lambda\frac{\partial R}{\partial u}-\lambda\frac{\partial C}{\partial u}-\lambda\frac{\partial W}{\partial u}=0$$

整理合并可得：

$$\frac{\partial R}{\partial u}\Big/\frac{\partial C}{\partial u}=\left(1+\frac{\lambda}{1+\lambda}\right)\frac{\partial W}{\partial u}\Big/\frac{\partial C}{\partial u} \tag{6-2}$$

在式（6-2）中 $\frac{\partial R}{\partial u}\Big/\frac{\partial C}{\partial u}$ 称为预期收益对预期成本的边际替代率，记作 MRS_{RC}；$\frac{\partial W}{\partial u}\Big/\frac{\partial C}{\partial u}$ 称为现有福利水平对预期成本的边际替代率，记作 MRS_{WC}。

根据以上讨论可知，当 $\frac{\partial R}{\partial u}<\frac{\partial C}{\partial u}$ 时，这种产权制度就不会被采纳。因此，运行中的产权制度必有 $\frac{\partial R}{\partial u}\geqslant\frac{\partial C}{\partial u}$。由此可知必有 $MRS_{RC}\geqslant MRS_{WC}$。此时，有 $\left(1+\frac{\lambda}{1+\lambda}\right)\times MRS_{RC}\geqslant MRS_{WC}$。

可以推出：$MRS_{WC}\leqslant 1+\lambda$。

这里的（$1+\lambda$）就是人们支持某项产权制度所愿意支付的最大成本的影子取值。

同时，$\frac{\partial W}{\partial u}\Big/\frac{\partial C}{\partial u}\geqslant 1$。

其含义为人们对边际成本增加的容忍程度不能超过现有福利水平边际损失的程度。

这样我们就得到了 MRS_{WC} 的取值范围：$[1, 1+\lambda]$。

根据式（6－2），可得 MRS_{RC} 的取值范围：$\left[1+\frac{\lambda}{1+\lambda}, 1+\lambda\right]$。

这里 MRS_{RC} 有一个最小影子取值，这一点对于政府制定政策有着重要的意义。当收益小到被忽视时，这样的产权制度就不会调动人们的积极性，也就起不到激励和提升福利水平的作用。当 $MRS_{RC}=MRS_{WC}=(1+\lambda)$ 时，此时产权制度达到了一个均衡的状态。但为什么 MRS_{RC} 还有一个最大影子取值呢？首先，任何一项产权制度都是有一个收益极限的，收益无穷大的制度是不存在的；其次，如果某项产权制度运行的收益极大时，出于机会主义的倾向，人人都只想获得收益而不想负担成本，最终使这项制度无法运行，出现“三个和尚没水喝”的情况。

第七章　海洋渔业资源资产产权效率考量

第一节　海洋渔业资源资产产权制度考量原则与测度流程

一、考量依据

新制度经济学对经济学的最大贡献就在于，它突破了新古典经济学传统的理论假设，把制度不作为既定的外部条件，而是作为可变的内生变量来加以研究。新制度经济学对制度的需求和供给进行分析，也描述了制度均衡问题，但这一学派放弃了主流经济学变量均衡与行为均衡相统一的分析方法，认为制度作为约束人类行为的规则是无法量化的。

而过渡经济学的一个重要观点是，成本是可以量化的重要经济范畴，收益也是如此。既然成本和收益都可以量化，那么，对我国海洋渔业资源资产的产权效率的分析就不能不运用量化的分析方法。然而，产权制度成本的量化关系毕竟不如企业核算中的量化关系那样精确和边界清楚。所以，过度地或过分地强调产权效率计算的准确性是不切实际的。

二、测度原则

（一）社会性原则

海洋渔业资源资产产权的外部性决定对其进行成本和收益测度要站在社会的

角度，全方位地评估成本和效益，从而在保证经济发展的同时，维护社会环境，利于可持续发展。

（二）政策性原则

海洋渔业资源资产产权制度成本和收益的测度要以国家政策和国内外相应的法律法规为强有力的支持。

（三）可操作性原则

各测度指标含义明确，信息集中，数据资料容易获得，计算方法简明易懂。这也是测度过程中的一件重要事情，测度指标的含义必须清楚，如果不清楚，就会影响测度结果甚至使测度无法进行乃至失败。

（四）系统性原则

指标的设计要在合理的基础上尽量地全面，要系统地反映产权效率的测度效果，以确保测度的全面性和可信性，对产权成本收益的计量都要尽量考虑全面，才能提高测度的准确度。

（五）最小差错原则

海洋渔业资源资产产权制度成本和收益测度存在极大的模糊性，特别是交易成本和社会收益的度量。度量模型不可能做到绝对准确，但遵循最小差错原则，做到相对准确。

三、测度流程

海洋渔业资源资产产权效率的测度是一项复杂的工作，因此在确定海洋渔业资源资产产权制度测度的依据后，要进一步明确其测度的流程，以便在实际的操作过程中做到有理可依，以减少不必要的重复环节。

测度的一般流程主要包括以下几个步骤：

（一）确定制度供给者

进行一项制度成本收益分析时首先要明确制度的供给者是谁，成本由谁承担，收益由谁享有。只有当成本的承担者和收益的享有者所覆盖的范围相交或者完全相同时，对制度效率的测量才是有效的。在本书中，海洋渔业资源资产产权制度的供给者是国家。这里要说明的是，一项制度对国家的收益和成本只能体现在它对社会中所有个人的收益和成本，包括（直接的和间接的）总和，并不存在与任何个人的收益和成本无关的社会收益和成本，也不存在无承受主体的收益和成本。因此，从国家角度去分析一项制度的收益和成本，主要是分析它的收益和成本如何分摊给个人。一项制度的收益和成本可以区分为它在创立过程中的收益和成本与它在实施过程中的收益和成本。

（二）确定测度方法

定性方法与定量方法相结合。单纯地使用定性方法评价是可能的，但是不能为产权效率的比较提供可以量度的依据。然而，在定量评价产权效率时，也需要定性研究，帮助分析和理清思路。所以，通常情况下，需要将定性方法与定量方法结合起来。本书中采用的定量方法是成本—收益分析方法，这种方法一般适用于制度效率的测度。

（三）确定成本—收益的计算对象

成本—收益计算的对象是海洋渔业资源资产的产权制度，简单来说就是产权制度的成本—收益核算。

（四）确定成本项目

成本项目是指产权制度制定运行等的费用按照经济用途的分类。海洋渔业资源资产产权制度所发生的所有成本费用均需按成本项目进行归集和分配，通过各个成本项目，可以反映制度制定执行过程中的资金耗费情况；通过成本项目整体，又可以表现出制度成本的经济构成。

（五）确定产权制度收益

制度收益的获取是长期性的（在制度有效期内）。从长期来看，成功的新制度收益必定大于安排新制度的成本。这里所说的收益包括为社会、生态以及解决管理体制问题等所带来的收益。

（六）建立模型

1. 选定因变量和变量（上一章相关因素的分析结果正好提供了这些变量）

建模时变量多而样本数少会导致模型的不准确。所以第一步一定要把变量数目缩减到可以接受的水平上。因变量是说明要分析的东西，变量是要分析的东西和哪些因素有关。

2. 选择函数关系

在线性函数、指数函数、对数函数等一些函数中选定对模型合适的函数。本章选择线性函数是因为线性函数是所有函数的基础，所有函数都可以展开为线性函数和它的高次项。

第二节 海洋渔业资源资产产权制度成本构成与核算

一、海洋渔业资源资产产权制度的成本构成

这里所说的产权制度成本可以理解为制定实施产权的代价或支出。具体到海洋渔业资源资产产权制度，本书认为其产权成本主要包括产权的创立成本和实施成本，这些成本在各种不同产权制度安排上有极大的差异，由此显现了各种渔业资源资产产权安排的制度效率特征。

具体分析如下：

（一）海洋渔业资源资产产权的创立成本（C_1）

产权的创立主要是界定问题。现代产权经济学指出：对产权界定的程度越高，产权就越清晰，外在性和社会成本无人承担的问题就更小些，界定产权支付的交易费用也就更大些。相反，对产权界定越低，产权就越模糊，外在性和社会成本无人承担的问题就更大些，制度收益也会更少些。

随着我国渔业资源情况的日益恶化，海洋渔业资源资产产权模糊的代价越来越大，外在性和社会成本无人承担的问题日益严重。因此海洋渔业资源资产产权的界定十分必要，这里的界定是指在物理与价值形态上给出产权的边界，并使之能够被有关交易者乃至社会识别和承认。界定过程会发生技术成本、信息收集成本、产权分解成本和谈判成本。

1. 技术成本（C_{11}）

因为排他性产权的确立，要求重新进行资产评估，在物理与价值形态上给出产权的边界，以便重新界定当事人的权利和义务，制定新的契约和保护新的社会契约关系的法律规章等。在实践中，有些实物财产的界定面临着很高的成本，以致界定本身是不可能或得不偿失的。在这里主要指成立相应的管理部门，采用新技术通过申请→审核→批复→获取这一程序实现海洋渔业资源资产产权的界定、获取，蕴藏量核定及有关经济权益的核定。

2. 信息收集成本（C_{12}）

现在的所有者和未来的所有者对于渔业资源资产的属性信息均不能完全、完

备地掌握，所以有关的交易成本一定大于零，此时产权就无法被完整界定。随着新信息的获得，渔业资源资产的各种潜在有用性被技能各异的人们发现，并通过交换实现其有用性的最大价值，交易者在做出决策之前，要找到足够数目的交易对象，发现交易机会、了解商品属性（包括数量属性和质量属性）以及其他相关方面的信息。渔业资源产权的信息成本包括数据的采集、渔业资源储量研究和评价以及信息的传播、分配等方面所耗费的成本。

3. 产权分解成本（C_{13}）

产权是一组权力束，是复数的概念。海洋渔业资源资产的产权分解成本实际就是利益分配的成本。分工专业优势和利益分配原则是整合产权主体利益关系而进行权力分割的主要诱因。产权的不同权能可以由同一主体行使转变为不同主体分工行使。分解后的产权单元因增强了权利物的竞争性、排他性、有偿性、市场流转性而实现了帕累托改进的制度激励。产权分解成本主要是不断界定产权主体间的责、权、利、险的利益分配成本（高磊，2009）。

4. 谈判成本（C_{14}）

谈判成本是海洋渔业资源资产各利益方互相抗衡寻找相互妥协的结果所发生的成本支出。一方面包括产权分解过程中利益分配的谈判成本，如配额分配时博弈参与者的博弈行为产生的费用；另一方面包括渔业资产交换过程中的谈判成本。

（二）海洋渔业资源资产产权的实施成本（C_2）

产权制度从潜在转化为现实，新的产权形式在运行和传播过程中不得不付出复杂的制度成本。海洋渔业资源资产产权制度的运行一般遵从制定规则、宣传扩散、奖惩、监督度量成本。

1. 制定规则成本（C_{21}）

海洋渔业资源资产的制定规则成本指有意识创造的一系列渔业法规、规章制度、经济规则等正式制度所花费的支出。所谓产权的制度化就是通过法律和契约的机制，改进和激励个体或组织合法竞争的方式。渔业规则的实施也有一个规模经济的问题，即规则适用范围越广，规则实施的边际成本越下降。

2. 宣传扩散成本（C_{22}）

宣传扩散成本是指通过各种传媒把一种渔业资源资产产权制度介绍给大家并使大家赞成它而花的费用。海洋渔业资源资产产权制度的运行是多数人参与、互动作用的结果。一种产权制度的实施，只有当实验者的人数超过一定的数量，才会发展为多数人效仿从而形成稳定广泛的产权格局。在这个推进的过程中，由于习惯、偏好、意识、价值理念等的不同，要大多数人接受一项新的制度，其花费的努力也是巨大的。我国海洋渔业资源资产产权制度的实施不仅是单纯地制定相关规则，还是在传播、扩散新机制的实验激励、调整原有产权偏好的制度安排中付出更多的内生制度成本。此外，我国海洋渔业是一个地理差异大、渔船等资产专用性强、人力资本专用性也较强的行业，为了执行某种产权制度，无论是当局还是渔民都得进行专门的投资。因此花费在这方面的成本也是产权制度成本的重要组成部分。

3. 奖惩成本（C_{23}）

奖惩成本是指对遵从产权制度者进行褒奖、对违反者进行惩罚所花的费用。任何一种渔业制度都面临着渔民的支持与反对，鼓励现有渔民支持以及获取更多渔民支持都需要花费用。

4. 监督度量成本（C_{24}）

监督度量成本是指监督并度量人们遵循制度的行为所花的费用。海洋渔业资源资产产权制度的监督成本就是所有者保证使用者正常使用海洋渔业资源而开展必要活动的管理成本，如建立地理信息系统（GIS）和地理定位系统（GPS）、派遣巡逻人员、购买巡逻船只等所花费的支出。

二、海洋渔业资源资产产权制度的成本函数

（一）海洋渔业资源资产产权的创立成本函数

产权的创立成本（C_1）函数的公式如下：

$C_1 = f(x_1, x_2, x_3, x_4, x_5, \alpha, \cdots)$

1. x_1——产权制度的性质

产权制度是利益中性的还是利益非中性的直接影响着渔业资源资产产权的界定成本。若是利益中性的，则产权制度的创立过程是帕累托改进的过程。利益相关者中反对的人数少，则谈判费用少。同时创立成本中还包括信息收集成本和部分宣传费用，旨在用于使人们普遍了解新产权制度的利益中性和帕累托的性质。若渔业资源资产产权制度是利益非中性的，则在这种产权制度下遭受净损失的人越多，每人遭受的净损失越大，则反对新制度的人也越多，反对态度也越强烈，谈判费用也越高。

2. x_2——产权制度的基础度

基础度较高的产权制度，由于对整个渔业行业的影响大，其影响所造成的后果的不确定程度高，所以创立成本也大。因为这种渔业制度的建立往往需要更详细的收集，更扎实的组织；反之，基础度较低的制度，其创立成本往往也较低。

3. x_3——产权制度创立的最初条件、创立方式

如果原来的渔业资源资产产权制度是大多数人不太拥护的制度，那么新的渔业资源资产产权制度就不会受到太多的反对，于是谈判费用也就会很低；如果原有的产权制度还不错，令大多数人满意，那么新的产权制度就容易受到很多人的反对，于是谈判费用也就会很高（樊纲，1993）。

如果新的渔业资源资产产权制度是逐步推行的，也就是由点到面推行的，那么在初始的阶段会有较高的收集费用，如果该产权制度是帕累托性质的，那么先期的创立成本较高，后期的创立成本较低，在整个创立过程中，创立成本由高趋低；如果新制度是非帕累托性质的，那么总体来说，先期试点阶段的创立成本相对较低，后期推广阶段的创立成本较高，因为推广阶段遭遇的反对者人数比试点阶段要多（张旭昆，2002）。

4. x_4——科学技术水平

科学技术的进步与否直接影响海洋渔业资源资产产权制度创立的技术成本。先进的科学技术会为收集信息提供多种途径，从而降低信息搜寻成本；而且，技术的进步也会调动个人对渔业资源、权利等重新分配的积极性，从而影响着产权的分解成本。

5. x_5——社会的宽容程度和政治体制

渔民宽容程度高的地方，非制度行为出现的概率较高，受到的压制较少，较容易为渔民所认可和接受，也较容易被广泛传播，从而创立成本也较低；而渔民宽容程度低的地方，由于人们普遍容易对新行为表示抵触和压制，故创立成本势必较高（柯武刚等，2001）。

6. α——其他因素

其他因素如新旧制度交替的失序程度、新制度的适应程度等。

（二）海洋渔业资源资产产权的实施成本函数

产权的实施成本（C_2）函数的公式如下：

$$C_2 = f(y_1, y_2, y_3, y_4, y_5, \beta, \cdots)$$

1. y_1——产权制度的适用范围

适用范围较大的产权制度，其宣传费用就较大；适用范围小的产权制度，其宣传费用往往也较小，把适用于全体渔民的制度与仅适用于某个地区渔民的制度加以比较，就可明了这一点。

2. y_2——与其他制度的关系

与其他制度的关系指该渔业资源资产产权制度与配套组织制度互斥还是耦合。产权制度的发展要求与投资、金融、贸易等其他经济规则和法律政治制度形

成制度互补和制度耦合，从而使渔民的行为激励与行为约束在配套制度间互相配合，接近其意愿目标函数，减少制度破坏的制度挤出和制度互斥成本（高磊，2009）。

3. y_3——实施成本和实施收益的覆盖面

实施成本和实施收益的覆盖面的关系有不相交、不吻合或不对称三种情况（奥尔森，1995）。

不相交是指实施收益的覆盖面与实施成本的覆盖面没有交集；不吻合是指实施收益的覆盖面与实施成本的覆盖面虽然相交，但二者同时也包括对方的余集；不对称是指实施收益的覆盖面或者完全包含实施成本的覆盖面或者完全被后者所包含。

如果每个渔业资源资产产权制度主体得到的实施收益和或承受的实施成本固定，则当收益覆盖面包括成本覆盖面（部分人纯粹受益而另部分人既受益又支付实施成本）时，防止成本最小，因为这时净承受成本者为零，每个受制度影响的人都能从该制度中得到实施收益；当成本覆盖面包括收益覆盖面时，防止成本较低；当两个覆盖面不吻合时，防止成本较高；当两个覆盖面不相交时，防止成本最高。

4. y_4——侵权行为发生频率

如果侵权行为屡屡发生，则监督成本就高，需要花费大量的人力、物力去调查，去解决；反之则少。

5. y_5——渔民的价值观念和知识素质

个人对于一项制度给其所造成的客观境况集合的主观评价取决于他的目标集合，从而取决于他的价值观念或主观偏好以及他的知识（包括经验）素质，个人的价值观念和知识素质是通过他的目标集合影响到他对一项制度的损益判断。由于不同个人的价值观念或主观偏好以及知识（包括经验）素质各有不同，从而对于同一项制度给各个人所造成的客观境况集合的主观评价也将不同（王跃生，1997）。

6. β——其他因素

其他因素如经济状况的复杂程度、其他制度的变化情况等。

因此，如果渔民具有较高的知识素质，则接受新制度的过程就快，逆反情绪就少，落实的成本就低；而如果渔民的知识水平不高，具有很强的劣根性，则很难向下落实新的产权制度，造成成本的极大浪费。

三、海洋渔业资源资产产权制度的成本核算

（一）制度成本估算的一般方法

对于制度成本估算，虽然现实中往往以“交学费”作为遁词，但是目前仍没形成统一可行的方法。理论上而言，评估制度成本首先要弄清楚反事实结果，即若没有这一制度或者其没有发生变化，结果会怎样。通过比较制度改变与不变的影响，可估计出两种状况下的成本差异，并计算出制度对其使用者的影响，一旦反事实结果弄清楚了则可以利用以下五种方法来评估制度成本：①经济计量分析，直接估算产出市场或用生产函数去测度制度变化的影响；②支出测算研究，依靠对不同资源使用者的调查来判定制度成本；③工程成本分析，直接计算新增成本，并随设备质量改变而调整；④生产率研究，用图表方式说明一段时间内实际生产率变化与没有其中一项或更多的政府规制时可能发生的生产率变化之间的差异；⑤一般均衡分析，用一般均衡模型考察完全竞争市场对一项新政策的反应（Guasch and Hahn，1999）。

在现有制度成本研究成果中，有学者设计出决策成本的计算公式，即决策成本 =（目前存在的问题所带来的损失 + 论证过程中耗费 + 决策实施中所耗人力、物力、财力）× 决策全过程所用的时间；也有学者提出制度成本计量的方法包括成本效益方法、统计抽样分析法和模糊分析法等。

（二）海洋渔业资源资产产权制度的成本核算公式

海洋渔业资源资产产权制度作为渔业资源配置的重要制度之一，其研究对象的特殊性使许多损失与效益是无法计算的（如机会、时间、人力的投入，社会公平等收益），精确计算该产权制度的成本收益是相当困难的。这里我们从理论上列出成本核算的公式如下：

$$TRC = \sum_{i=1}^{2} C_i = \sum_{\substack{i=1,2 \\ j=1,2,3,4,5,\cdots}} C_{ij} + \alpha \qquad (7-1)$$

式中，TRC 表示海洋渔业资源资产产权制度的总成本；C_{ij}表示同第二节的成本构成，其中 i = 1，2；j = 1，2，3，4；α 表示其他。

第三节　海洋渔业资源资产产权制度效益构成与核算

一、海洋渔业资源资产产权制度收益构成

成本与收益具有对称性，即一定的成本付出对应于一定的收益形式，而不能用甲的成本去解释乙的收益，或用乙的成本去说明甲的收益。所以，海洋渔业资源资产产权制度的收益也对应着创立收益和实施收益。

（一）海洋渔业资源资产产权制度的创立收益（R）

制度的创立收益是指制度创新成功之后，创立者在获得经济物品和社会身份（声誉、权力）等时的优先地位。创立收益是对产权制度创新所冒风险的一种补偿。

海洋渔业资源资产产权制度的创立收益可以在一定程度上克服人们在产权制度创新过程中的“搭便车”倾向。由于产权制度具有公共属性，制度的收益对于相同角色身份的个人不具有排他性。所以，有理性的经济人往往希望由别人来创立对自己有利的新制度，“搭便车”成为产权制度创立过程中的普遍倾向。而创立收益对这种倾向起着一定的压抑作用，它使参与者和不参与者在收益上有明显的不同，从而激励渔民参与配合制度创新。如果创立收益为零，或更准确地讲是人们预期的创立收益为零，则将不会有很多制度创新者，因为这时只有少数具有利他主义倾向的人会从事和参与有风险的制度创新。

制度创立者承受的创立成本不应当高于其所得的创立收益，否则从广义经济人假设出发，渔民将失去参加该产权制度组织的热情。按照大数定律，这应当是一条通则。有时，个别渔民参与创立新制度的有形收益低于有形成本，这很可能是无形收益丰厚的结果。这种现象并未否定广义经济人假设，只是它不利于狭义经济人假设（即假设人们只追求有形的物质利益），当然现实中也有些制度创立者的创立收益（有形的和无形的）低于创立成本，这可能是个人对创立成本和创立收益预测失误的结果，是有限理性的结果，但也可能是利他主义的结果。

（二）海洋渔业资源资产产权制度的实施收益（R_2）

海洋渔业资源资产产权制度的实施收益是它在实施中给人们带来的各种利益

和效用。其包括的范围很广，主要有：①经济收益，即渔业部门的经济总值。②社会收益，社会对制度的认同感以及制度的运行对社会安定带来的作用，如渔民生活水平的提高、渔民就业机会的增加等。③生态收益主要包括提高海水质量进而使鱼类产出增加带来的收益以及保护生态环境所带来的收益。

1. 经济效益（ER）

$$ER_1 = f_1(Y_1, Y_2, Y_3) \tag{7-2}$$

式中，ER 表示渔业经济部门的经济总值；Y_1 表示影响经济部门生产的资金、物质、劳力、资源等投入要素；Y_2 表示某种产权制度；Y_3 表示地区和时间虚变量。

在不同的产权制度下，海洋渔业资源在各部门和各使用者之间的分配额度和比例是有所差别的。海洋渔业资源作为各个部门生产的一种重要投入品，如果在生产中的投入量发生变化，那么部门的生产总量和生产总值就会发生相应变化，而且资源的生产率也会发生改变。产权制度给经济方面带来的收益主要体现在渔业经济总值的增加。

2. 社会效益（SR）

$$SR_1 = f_1(Z_1, Y_2, Y_3) \tag{7-3}$$

$$SR_2 = f_2(Z_1, Y_2, Y_3) \tag{7-4}$$

$$SR_3 = f_2(Z_1, Y_2, Y_3) \tag{7-5}$$

$$SR_4 = f_4(Z_1, Y_2, Y_3) \tag{7-6}$$

$$SR_5 = f_5(Z_1, Y_2, Y_3) \tag{7-7}$$

式中，SR_1 表示渔民生活水平的收益；SR_2 表示增加劳动力及渔民就业机会的收益；SR_3 表示渔民素养效益；SR_4 表示社会治安效益；SR_5 表示产业结构优化效益；Y_2、Y_3 表示含义同式（7-2）；Z_1 表示影响利益相关者参与海洋渔业资源资产管理的政策、社会、经济、资源、环境等因素。

对于渔民这样的弱势群体，明晰的产权制度可以提高渔民的生活水平，增加渔民的就业和再就业机会，生活稳定了，自然社会治安就好了，这都是社会效益的体现。而不同的海洋渔业资源资产产权制度意味着利益相关者在渔业资源使用过程中利益关系的变化因而导致他们在使用资源行为上的改变，假设渔业资源的产权由中央集权的方式转变为更加民主和分散的权利，那么意味着以前很少有机会参与渔业资源管理的资源使用者（如渔民）将直接或间接地参与到管理中去，提高了渔民的参与程度，其积极性自然会提高。另外，在不同的产权制度下，制度使资源利用者的收益和渔业资源的利用密切相关，节约的海洋渔业资源就可以为渔民带来显著的收益，那么渔民就会有很强的保护资源的意识来想办法提高资源的利用效率。

3. 生态效益（CR）

$$CR_1 = f_1(B_1, Y_2, Y_3) \quad (7-8)$$

$$CR_2 = f_2(B_1, Y_2, Y_3) \quad (7-9)$$

式中，CR_1 表示提高海水质量的收益；CR_2 表示保护生态环境的收益；Y_2、Y_3 表示含义同式（7-2）；B_1 表示影响水质的政策、社会、经济、资源、环境等因素。

二、海洋渔业资源资产产权制度的运行效益与计量

（一）经济效益计量

对于经济效益的计量，一般采用直接计量法。

ER 表示渔业经济部门的经济总值，其公式如下：

$$ER = \sum_{i=1}^{3} ER_i + \alpha = \sum_{i=1}^{3} EN_i \times \overline{P}_i + \alpha \quad (7-10)$$

式中，ER_i 表示第 i 产业的渔业经济总值（按照海洋渔业产业的最新划分，第一产业主要包括海水养殖、海洋捕捞、海洋渔业服务业，第二产业是水产品加工业，第三产业是休闲渔业等）；EN_i 表示第 i 产业的渔业生产总量；$\overline{P}_i$表示平均价格；α 表示其他。

（二）社会效益计量

关于社会效益的计量，可以运用劳动价值法、边际效用法和意愿支付法等统计方法。具体计量方法如下：

1. SR_1——渔民生活水平的收益

渔民的生活水平收益可以包括收入水平效益和居住条件效益。

（1）计量收入水平效益的具体方法为，统计渔区内所有从业人数的收入总和，在这一过程中，需要综合考虑物价提高或降低的额度。公式如下：

$$SR_1' = N \cdot G \cdot r \quad (7-11)$$

式中，SR_1'表示渔民生活水平的效益；N 表示从业人数；G 表示年平均收入；r 表示物价调整系数。

（2）计量居住条件效益的具体计算方法是，根据渔区居民平均居住面积和房屋均价计算总价格，综合考虑调整系数计算总量。公式如下：

$$SR_1'' = X \cdot P \cdot r \tag{7-12}$$

式中，SR_1''表示居住条件效益；X 表示住宅面积；P 表示单位面积均价；r 表示调整系数。

2. SR_2——增加劳动力及渔民就业机会的收益

在某种海洋渔业资源资产产权制度下增加渔民就业机会的收益可表示为每年新增的就业机会及就业人员增加数与该地区年人均工资的平均值加以适当的调整来计算。公式如下：

$$SR_2 = \Delta N \cdot \bar{G} \cdot r \tag{7-13}$$

式中，SR_2 表示增加劳动力及就业效益；ΔN 表示增加劳动力就业人数；$\bar{G}$表示该地区人均工资额；r 表示工资调整系数。

3. SR_3——渔民素养效益

渔民素养效益主要表现在，渔民在海洋渔业资源资产管理中的参与积极性以及渔民保护渔业资源意识的增加。此处以渔区高素质人才的经济收益作为替代量。具体方法是，将渔区大专以上学历人口工资与平均工资差额作为计算基底，综合考虑工资调整系数（徐蕊等，2009）。公式如下：

$$SR_3 = (\bar{G}_1 - \bar{G}) \cdot N_1 \cdot r \tag{7-14}$$

式中，SR_3 表示渔民素养效益；N_1 表示大专学历以上人口数；$\bar{G}_1$表示大专学历人口的平均工资；$\bar{G}$表示社会平均工资；r 表示工资调整系数。

4. SR_4——社会治安效益

社会治安效益是渔民生活稳定从而带来社会治安稳定的效益。社会治安效益的计算方法是，案件发生数量和全社会单位面积案件发生数量之差，结合损失量进行计算。公式如下：

$$SR_4 = (Y - Y') \cdot \bar{L} \tag{7-15}$$

式中，SR_4 表示社会治安效益；Y 表示案件发生数量；Y'表示全社会单位面积案件发生数；$\bar{L}$表示平均损失。

5. SR_5——产业结构优化效益

可通过第一、第二、第三产业部门（海洋捕捞、海水养殖、水产品加工、休闲渔业等）的纯收入（I_j）乘以一个调整系数（K_j）所得之和作为该产权制度对该地区的产业结构优化效益，即

$$SR_5 = \sum_{j=1}^{3} I_j K_j \tag{7-16}$$

由于社会效益的内涵较复杂，单纯以累加数学方法并不能完全反映实际情况，同时各指标间的内涵也不免存在重叠。因此，在对社会效益总量具体计算时

要引入市场逼近系数和有效作用系数，具体模型如下：

$$SR = \sum_{i=1}^{5} SR_i \cdot \lambda \cdot r \quad (7-17)$$

式中，SR 表示社会效益总量；SR_i 表示第 i 种指标效益量；λ 表示市场逼近系数；r 表示有效作用系数。

（三）生态效益计量

关于生态效益的计量常用的方法主要有：支付意愿法、条件价值法、机会成本法、市场替代法、差异计算法等。

1. CR_1——提高海水质量的收益

这里可计算环境污染减少带来的收益。公式如下：

$$CR_1 = PO \cdot S \cdot C \quad (7-18)$$

式中，CR_1 表示提高海水质量收益；PO 表示单位面积污染物排放减少量；S 表示水域面积；C 表示单位面积污染治理成本。

2. CR_2——保护生态环境的收益

核算时采用条件价值法。根据自愿支付值的大小，将其分为 m 个等级，$CR_2 = \sum_{i=1}^{m} N \frac{n_i}{n} X_i$，第一等级的自愿支付值为 0。设第 i 个等级自愿支付平均值为 X_i；第 i 个等级的人数为 n_i；调查总人数为 n，该地区总人口为 N；则可计算出同类地区生态环境美化效益，公式如下：

$$CR_2 = \sum_{i=1}^{m} N \frac{n_i}{n} X_i \quad (7-19)$$

由于文化水平、年龄和工作环境不同，导致审美能力相差甚大，因此，在调查时，选取对象应平衡，以达到公平、准确。

3. 生态效益

生态效益的计量公式如下：

$$CR = \sum_{i=1}^{2} CR_i + \beta \quad (7-20)$$

4. 海洋渔业资源资产产权制度效益的计量

海洋渔业资源资产产权制度效益的计量公式如下：

$$\begin{aligned} TRR &= ER + SR + CR \\ &= \sum_{i=1}^{3} ER_i + \sum_{i=1}^{5} SR_i \cdot \lambda \cdot r + \sum_{i=1}^{2} CR_i + \theta \end{aligned} \quad (7-21)$$

式中，TRR 表示海洋渔业资源资产产权的总效益；其他参数含义同前。

第四节 测度模型的建立

新制度经济学在分析制度效率时主要使用的工具就是成本—收益分析法。新制度经济学的成本—收益分析法提供了一个比较有用也有实际意义的工具。即对具体的产权制度选择或制定政策法规时有着重要的指导意义。但这并不能掩盖其固有的缺陷和资本主义意识形态的色彩，也不能代替马克思主义的历史唯物主义。对于这一点，理论工作者一定要有清醒的认识。

一、建模的优越性

新制度经济学对经济学的最大贡献就在于，它突破了新古典经济学传统的理论假设，把制度不作为既定的外部条件，使制度成为影响甚至决定经济增长的因素，目前，偏重于文科类的经济学、管理学越来越多地利用模型来分析问题。对于建模来说，其真正的作用是抓问题的主要矛盾，即用量化的方式弥补定性分析的缺陷。

二、构建模型的假设

海洋渔业资源资产产权效率模型的构建，基于下面几个假设：

假设1：存在产权制度的行为主体（第四章已详细讨论过）。产权经济学中分析产权制度的主体主要有政府、团体、私人，作为产权制度的行为主体，都是从制度运行中获取自身利益的经济人，诺思把他们统称为组织及其企业家。

假设2：产权制度运行主体进行制度选择的依据是建立在产权效率基础上的，是通过成本—收益分析法计量的。其中包含了经济人的条件。当然产权制度运行主体的收益既包括物质利益，也包括非物质利益，即利益是多目标的。

假设3：产权运行主体的有限理性，即产权主体能按照成本—收益的计算，对各种产权制度做出明智的选择，但是这受到信息的不完整性限制，不可能获得关于周围环境和未来变化的所有信息。

三、海洋渔业资源资产产权效率的测度模型

在本章的模型中，收益和成本都是一个总的概念。关于成本和收益的内涵及构成已经在前文详细讨论过。本节模型是从整体的角度来分析成本和收益的。

（一）产权效率的测度模型

$$E_t=\frac{\text{第 t 种产权制度纯收益}}{\text{第 t 种产权制度总成本}}$$
$$=\frac{\sum_{m=1}^{n}NR_{mt}(1+r)^{-m}}{\sum_{m=1}^{n}TRC_{mt}(1+r)^{-m}}$$
$$=\frac{\sum_{m=1}^{n}(TRR_{mt}-TRC_{mt})(1+r)^{-m}}{\sum_{m=1}^{n}TRC_{mt}(1+r)^{-m}}$$
$$=\frac{\sum_{m=1}^{n}[(ER_{mt}+SR_{mt}+CR_{mt})-\sum_{i=1}^{2}C_{mti}](1+r)^{-m}}{\sum_{m=1}^{n}\sum_{i=1}^{2}C_{mti}\cdot(1+r)^{-m}} \tag{7-22}$$

式中，E_t 表示第 t 种产权制度的产权效率；NR_{mt}表示第 t 种产权制度第 m 年的纯收益；TRR_{mt}表示第 t 种产权制度第 m 年的总收益；TRC_{mt}表示第 t 种产权制度第 m 年的总成本；r 表示社会折现率；n 表示为计算期；其他符号含义同上。

［该式中 TRR 等同于式（6－1）中的 R（u），TRC 相当于 C（u）］

（二）产权效率的比较模型

前文所讨论的都是产权效率的测度模型，是理想中的模型，是静态的模型。在现实情况中更多的情况是产权制度效率的比较，是动态的，因为在一定时期内必然存在一种产权制度，而旧制度被新制度取代就涉及制度变革的成本问题，而且变革的成本是可变化的，有时成本付出较高，有时成本付出较少，与此相联系，动态收益可以理解为，某一新产权制度的收益获取是递增关系，完全的成本和完全的收益表现都需要一段时间。

这部分主要针对不同产权制度的产权效率比较来建立模型。

在某种程度上可以将两种海洋渔业资源资产产权效率高低的比较理解为产权制度是否需要创新的问题，即如果产权制度 A 需要进行制度创新，那么就意味着新产权制度 B 的产权效率高于产权制度 A。沿着这个思路进行如下分析：t 表示某种产权制度；TRR_{mt}（u）表示第 m 年在产权制度 t 下所得的收益；TRC_{mt}（u）表示第 m 年在产权制度 t 下所付出的成本；O_{t_1-2m}（u）表示第 m 年产权制度从 t_1 变为 t_2 的变革成本；α 表示折现系数，以后收益的折现比率；相当于式（7－22）

中的 $(1+r)^{-m}$；$G_{mt}(u)$ 表示在第 m 年运行某项产权制度 t 时，从第 m 年到第 n 年的收益折现到 m 年的现值。

为讨论在某一阶段产权主体的决策，我们分两方面进行探讨。

如在第 m 年不进行制度创新，则从第 m 年到第 n 年的总收益等于第 m 年在旧制度运行下所获得的收入减去该年的成本，加上在第 m+1 年到第 n 年的收益，公式如下：

$$G_{t_1m}(u)=TRR_{t_1m}(u)-TRC_{t_1m}(u)+\alpha G_{t_1m+1}(u) \tag{7-23}$$

若在 m 年进行制度创新，则从 m 年到 n 年得到的总收益为第 m 年在新制度运行下所获得的收入减去当年的运行费用，减去第 m 年制度改革成本，加上第 m+1 年获得的收益，公式如下：

$$G_{t_2m}(u)=TRR_{t_2m}(u)-TRC_{t_2m}(u)-O_{t_1-2m}(u)+\alpha G_{t_2m+1}(u)\quad m=1,\ 2,\ \cdots,\ n \tag{7-24}$$

比较两者的大小，大者为产权主体在第 m 年的决策结果。

从这个模型可以看出，进行制度创新的条件即产权制度 t_2 比 t_1 更有效的条件是：

$$G_{t_2m}(u)>G_{t_1m}(u) \tag{7-25}$$

即可得到：

$$TRR_{t_2m}(u)-TRC_{t_2m}(u)-O_{t_1-2m}(u)+G_{t_2m+1}(u)>TRR_{t_1m}(u)-TRC_{t_1m}(u)+\alpha G_{t_1m+1}(u) \tag{7-26}$$

简写为：

$$\Delta P_{t_2}(u)-O_{t_1-2m}(u)+\alpha G_{t_2m+1}(u)>\Delta P_{t_1}(u)+\alpha G_{t_1m+1}(u) \tag{7-27}$$

变形为：

$$\Delta P_{t_2}(u)-\Delta P_{t_1}(u)-O_{t_1-2m}(u)+\alpha[G_{t_2m+1}(u)-G_{t_1m+1}(u)]>0 \tag{7-28}$$

再简化为：

$$\Delta P_{t_2-t_1}(u)-O_{t_1-2m}(u)+\alpha[G_{t_2m+1}(u)-G_{t_1m+1}(u)]>0 \tag{7-29}$$

假定 $M_{(t_2-t_1)m}(u)=\Delta P_{t_2-t_1}(u)-O_{t_1-2m}(u)+\alpha[G_{t_2m+1}(u)-G_{t_1m+1}(u)]$，$M_{(t_2-t_1)m}(u)$ 表示在第 m 年产权主体创新的动力。

从式（7-29）可以看出，产权制度 t_2 比 t_1 更有效由三个方面的因素决定：一是 $\Delta P_{t_2-t_1}(u)$，即 $\Delta P_{t_2}(u)-\Delta P_{t_1}(u)$，表示产权制度 t_2 优于产权制度 t_1 的收益。它包括两方面的因素，新旧制度在当年不同制度效率所形成的收益差异；由于在制度创新中利益分配格局的变化给产权主体形成的收益。其中由于利益重新分配所形成的落差是明显的。二是 $O_{t_1-2m}(u)$，即制度改革的成本。三是 $\alpha[G_{t_2m+1}(u)-G_{t_1m+1}(u)]$，表示将来不同制度收益差距。$[G_{t_2m+1}(u)-G_{t_1m+1}(u)]$ 为制度之间在改制以后由于效率差异所形成的收益差异。α 为折现系数，表示主体对将来制度创新收益的现有价值估计。将来的收益差距由于其存在的不确定性以及主体的有限理性的存在，导致创新团体中的不同个人具有不同的估计。

第五节　海洋渔业资源资产产权效率的测度方法的应用

一、几个假设

在第三章中已经对我国现行的渔业制度安排进行了详细介绍，这部分主要对各制度的产权效率进行比较分析。

根据式(7－22)，$E_t = \frac{\text{第 t 种产权制度纯收益}}{\text{第 t 种产权制度总成本}} = \frac{\sum_{m=1}^{n} NR_{mt}(1+r)^{-m}}{\sum_{m=1}^{n} TRC_{mt}(1+r)^{-m}}$

可以作如下证明：

（1）假设一定时期内不同制度的收益一定，即 TRR 一定，$TRR_1 = TRR_2$，那么当制度 1 的成本大于制度 2 的成本，即 $TRC_1 > TRC_2$ 时，

得出：

$-TRC_1 < -TRC_2$

$TRR_1 - TRC_1 < TRR_2 - TRC_2$

由于：

$TRC_1 > TRC_2$

得出：

$$\frac{TRR_1 - TRC_1}{TRC_1} < \frac{TRR_2 - TRC_2}{TRC_2}$$

即：

$E_1 < E_2$

可以得出，当收益一定时，产权成本高的制度其产权效率低；反之亦然。

（2）假设一定时期内不同制度的成本一定，即 TRC 一定，$TRC_1 = TRC_2$，那么当制度 1 的收益小于制度 2 的收益，即 $TRR_1 < TRR_2$ 时，

得出：

$TRR_1 - TRC_1 < TRR_2 - TRC_2$

得出：

$$\frac{TRR_1 - TRC_1}{TRC_1} < \frac{TRR_2 - TRC_2}{TRC_2}$$

即：

$$E_1 < E_2$$

可以得出，当成本一定时，产权收益低的制度其产权效率低；反之亦然。

下面就对各种制度安排的效率进行比较。目前用具体的数字测度产权效率的可能性很低，张五常认为可以用序数思考，如果只是解释行为或现象，只看序数的升降就可以了。

二、我国现行渔业制度安排效率的比较

在第三章中已经对现行的渔业制度安排有了一定的了解，在这一节中，主要对各种制度效率进行比较分析。

（一）通过成本比较分析

我国现行渔业制度安排产权成本比较如表7－1所示。

表7－1　我国现行渔业制度安排产权成本比较

<table>
<tr><th colspan="2"></th><th>捕捞许可证制度</th><th>休渔制度</th><th>捕捞限额制度</th></tr>
<tr><td colspan="2" rowspan="2">创立成本</td><td colspan="3">技术成本、信息收集成本、谈判成本等</td></tr>
<tr><td>高（除了掌握资源状况的总体信息和渔具渔法基本信息外，还必须要有关于鱼群结构、分布的信息，单个渔民作业类型、区域、渔具渔法的信息等；涉及的利益集团多，谈判成本高）</td><td>低（需要收集的信息相对较少，主要掌握各海区的资源状况的总体信息和渔具渔法基本信息；涉及的利益集团少，谈判成本低）</td><td>较高（为确定科学的总允许捕捞量标准，除要掌握关于特定品种的鱼群和总体资源状况外，还要掌握其繁殖、生长、死亡等信息；初始配额分配时谈判成本高，后逐渐减少）</td></tr>
<tr><td>实施成本</td><td>宣传扩散</td><td>高（委托—代理链较长，代理关系复杂，捕鱼权的层层审批和为“双控”限额展开的地区间争夺不仅直接增加代理成本，而且可能导致地方保护主义，使组织机构多、规模大、向下传达宣传所花的费用高）</td><td>低（委托—代理链较短，不存在层层审批和为许可证限额（“双控”限额）展开的地区间争夺，主要任务是各级渔政、港监对休渔海域的监督，由于结构简单，向下传达的成本费用低）</td><td>较低（注重对产出的渔获物进行控制，可以减少许多中间组织和环节，缩短了委托—代理链，将政府职能从控制转向监督，可以节省实施成本）</td></tr>
</table>

续表

		捕捞许可证制度	休渔制度	捕捞限额制度
实施成本	监督成本	高（需要根据许可证对作业类型、捕捞品种、限额等进行分类和计量，对约 30 万艘渔船的渔获物进行计量的成本是可想而知的；对数量众多的渔船是否按许可证对作业海域、类型、渔具种类及数量、捕捞品种等进行监督检查，并对违规行为进行鉴别和处罚，成本十分高昂）	低（由于渔船都进港了，不需要或很少对休渔期间的渔获物进行分类、计量，因此计量成本很低；监督渔船禁止出港的情况很容易，通过雷达和少量监督船就能进行有效监督，对违反休渔制度的行为极易发现并实施处罚）	高（渔业解禁日起，到渔获量达到 TAC 而中止作业为止，要对获得配额的渔船的捕捞品种、捕捞数量等进行计量、监督，操作复杂困难，不仅涉及渔政部门的监督，还需要港监、工商部门的监督）
	强制执行成本	较低	非常高（休渔期间，强制渔民服从休渔规定的成本很高，同时停止渔业生产几个月，其间不能获得经济来源，机会成本较高）	低

从上面分析可知，休渔制度的总产权成本相对较低，在产权收益一定的情况下，其产权效率最高。

（二）通过收益比较分析

1. 捕捞许可证制度

（1）20 多年的捕捞许可制度，捕捞渔船的功率增长幅度由“八五”期间的 43%下降到“九五”期间的 36.7%，渔船数量则由 10%的增长幅度转为减少 16.4%的负增长，捕捞强度盲目增长的势头得到了有效遏制。

（2）推动了渔业管理的相关基础工作。一是增强了全社会保护渔业资源、走可持续发展道路的意识；二是促成了渔船普查、摸清家底；三是对“三无”渔船实施了全面清理整顿，整顿了捕捞秩序。

（3）推动了相关渔业法律法规的建立和完善。一是不断修改和完善了渔业捕捞许可制度，2002 年农业部“19 号”令颁布了《渔业捕捞许可管理办法》，完善了渔船准造、更新改造、购买等各环节的管理措施。二是建立了渔船报废制度。为进一步加强渔业船舶管理，降低捕捞强度，对捕捞渔船实施强制报废，2000 年农业部颁布了《渔业船舶报废暂行规定》。

（4）建立了一系列相关制度。一是建立了地方政府工作责任制。为了切实控制捕捞强度，国务院批复同意的《2003～2010年海洋捕捞渔船控制制度实施意见》，首次建立了政府工作责任制。国务院要求建立由省级主管领导牵头，相关职能部门参加的领导小组和工作责任制，将其纳入各级政府和有关部门的目标责任制考核内容。二是建立了签发人制度。为改变以往签发渔业捕捞许可证不规范、随意性大、责任不明确等突出问题，农业部颁布的《渔业捕捞许可管理规定》对《渔业船网工具指标申请书》《渔业船网工具指标批准书》《渔业捕捞许可证申请书》和《渔业捕捞许可证》的审核、审批和签发实行签发人制度，签发人负责审核并对内容的真实性和合法性负责，明确了签发人的行政责任。三是出台了海洋捕捞减船转产政策。从2002年起，国家每年安排2.7亿元专项资金用于海洋捕捞渔民减船转产。据统计年鉴显示，仅2002年全国海洋渔业机动渔船就比2001年减少了3821艘、425021千瓦，减船转产政策的作用开始显现，为有效核减海洋捕捞力量奠定了物质基础。

2. 休渔制度

我国实行全面伏季休渔已经10多年，伏季休渔制度已成为在国内国际具有较大影响的渔业管理制度。实行伏季休渔制度的主要目的是加大对海洋渔业资源的保护力度，实现渔业可持续发展。应该说，整个休渔制度实施期间基本达到了“船进港、网入库、人上岸、证集中”的要求，取得了一定的经济效益、生态效益及社会效益。

（1）经济效益方面

1）通过休渔提高了单位捕捞努力的渔获量，捕捞总量显著增加。据调查，东海区单位捕捞力量渔获量由休渔前的0.7吨/千瓦提高到休渔后的0.9吨/千瓦左右，其中小黄鱼提高了2.3倍。休渔后不但产量增加，而且优质经济鱼类增多，休渔前后相比，小黄鱼产量增加了2.5倍。产量的提高、优质经济鱼类的增多，使经济效益明显提高。通过休渔，黄渤海区三省一市的年平均产值增加了40亿元，增长30%。同时，休渔期间，渔船不出海，节约了大量人力、物力和财力，降低了生产成本。黄渤海区每年休渔可节省成本约10亿元，东海区由于休渔生产成本降低20%以上，仅柴油就节约50多万吨，约12亿元。①

2）捕捞时间缩短，生产成本降低。从伏季休渔的实施情况来看，休渔并未造成海洋捕捞产量和渔民收入水平的下降，休渔期间损失的捕捞产量通过秋冬汛生产，获得了有效补偿并有所增加。由于缩短了休渔渔船作业时间，减少了渔需物资的消耗，反而降低了捕捞生产成本，增加了单位能耗渔获量，提高了捕捞生产效益。据东海区不完全统计，仅休渔期间减少柴油消耗成本一项，每年可节约

① 泉州信息网，伏季休渔效果好，http：//www.qzsc.com/scnews/n23.htm。

柴油50多万吨，节约生产成本约375亿元，同时休渔渔船的单位能耗渔获量也得到大幅度提高。以“沪金渔7111号”拖网监测船为例，1992～1994年的6～12月，每年7个月的生产时间每吨柴油的平均渔获量为1.06吨，而实施休渔后的生产时间为9～12月仅4个月，但每吨柴油的平均渔获量增加到2吨，较休渔前的平均水平提高了88.68%。

（2）社会效益方面。

1）渔民的综合素质提高、观念改变。休渔期间通过对渔民的法律法规和技能培训，开展修船补网、旅游观光等文化活动使渔民的法制观念、科学文化素质、生活质量、渔船生产安全性和捕捞效率都得到一定程度的提高，保护资源的观念越来越强，传统捕鱼观点和作业习惯发生根本转变。伏季休渔还为清理“三无”渔船、“三证不齐”渔船和非法渔具这些“老大难”问题提供了良好的机会。

2）就业渠道拓宽。过去，大部分渔村劳力多为捕捞渔民，就业门路狭窄，只有下海捕鱼一条路，出海捕鱼的渔民传统没有渔闲的日子，年年月月在海上劳作，没有农（渔）忙和农（渔）闲之分。伏季休渔制度的实施对渔民传统观念产生了较大的影响，一是通过伏季休渔期间举办的各种类型的渔业法规、技术、船员培训班提高了渔民的综合素质水平。二是促进渔民群众就业观念的改变。伏季休渔使部分渔民跳出了单一捕捞的局限，在日趋增多的各种经营行业中选择新的工作，如参与水产养殖、水产品贩运、后勤供给等，既增加了经济收入，又有利于渔业资源休养生息（李国华）。

（3）生态效益方面。每年两个半月到三个月的休渔，使庞大的捕捞能力闲置，给产卵鱼类和幼鱼群体一定繁育生长的时间和空间，使资源得到休养生息和一定程度的恢复，资源量有所提高，海洋渔业资源衰竭的势头得到一定的遏制。特别是禁止了高温期对底栖群落的扰动，扩大了资源种类的多样性。如东黄海带鱼、大小黄鱼、鲅鱼等一些主要经济鱼类的资源量有所增加，种群结构得到改善。在南海出现了外省鱼类进入近海的情况，产生了良好的生态效益。

3. 捕捞限额制度

（1）经济效益方面。

1）减少不确定性和风险。由于渔民持有的配额是一种有价资产，市场交易将实现其价值。配额的持有者通过出售全部或部分配额，渔民可以自主地决定是否继续从事捕捞或者从事其他一些工作以此减少对渔业的依赖性，并获得一定的补偿。因此，捕捞限额制度有助于改善捕捞经营的稳定性，减少渔业投资的不确定性和风险。

2）市场交易使经济价值增加。如果允许配额进行转让，那么在交易过程中市场机制最终将导致配额集中到在捕捞作业方面最具优势的个人或团体手中，从而使捕捞总成本最小化以及渔业资源租金最大化，渔业的整体利润将会得到提高。但是如果捕捞配额过度集中在少数渔民或捕捞公司手中，可能会形成渔业行业的垄断，这对于鱼类消费者、其他渔民和捕捞公司都是不利的（方芳，2009）。

（2）社会效益方面。

1）渔民或渔业企业可以根据渔业资源量的水平和水产品市场的供求状况，合理规划不同时期的渔业生产，有利于维持水产品市场供给的稳定。

2）由于将渔获努力量分散到更长的时间内，在特定时间范围内在渔场作业的船只数量将会减少，避免渔场出现过度拥挤的情况。由于不需要抢捕，渔民能够更好地保养与维修渔船并选择在最有利的捕捞条件下出海作业，使海上作业安全系数得到有效的提高。

（3）生态效益方面。由于对兼捕的渔获物处理需要花费一定成本，渔民在作业过程中会更加仔细，减少渔获物的丢弃对海洋环境造成的污染。

捕捞限额制度规定每年最高的上岸渔获量不能超过总可捕捞量规定的数量，同时该制度保证了每一持有者获得一定数量的配额，这一制度一方面实现了保护渔业资源的目标；另一方面由于明确的产权在一定程度上弱化了海洋渔业资源的非排他性和外部性，消除了竞争性捕捞的诱因。在竞争性捕捞诱因消除的同时，配额持有者为了使手中的配额增值，有足够的动机来保护渔业资源，这将促使渔民自觉地养护资源，协助渔业管理机构对种群进行保护。

我们很难进行明确的比较海洋渔业资源资产产权制度的收益，通过上述分析，可以认为禁渔制度和捕捞限额制度都产生了一定的效益，而实际上，我国还并未真正地实施捕捞限额制度，其绩效只能在已经成功实施并取得了良好效果的国家的实践中获知，是一种预期效益。捕捞限额制度尤其是其中的个人可转让配额（ITQ）制度是适应国际渔业管理发展趋势的制度安排。

第八章　海洋渔业资源资产产权效率提升

第一节　海洋渔业资源资产产权效率优化的目标与意义

一、海洋渔业资源资产产权效率优化的内涵

海洋渔业资源资产作为一个特殊的生产要素，具有自然资源和资产的双重属性。作为一种资产和生产要素，其配置的效用性目标应十分清晰，在遵循海洋渔业资源资产自然属性和规律的前提下，以有限的资源满足社会经济发展的需求。

海洋渔业资源资产产权效率优化就是通过改变原有制度下的海洋渔业资源资产产权制度格局，包括重新划分、界定产权或改变产权划分、界定和保护的规则，使产权的功能状态发生变化，优化产权的功能，达到使有限渔业资源在全社会范围内得到合理利用，提高海洋渔业资源资产的资源配置效率和产权的激励约束效率，从而实现渔业产业协调发展，并满足社会不断增长的需要的过程。

海洋渔业资源资产产权效率优化是一个相对的概念，它不是指海洋渔业资源资产产权效率水平的绝对高低，而是在经济效益最优的目标下，根据本国或本地区的地理环境、资源条件、经济发展阶段、科学技术水平、人口规模、国际经济关系等特点，通过产权制度的调整使之达到与上述条件相适应的海洋渔业产业协调发展的状态。

二、海洋渔业资源资产产权效率优化的目标

一项制度安排是支配经济单位之间可能合作与竞争方式的一种安排，目标是

提供一种结构使其成员的合作获得一些在结构外不可能获得的追加收入，或提供一种能影响法律或产权变迁的机制，以改变个人或团体可以合作竞争的方式。海洋渔业资源资产产权效率的优化应该从法律和经济发展的角度出发，把促进海洋渔业资源资本化和市场化作为目标。结合前文对我国海洋渔业资源资产利用中出现问题的分析，具体看，优化海洋渔业资源资产产权制度应该有利于实现以下目标：

（一）海洋渔业资源资产产权效率优化的目标是多重目标的结合

对于政府来说，重要目标是尽快改善与促进海洋渔业相关产品的供给与需求矛盾，从而减轻对海洋渔业资源本身的威胁；而对于渔业企业与经营主体渔民来说，必须要有利益的激励。因此，要保证海洋渔业资源资产产权的高效，就要兼顾渔民（包括渔业企业）利益与政府利益，协调渔民利益、集体经济、渔业可持续发展的关系。

（二）实现海洋渔业资源资产的可持续发展

随着人类对海洋渔业资源需求的不断增加，渔业资源的有限性变得日益突出，实现海洋渔业资源资产开发利用的社会平等由此也凸显出来。我国海洋渔业资源资产开发中最突出的问题是，在很多情况下，以不可持续的方式利用海洋渔业资源资产，从而导致海洋生物资源衰退和海洋环境破坏严重等后果。但是，基于海洋渔业资源资产的有限性和海洋环境的脆弱性，海洋渔业资源资产的开发利用必须遵循可持续发展原则，这是海洋渔业资源资产开发利用的唯一出路。海洋渔业资源资产产权制度的目标之一，就是通过明晰海洋渔业资源资产的产权并通过有效实施，调整所有者、使用者等主体之间的矛盾和冲突，减少对海洋渔业资源资产的掠夺性开发，维护海洋渔业资源资产的可持续发展。

（三）实现海洋渔业资源资产的社会公平性配置

长期以来，由于我国海洋渔业资源资产产权不清晰，许多人对海洋渔业资源资产的所有权和使用权问题模糊不清，争占资源的纠纷乃至械斗事件时有发生。海洋渔业资源资产的这种不公平配置状况，不仅扰乱了我国海洋渔业资源资产开发利用的正常秩序，阻碍了渔业资源资产的合理开发，而且也带来了一定的社会不稳定因素。因此，优化海洋渔业资源资产产权效率的目标之一，就是实现渔业海洋资源资产的社会公平性配置。具体地讲，就是兼顾海洋渔业资源资产开发利用活动的历史继承性和当地的就业格局，将海洋渔业资源资产公平合理配置，实现渔业资源资产利用中各方利益的协调和统一。

（四）提高海洋渔业资源资产的配置效率

西方产权经济理论系统研究了产权界定和明晰对资源配置效率的影响。科斯认为，资源配置的外部效应是由于人们交往关系中所产生的权利和义务不对称，或权利无法严格界定而产生，市场失效也是由产权界定不明所导致的。在研究产权交易的外部性时，科斯全面分析了产权明晰化在市场运行中的重要作用。他认为，产权的主要经济功能在于克服外部性，降低社会成本，从而在制度上保证资源配置的有效性。因此，针对海洋渔业资源资产的准公共物品属性要从根本上解决海洋渔业资源资产的过度开发利用和防止公地悲剧的发生，就必须建立明确的海洋资源资产产权制度，从制度上保证海洋资源资产的高效配置和合理利用（贺义雄，2008）。

三、海洋渔业资源资产产权效率优化的意义

（一）海洋渔业资源资产产权效率优化可以有效解决“体制失效”问题

诺思·托马斯（中译本，1989）通过对西方经济史的研究得出结论：有效率的经济组织是经济增长的关键，有效率的组织的产生需要在制度上做出安排和确立产权，以便对人的经济活动产生激励效应：根据对交易成本大小的权衡使私人收益接近社会收益。由此说明，政府采取有效措施优化海洋渔业资源资产产权制度，其中最重要的内容之一就是达到资源利用的利益最大化。但是就全国而言，虽然制度变迁的总体收益小于运行成本，但由于各利益群体获利的不均衡性，诱致性制度变迁并不容易发生，且易因有时制度变迁需要集体行动而产生“搭便车”的问题，这就需要中央政府主导进行强制性的产权制度变迁，使得政府在作为游戏规则的制定和修改的过程中会着重考虑渔业资源的合理配置，以及其自身存在的问题，而进行有效的政治管理体制的改革，解决出现的体制失效问题，通过政策扶持等有效措施来降低海洋渔业资源资产产权制度变迁的运行成本。

（二）海洋渔业资源资产产权效率优化降低交易成本

人们选择任何一种经济手段的重要标志之一就是依据交易费用的大小来决定和选择，凡是能够大大降低交易成本，减少交易冲突与摩擦的经济手段必然会给交易双方带来福利的改善，因而这种经济手段必然也是人们的最佳选择。由于交易成本的可变性，使得优化海洋渔业资源资产的产权效率成为可能。

首先，在市场体制中，交易行为的发生往往以交易者独立平等的地位和身份

为前提，从而实现利益主体和行为主体的统一。通过优化产权制度，使得交易的双方利益最大化有了制度保证，从而使交易者的利益要求和满足利益要求的行为很好地结合起来，根本不需要支付更高的交易费用。

其次，优化海洋渔业资源资产的产权效率，通过对海洋渔业资源资产产权的界定和维护以及国家对渔业资源相关政策的出台，为加快水产品市场的形成提供强有力的制度安排和游戏规则。这一套制度和规则可以确保交易双方当事人在追求自身利益的同时，尽量不损害他人的利益，防止损人利己行为倾向，从而使交易费用得以最小化。

（三）能够形成海洋渔业资源资产保护的激励机制

要使渔民保护海洋渔业资源资产，必须使渔民保护渔业资源的收益超过成本，如果渔民在保护资源方面不能带来收益，那么渔民就缺少保护资源的动力。而如果国家的政策制度有利于渔民节约海洋渔业资源资产，使渔民获得合理的经济收益，那么利益驱动就会使保护海洋渔业资源成为渔民的自觉行动，同时提高效率和效益。

（四）提高海洋渔业资源资产的价值（经济价值、生态价值）

海洋水体本身及其所赋予的环境是一个可循环的生态系统，对于维护整个地球环境起着至关重要的作用。实际上，海洋渔业资源的经济价值与环境价值是相互依存、相互影响的。如果没有一个界定良好的渔业产权制度，就会导致海洋渔业资源资产的不合理利用，失去可持续发展的基础。目前我国出现的水质污染、生物资源流失、生态环境的恶化正是我国海洋渔业资源模糊产权的直接后果。在我国，海洋渔业资源所有权人所代表的实际上是不特定的全体公众，给定相应的监督成本，个人监督所带来的收益由全社会共享，个人缺乏监督的激励，何况监督成本实际上很高，产权模糊的结果就是导致人人有权监督但人人不会监督的局面。因此，优化产权制度，明晰产权结构是海洋渔业资源资产管理的重中之重。

第二节 海洋渔业资源资产产权效率优化的标准与要求

一、渔业资源资产产权效率优化的标准

要选择一种有利于海洋渔业资源最优化配置的产权制度，首先必须对产权效

率进行优化。理论和事实都不止一次地证明：不同的产权制度安排的效率是迥然不同的，产权与效率之间的关系是微妙的。一个良好的海洋渔业资源产权制度必定是有利于最优化地配置海洋渔业资源、最大化地提高经济效益的制度。

在经济学领域，资源配置的效率就是这样一种状态：在现存社会的优先资源条件下，一种资源配置方案在不损害他人福利的前提下，已经使某人所获福利达到了最大化，除此之外没有任何一种方案可以实现这一目标。也就是所谓的帕累托最优型资源配置。而在产权经济学领域，帕累托最优型资源配置状态则应该指这样一种产权制度安排：这种产权制度已经使整个社会的收益达致最大化，除此之外，再无任何一种产权制度安排能够实现最大限度地发挥现有资源潜能的目标。

帕累托最优型资源配置只是描绘了一种最优制度安排的总体性社会效果，对制度本身的优劣并未给出具体的评价标准。这就使得立法实践中很难把握一个统一的尺度，只能将设计的制度安排付诸实施，然后从其产生的社会后果来做“事后诸葛亮”式的评价。如果所做的制度安排产生了良好的社会效益，损坏性的社会后果尚可避免；如果所做的制度安排本身具有缺陷，因此产生了不良的社会效果，再做亡羊补牢式的修正甚至予以全盘否定，势必造成社会资源的巨大浪费，甚至造成难以挽回的社会损失。这就需要制定产权的效率标准来弥补这一缺憾。根据科斯的交易成本理论，最优化的产权制度应该是以最小的交易成本取得最大的社会效益，实现成本和收益的内部化。具体可有以下几个标准：

（一）产权的全面性也即产权的普遍性

全面性要求对所有的社会资源都做出明确的产权界定，不能有所遗漏。因为一旦资源成为无主物，就必然会遭到掠夺式地无节制利用，其后果就是这部分资源由于被浪费而难以得到有效利用，难以发挥其本身的潜能。产权全面性的意义在于使所有的资源都得以有效利用、避免浪费（冯军，2007）。

（二）产权制度中的核心权利束的完整性和明晰性

完整性意味着产权制度中的核心权利束的完备情况，其中使用权是基础，少了收益权就失去了激励，缺了处置权就少了效率。明晰性指产权中所包含的各种选择权能够得到明晰的界定。明晰即产权中包含的各种权利有实在的含义，归属于特定的主体，能够指明权利主体行使权利的方式，如何时、何地、如何使用等。

（三）产权的排他性也即产权的绝对性

排他性要求产权人具有排除他人对其产权进行干涉的权利，一个产权只能存在一个产权人，除产权人外，任何人不得对资源享有使用和收益的权利。产权排他性的意义在于将成本和收益内部化，激励产权人有效利用产权。

（四）产权的可转让性

可转让性是允许产权在市场上流通，从而实现产权在不同所有人之间进行转移。因为不同的产权人对产权的利用方式不同，产生的效益也不一样，允许产权自由转让，有利于其从低水平利用者手中转向高水平利用者手中，从而使其利用效率更高，所获社会效益更大。同时，产权的可让予还会使多个产权合并到一个产权，掌握在一个产权人手中，从而实现产生更大规模的产权利用模式，实现产权的重组，而产权的效率又与产权的规模有直接的关系，在一定限度内，规模越大，产权的效率越高（高德步，1999）。

（五）产权制度的执行机制运作良好性

产权制度由规则部分和执行部分组成，其中执行部分给规则部分提供保护和调节。良好运作的执行机制可以给产权制度的参与者提供稳定的行动预期，激励个体行为。而良好运作意味着执行成本低，因此可行性强。如果执行机制不灵，产权的规则则得不到有效遵守。

（六）产权制度的稳定性情况

因为产权制度是通过消除经济活动中的不确定性，形成对个体进行经济活动的激励来提高经济效益的，所以产权制度的稳定性有利于个体形成稳定的预期。产权制度任何形式的改变都会面临产生额外不确定性的风险。这对个体而言等同于减少行动激励。而制度变动产生的调整成本实际上也对冲了交易成本的减少（夏海波，2007）。

在上面诸多标准中，产权的排他性和可转让性是决定产权制度效率的关键标准，这两方面决定了产权的完整程度，达到了这两方面的要求，产权人也就具有了对资源的使用权、转让权和收益的享用权。而产权制度效率的直接决定因素也在于产权是否完整，只有使产权主体拥有完整的自由处理产权和完全享有收益的权利，才能真正激发其有效利用资源的积极性，进而提高整个社会的收益。

二、渔业资源资产产权效率优化的要求

（一）公平与效率的平衡

科斯定理表明，只要产权界定清晰，市场交易成本较低，无论最初的产权如

何配置，资源的利用总是可以通过市场交易达到最优状态。但是产权界定只是解决资源配置效率问题的一种途径，被科斯忽略了的问题是社会公平问题。不同的初始权利配置方式会导致财产权在社会各成员之间不同的分布状态，财富的分配有可能是较均衡的，也可能是差距悬殊的。由于不拥有产权的高效率资源使用者必须通过付费才能从所有者那里获得使用权，因此财富分配的差距悬殊必然导致收入分配的差距悬殊和社会贫富的两极分化，而严重的收入分配不公平又会反过来干扰经济运行的秩序，进而降低经济效率。所以在产权制度效率优化中必须注意公平与效率之间的平衡（沈晓梅，2004）。

（二）权利与责任的明确和稳定

解决权利与责任明确性最关键的问题在于禁止对渔民的乱收费、乱摊派。除国家法律和有关政策规定的税费外，其他任何单位以及政府代理机构不得强加负担于产权持有者。

权利稳定性的核心在于维护渔民利益的稳定性。

（三）潜在利润的内在化

所谓潜在利润就是外部利润，是一种在已有的制度安排结构中，主体无法获取的利润。由于潜在利润的存在，就必然产生潜在的利益集团。在最初的制度失衡时，其获利的可能在短期内并不容易显现，潜在的利益集团也可能由于信息等原因而没有意识到获利机会。但当制度失衡长期存在并且潜在利润不断扩大时，潜在的利益集团就有动力通过各种方式与国家进行谈判，这时改变原有制度供给的成本—收益结构，就会刺激制度的进一步变迁以获取潜在利润。

第三节 海洋渔业资源资产产权效率优化的方法与模型

一、海洋渔业资源资产产权效率优化方法

本书所运用的是线性规划方法。线性规划方法是资源配置中的一种有效方法，是一种确定的静态模型，该法是优化配置建模中最常用的一种方法，它具有求解很多方面问题的能力，除了解决一些线性问题之外，通过使用对数法等方法

还可以解决一些非线性问题。它的基本思想是首先用主导效益作为目标，再将其他效益作为约束，建立优化数学模型，经计算机处理可取得优化的结果。资源利用优化配置模型就是求解一组变量 $X=(x_1, x_2, \cdots, x_n)^T$，它表示各种资源利用结构数量，应满足约束条件：

$$\begin{cases} a_{11}x_1 + a_{12}x_2 + \cdots + a_{1n}x_n \leqslant b_1 \\ a_{21}x_1 + a_{22}x_2 + \cdots + a_{2n}x_n \leqslant b_2 \\ \vdots \\ a_{m1}x_1 + a_{m2}x_2 + \cdots + a_{mn}x_n \leqslant b_m \end{cases} \tag{8-1}$$

并使目标函数 $Z = c_1x_1 + a_2x_2 + \cdots + a_nx_n$ 达到最大。

式中，a_{ij}表示 i 个约束方程中第 j 个变量的约束系数；b_i 是第 i 个约束常数，是目标函数中第 j 个决策变量；c_j 是目标函数中的第 j 个变量的系数。模型简记为：

$$\text{MaxZ} = CX$$

$$\begin{cases} AX \leqslant B \\ X \geqslant 0 \end{cases}$$

$$C = (C_1, C_2, \cdots, C_n),\ X = (X_1, X_2, \cdots, X_n)^T$$

$$A = \begin{bmatrix} a_{11}, & a_{12}, & \cdots, & a_{1n} \\ a_{21}, & a_{22}, & \cdots, & a_{2n} \\ & \vdots & & \\ a_{m1}, & a_{m2}, & \cdots, & a_{mn} \end{bmatrix}$$

$$B = (b_1, b_2, \cdots, b_m)^T \tag{8-2}$$

二、海洋渔业资源资产产权效率优化模型

根据基于海洋渔业资源资产产权净效益思想的优化配置机制和海洋渔业资源资产开发利用的约束准则，以产权制度净效益最大化为目标函数，以生存条件约束、承载能力约束和公平性约束组成约束空间，构造出海洋渔业资源资产产权制度配置方案生成模型。模型数学表述如下：

（一）目标函数

海洋渔业资源资产产权净效益最大化，公式如下：

$$\text{maxNR} = max\sum_{t=1}^{n}\frac{NR(m,t)}{(1+r)^m} \tag{8-3}$$

式中，m 表示年份；NR（m，t）表示第 t 种产权制度第 m 年净收益；r 表示

折现率；n 表示计算期总年数。

（二）目标函数的约束条件

1. 生存条件约束

海洋渔业资源资产产权制度的净效益、渔业资源捕捞量必须满足渔民生存的最低需求。即：

$NR(m) \geqslant NR_{min}$（对社会经济系统的要求） (8-4)

$SP(m) \geqslant NE_{min}$（对渔业资源自身的要求） (8-5)

式中，NR_{min}表示满足渔民最低生活标准所需的净效益；SP（m）表示第 m 年渔民对渔业资源资产的总捕捞量；NE_{min}表示满足渔民需求的最低渔业资源资产数量。

2. 承载能力约束

海洋渔业资源资产可捕量必须在资源承受能力范围内，否则就会破坏生态系统，造成资源衰竭，同时污染物的排放量不能超过海水的环境容量。即：

$SP(m) \leqslant \min[TG(m)_{max}, TS(m)_{max}]$ (8-6)

$PO(m) \leqslant K(t) \cdot PI(m)$ (8-7)

式中，$TG(m)_{max}$表示第 m 年渔民拥有工具的最大的捕捞能力量；$TS(m)_{max}$表示第 m 年渔民的最大可捕量；PO(m)表示第 m 年的污染物排放量；PI(m)表示第 m 年的海水环境容量；K(t)表示第 m 年的污染物允许超标的倍数，它与科技进步和经济发展水平有关。

3. 公平性约束

海洋渔业资源资产分配的公平性可借用经济学中的基尼系数的概念来测度。基尼系数是国际上用来综合考察居民收入分配平均程度的一个重要指标。基尼系数（G）的计算公式（胡祖光，2004）如下：

$$G = \frac{1}{N}\sum_{i=1j=2}^{N}\sum_{j>i}^{N}\left(\frac{I_i}{I} - \frac{I_j}{I}\right)$$

$$= \frac{1}{NI}\sum_{i=1j=2}^{N}\sum_{j>i}^{N}(I_i - I_j) \quad (8-8)$$

式中，N 表示全社会成员或阶层总数；I 表示全社会所有成员或阶层的收入之和；I_i、I_j 分别表示第 i、第 j 个成员或阶层（每个阶层的成员数相同）的收入。

基尼系数公式的经济意义是：通过计算全社会任何两个成员（或阶层）之间的收入比率之差来考察收入分配的差异程度。基尼系数介于 0 ~ 1，基尼系数越小，表明收入水平越趋平等；基尼系数越大，表明收入分配越趋不平等。

由于不同渔民对渔业资源资产的需要量不同，所以分配给渔民的配额也不同，单纯用各子区和各渔民得到的配额量差异来考察海洋渔业资源资产开发利用的代内公平性，难以反映不同子区、不同渔民的供需差异。根据基尼系数的含义，通过考察渔业产权制度下各子区各渔民的供需比值的差异，来反映海洋渔业资源资产开发利用的代内公平性；通过考察渔业资源产权系统计算期内各年总可供配额的差异，来反映渔业资源开发利用的代际公平性。代内公平性和代际公平性度量如下：

代内公平性公式如下：

$$\alpha_1 = \sum_{i=1}^{P}\sum_{i'=2,i'>i}^{P}\left[\sum_{j=1}^{N}\sum_{j'=2,j'>j}^{N}\frac{|TS(i,j,m,t)/SP(i,j,m,t) - TS(i',j',m,t)/SP(i',j',m,t)|}{P\cdot N\cdot M(t)}\right]\leqslant \varepsilon_1 \tag{8-9}$$

$$M(t) = \sum_{i=1}^{P}\sum_{j=1}^{N}\frac{TS(i,j,m,t)}{SP(i,j,m,t)} \tag{8-10}$$

代际公平性公式如下：

$$\alpha_2 = \sum_{m=1}^{n}\sum_{m'=2,m'>m}^{n}\frac{|TS(m,t) - TS(m',t)|}{n\cdot T}\leqslant \varepsilon_2 \tag{8-11}$$

$$T = \sum_{m=1}^{n}TS(m,t) = \sum_{m=1}^{n}\sum_{i=1}^{P}\sum_{j=1}^{N}TS(i,j,m,t) \tag{8-12}$$

式中，α_1 表示代内公平系数，α_1 越小，表示海洋渔业资源资产开发利用的代内公平性越好；α_2 表示代际公平系数，α_2 越小，表示海洋渔业资源资产开发利用的代际公平性越好；TS（i，j，m，t）表示第 m 年在第 t 种产权制度下第 i 子区第 j 渔民的可供配额量；SP（i，j，m，t）表示第 m 年在第 t 种产权制度下第 i 子区第 j 渔民的需要量；M（m，t）表示第 m 年在第 t 种产权制度下所有子区所有渔民的可供量和需要量的比值之和；P 表示子区数量；N 表示渔民数量；TS（m，t）表示第 m 年在第 t 种产权制度下的总可供配额量；T 表示 n 年内的所有子区和所有渔民的可供分配配额数之和；ε_1、ε_2 分别表示代内公平性调节系数和代际公平性调节系数。

式（8－9）的意义是在第 t 种产权制度下，通过计算任何两个子区或渔民之间的供需比值与供需比值之和 M（m，t），来考察某一时段内各子区或渔民间配额分配与完全平均分配的偏离程度。海洋渔业资源资产各子区和各渔民供需比值的差异越小，则渔业资源资产开发利用的代内公平性越好；反之，差异越大，则代内公平性越差。式（8－11）的意义是通过计算任何两个时段之间的配额分配量相对所有时段配额量之和 T 的比率之差，来考察不同时段间配额分配与完全平均分配的偏离程度。式（8－11）表明，计算期内各年总分配配额量的差异越小，则渔业资源资产开发利用的代际公平性越好；反之，差异越大，则代际公平性越差。

（三）模型评价

上述的优化模型能够给出海洋渔业资源资产在特定产权制度下社会经济、资源环境三位一体的配置方案，但还不能对海洋渔业资源资产配置的合理性进行评价。关于配置的合理性可以根据系统的熵变方向来判断。

在某种产权制度下，海洋渔业资源资产系统是生态经济复合系统，符合耗散结构的要求必然遵从耗散结构的演变规律。因此可以利用耗散结构中熵变与系统有序性的关系，对海洋渔业资源资产系统的演变方向进行判别（畅建霞等，2002）。

熵的概念最初是在热力学中由克劳修斯（R. Clausius）引入的，波尔兹曼（L. Boltzmann）给出了热力学熵的明确定义：

$$S = K_B \lg W \tag{8-13}$$

式中，S 表示系统熵；K_B 表示波尔兹曼常量；W 表示宏观状态下对应的系统微观状态数。

根据熵的定义，可将海洋渔业资源资产系统的熵定义为：

$$\begin{aligned} S(m,\ t) &= k_b \lg \frac{1}{NR(m,\ t)/[TS(m,\ t)(1+r)^m]} \\ &= k_b \lg\{[TS(m,\ t)(1+r)^m]/NR(m,\ t)\} \end{aligned} \tag{8-14}$$

式中，S（m，t）表示第 t 种产权制度下第 m 年海洋渔业资源资产系统的熵；k_b 表示比例系数；TS（m，t）表示第 t 种产权制度下第 m 年海洋渔业资源资产可捕量；NR（m，t）表示第 t 种产权制度下第 m 年净收益。

式（8-14）定量描述了某产权制度下海洋渔业资源资产系统的熵值与海洋渔业资源资产利用潜力和净效益之间的关系，若单位海洋渔业资源资产利用潜力带来的净效益大，则该系统熵值越小，资源利用效率越高，整体效益发挥越优，产权制度效率越高。

根据熵变关系对海洋渔业资源资产系统的演变方向进行判断，从而对海洋渔业资源资产的产权配置进行合理评价：

当 $S(m,\ t_1) > S(m,\ t_2)$ 时，表示熵减少，t_2 产权制度下的系统比 t_1 制度下系统的有序度增强，海洋渔业资源资产配置合理，与社会经济、生态环境协调发展。

当 $S(m,\ t_1) < S(m,\ t_2)$ 时，表示熵增加，t_2 产权制度下的系统比 t_1 制度下系统的无序度加大，海洋渔业资源资产配置不合理。

三、海洋渔业资源资产产权优化配置模型

产权的配置存在多种形式，可以分为政府（行政）机制和市场机制。不同形式隐含着不同的价值实现方式，政府行政机制追求的是系统整体效益最优，市场机制则根据资源使用者消费与生产行为来分配资源产权，不同机制可以实现产权配置的不同目标，如政府行政机制更有利于实现生态环境目标和社会目标，市场机制和行政机制相结合更有利于实现经济目标。由于各种原因，很多国家与地区都采用政府行政机制。

（一）政府行政配置机制下海洋渔业资源资产产权配置模型

1. 模型

大多数国家都将海洋渔业资源资产界定为国家所有，这是国家对海洋资源产权行政配置的法律基础；国家对海洋渔业资源资产产权实行行政机制配置的基本目标是控制过度进入和过度使用，将有限的海洋渔业资源资产（实际上是使用权）在各渔民间进行分配使其产生最大整体效益。主要的制度安排选择有课税制度、许可证制度、捕捞限额（总量限制与配额）制度。

以捕捞限额制度为例，捕捞限额管理的最一般制度选择是根据资源的最大持续产量，建立和实施总允许捕捞量（Total Allowable Catch，TAC）制度，并将总允许捕捞量在渔业生产者之间进行分配和执行捕捞限额。与传统的直接管理制度把渔业劳动力、资本等投入渔业的诸要素作为管理对象不同，TAC 管理制度将渔业的产出结果，即渔获量作为管理对象，通过综合性的资源调查和评价，以最大持续捕捞量 MSY 为标准，规定总允许捕捞量 TAC，并使 TAC < MSY。这样，鱼群存量就可以维持在恒稳定均衡状，渔业资源系统得以永续利用。

在配额制度安排下，配额分配规则的订立和选择又是一个重要的问题。有两种可供选择的规则：一是在以前的捕捞量基础上设计配额；二是采用均等配额。建立在历史捕捞量基础上的配额规则通常以上一年或前三年的捕捞量记录为基础，计算新一年的应得配额。它承认并保护了生产技术和信息水平较高的渔民的优势，因而为这些渔民所偏好。但是，这种规则可能引起争议，没有历史记录的新进入者和技术较差的渔民会反对这一规则。以历史捕捞量为基础的配额规则，可能导致两种相反的激励，一方面，为了获得更高的配额，有的渔民可能会采取机会主义行为，通过欺诈、隐瞒、说谎等形式提供扭曲的信息，以增大捕捞量基数；另一方面，又存在降低捕捞量记录的激励，因为这样可以推迟达到当年捕捞配额限制的时间。均等配额规则是将一个渔场的总可捕捞量在全部拥有捕捞许可

证的渔民中进行均等分配，每个渔民能够获得相同的份额，也避免了对历史捕捞量的确认成本。然而，这一规则会损害技术较高的渔民的利益，他们的财富被转移给了其他渔民，因此技术较高的渔民会反对这一不承认其较高生产力事实的均等配额规则。

设海洋渔业资源资产可利用量用 TS 表示，如果考虑 n 个使用者，设 x_i 表示分配给渔民 i 的配额，$f_i(\cdot)$ 为渔民 i 的生产函数（可以为向量值函数），c 为价值系数向量，那么有限可用量 TS 产生最大整体效益的问题可表示为：

$$\begin{cases} \max \sum_{i=1}^{n} [c, f_i; (x_i)] \\ \sum_{i=1}^{n} x_i \leqslant TS \qquad x_i \geqslant 0, i = 1, 2, 3, \cdots, n \end{cases} \tag{8-15}$$

式中，$[c, f_i(x_i)]$ 表示渔民 i 分配到 x_i 配额后产生的效益，$\max \sum_{i=1}^{n} [c, f_i(x_i)]$ 就是整体效益；式（8－15）中第二式表示在渔民之间分配的配额不得超过海洋渔业资源资产可利用量 TS。模型（8－1）实际上是一个非线性规划问题。求解这个非线性规划问题就是求其最大优解 $\bar{x} = (\bar{x}_1, \cdots, \bar{x}_n)$，即要求 $\sum_{i=1}^{n} \bar{x}_i \leqslant TS$，$\bar{x}_i \geqslant 0$，$i = 1, 2, 3, \cdots, n$，且对任何 $x = (x_1, \cdots, x_n)$，$\sum_{i=1}^{n} x_i \leqslant TS$，使得 $\sum_{i=1}^{n} [c, f_i(\bar{x}_i)] \geqslant \sum_{i=1}^{n} [c, f_i(x_i)]$，这个 $\bar{x}_i$ 就是使有限配额产生最大整体效益的具体配置方式。

2. 政府行政配置机制的效率

海洋渔业资源资产使用权的有效分配依赖相关的经济信息。按模型（8－15）进行决策的就是决策者，他具有分配配额的权力。如果这个决策者直接真实地拥有各渔民生产函数的信息，那么决策者就应该按模型（8－15）来确定有限配额的配置，再也没有产生更大效益的方法。但是，由于资源的不确定性、人的有限理性及计量方法和计量工具的限制，政府及其代理人员不可能获取完全的资源信息。如果资源的信息不完全，那么依此设计的制度安排在执行中就会遇到各种障碍，可能形成不合实际的制度安排，对渔民行为产生不恰当的激励，设计制度的预期目标将无法实现。

在实际中，决策者和使用者是不同的利益主体，决策者无法直接拥有这些使用者真实的生产函数 $f_i(\cdot)$ 的信息。为了按模型（8－15）分配海洋渔业资源资产的配额，决策者必须通过某些途径得到所有使用者的生产函数 $f_i(\cdot)$ 的信息。一般情况下，决策者通过渔民自己报告来获得信息，但是由渔民自己报告的生产函数的真实性值得怀疑。因为在经济活动中，理性经济人的一切行为都是为了获得最大的利益或满足。因此，各渔民在报告自己的生产函数时，一旦发现谎报有利可图，就必然会谎报。由于决策者的配额分配机制是一种公有信息，当渔民知道决策者是按模型（8－15）分配有限的配额时，理性的渔民就会夸大自己的生产函数，这样自己就能得到更多的配额甚至会出现“寻租”行为，只要“寻租”费用不超过增加的效益，那么海洋渔业资源资产使用者就有采取“寻租”行为的倾向。作为分配海洋渔业资源资产配额的决策者具有收租人的条件。如果不对决策者的行为进行监督，决策者就可能收取租金。如果监督就需要监督成本，另外，即使是一个完全公正廉洁的决策者，也不能对所有渔民的生产函数的真实性作出准确判断。

由以上分析可以看出，海洋渔业资源资产产权政府行政配置机制的本质问题是决策者为了整体效益最大，必须拥有各使用者的生产函数，而在实际中很难真实地得到这些生产函数。这样政府行政配置机制就不可能实现海洋渔业资源资产使用权的有效分配。

（二）市场配置机制下海洋渔业资源资产产权配置模型

1. 模型

在海洋渔业资源资产使用权的行政配置机制中只有一个决策者，各资源使用者不是以独立的决策者出现。当决策者得到了使用者的生产函数后，一切决策均由决策者履行。而在海洋渔业资源资产使用权分配的市场机制中，决策者不再直接确定有限海洋渔业资源资产在不同渔民之间的分配量，而是通过调节价格使供需平衡。在这里，资源的使用者是独立的决策者，原来的决策者不再代替使用者做出决策。使用者对给定的不同价格根据自己的生产函数确定自己的需要配额。一般按照如下模型确定各自的需要量。

设决策者是价格的制定者，即能对渔业资源价格做出决策，设 $p \in R$ 表示价格系统（即用向量表示不同使用权价格），对任意配额的价格，各渔民将作出反应，即确定自己的需要量，如果渔民 i 对这个价格系统的反应为 x_i，那么得到的效益为 $[c, f_i(x_i)]$，同时也必须为得到这些配额付出费用 (p, x_i)。渔民 i 的净效益为 $[c, f_i(x_i)] - (p, x_i)$。于是渔民 i 对给定价格 p 将按如下模型做出自己需求量的反应：

$$\max_{x_i \in R} \sum_{i=1}^{n} [c, f_i(x_i)] - (p, x_i) \tag{8-16}$$

在这里，渔民是独立的决策主体，按模型（8－16）确定自己的需要配额。这个需要量不会有任何虚假，因为任何多余的需要量都会使其净效益减少。首先，p 和 c 是任何人都知道的公共信息，模型（8－16）中所有信息对渔民 i 来讲是完全的，f_i（·）是渔民的生产函数，采用任何虚假的生产函数都会使自己的净效益受损，所以理性的渔民在按模型（8－16）确定需要量时必须使用真实的生产函数。所以按照模型（8－16）做出的决策是基于市场规律做出的独立的理性选择，按这种方法确定海洋渔业资源资产分配的方式称为市场配置机制。

2. 市场配置机制的效率

在海洋渔业资源资产使用权的市场配置机制下，每个理性的渔民都追求自己的净效益最大化，虽然这种反应是随价格系统变化的。以下研究这种配置机制是如何实现调度者所追求的整体效益的。因为海洋渔业资源资产的总可用量 TS 是有限的，当使用者的总需要量与总可用量不一致时，决策者可以改变价格调节使用者的需要量反应。这种使渔民的总需要量与总可用量达到平衡的价格系统称为均衡价格系统。对任意给定的价格系统，使用者 i 按模型（8－16）做出需求量反应设为 x_i（p），那么均衡价格系统就满足：

$$\sum_{i=1}^{n} x_i(\bar{p}) = S \tag{8-17}$$

很明显，在均衡价格系统下，如果按各使用者对这个价格系统的需要量反应来分配配额，就使得总需要量与总可用量达到平衡，这是一种实际可行的配置方式。也就是说，在均衡价格系统下，按各使用者的需求量反应确定海洋渔业资源资产产权配置方式可以实现海洋渔业资源资产产权的整体最大效益。

这个结论的数学描述形式如下：

设$\bar{p}$为均衡价格系统，x_i（$\bar{p}$）为模型（8－10）的最优解，i＝1，2，3，…，n，则［x_1（$\bar{p}$），…，x_n（$\bar{p}$）］为模型（8－15）的最优解。

证明：对均衡价格系统 p，设 x_i（$\bar{p}$）为模型（8－16）的最优解，那么对任何 $x_i \in R$，i＝1，2，3，…，n；$\sum_{i=1}^{n} x_i \leqslant S$，有：

$\{c, f[\bar{x}_i(\bar{p})]\} - [p, \bar{x}_i(\bar{p})] \geqslant [c, f_i(x_i)] - (\bar{p}, x_i)$　因此：

$$\sum_{i=1}^{n}\{[c,f[\bar{x}_i(\bar{p})]\} - [p,\bar{x}_i(\bar{p})]\} \geqslant \sum_{i=1}^{n}\{[c,f_i(x_i)] - (\bar{p},x_i)\} \tag{8-18}$$

于是：

$$\sum_{i=1}^{n}\{c,f[\bar{x}_i(\bar{p})]\} \geqslant \sum_{i=1}^{n}[c,f_i(x_i)]$$

$$= \sum_{i=1}^{n}\{c,f[\bar{x}_i(\bar{p})] - [c,f_i(x_i)]\}$$

$$= \sum_{i=1}^{n}\{\{c,f[\bar{x}_i(\bar{p})]\} - [\bar{p},\bar{x}_i(\bar{p})] + [\bar{p},\bar{x}_i(\bar{p})] - [c,f_i(x_i)] - (\bar{p},x_i) + (\bar{p},x_i)\}$$

$$= \sum_{i=1}^{n}\{\{c,f[\bar{x}_i(\bar{p})]\} - [\bar{p},\bar{x}_i(\bar{p})] - \{[c,f_i(x_i)] - (\bar{p},x_i)\} + \{[\bar{p},\bar{x}_i(\bar{p})] - (\bar{p},x_i)\}\}$$

$$= \sum_{i=1}^{n} \{\{c, f[\bar{x}_i(\bar{p})]\} - [\bar{p}, \bar{x}_i(\bar{p})] - \{[c, f_i(x_i)] - (\bar{p}, x_i)\}\} +$$

$$\sum_{i=1}^{n} [\bar{p}, \bar{x}_i(\bar{p}) - x_i]$$

$$= \sum_{i=1}^{n} \{\{c, f[\bar{x}_i(\bar{p})]\} - [\bar{p}, \bar{x}_i(\bar{p})] - \{[c, f_i(x_i)] - (\bar{p}, x_i)\}\} \geqslant 0$$

由式(8－18)可知，$\sum_{i=1}^{n} \{\{c, f[\bar{x}_i(\bar{p})]\} - [\bar{p}, \bar{x}_i(\bar{p})]\} - \{[c, f_i(x_i)] - (\bar{p}, x_i)\}\} \geqslant 0$;

另外，由于$\sum_{i=1}^{n} \bar{x}_i(\bar{p}) = b$和$\sum_{i=1}^{n} x_i \leqslant b$，因此，$[\bar{p}, \sum_{i=1}^{n} \bar{x}_i(\bar{p}) - \sum_{i=1}^{n} x_i] \geqslant 0$，于是有：

$$\sum_{i=1}^{n} \{c, f[\bar{x}_i(\bar{p})]\} \geqslant \sum_{i=1}^{n} [c, f_i(x_i)] \tag{8－19}$$

式(8－19)显示$[x_1(\bar{p}), \cdots, x_n(\bar{p})]$为模型(8－15)的最优解。

上面分析有如下意义：揭示了海洋渔业资源资产产权市场配置机制与政府行政配置机制之间的本质联系，表明市场配置机制的均衡价格系统能实现政府行政机制的最大整体效益。

海洋渔业资源资产产权市场配置机制除了能实现整体效益外，它所需要的信息是很少的，只需要价格系统的信息，避免了虚假成分。另外，它能反映不同使用者独立的选择行为，各使用者根据自己利益得失做出独立决策，克服了政府行政机制中完全由决策者作出决策的弊端。然而，保证市场机制得以运转就需要交易费用，这就是市场机制运转的代价。而且在市场机制中，海洋渔业资源资产的使用权按支付能力在社会成员之间分配，付不起费用的人就不能得到资源，将影响全社会福利的改善，这就需要政府在市场机制中对人们基本生活需求发挥行政保障作用，对其他生活需求和生产需求也要进行调控，使有限的海洋渔业资源资产产生最大的经济效益。

第九章　海洋渔业资源资产产权化管理路径

Pearse（1992）说过，“现实只能是包括一切产权形式的共存或混合状态”。我国海洋渔业资源资产产权制度优化也不可能是单一的产权形式，应是一种混合产权制度。

采取混合产权制度的经济学理由是海洋渔业资源资产的生产和发展属于正外部性经济行为的激励问题，这种激励必须同时实现两部分：一是公共部分应得到激励或减少政府失效；二是私有部分应得到足够的外部性经济补偿，以激发起保护资源的积极性，减少市场失效。

我国海洋渔业资源资产产权制度效率的提升应沿着这两条线路展开：

路径一：优化政府规制，建立有效的激励机制体系。

我国的渔业管理政策主要是政府行为，带有很浓的强化规制色彩。水域等自然资源的国家所有制为中央集权控制提供了产权基础，渔业生产计划及其他各种控制和计划从中央到省、市、县再到渔业组织、渔民逐级分配下达，渔业生产及渔业资源使用和保护实施了从中央到渔民的集权管制。许可证制度、休渔制度、捕捞限额管理制度等的相继建立使政府对海洋渔业资源的控制不断得到强化。虽然这些制度在渔业管理方面发挥了一定的作用，但是仍然没有从根本上解决渔民的生计问题。

所以，中央政府在海洋渔业资源资产利用中的规制优化措施之一是在强化执行政策的同时，妥善安排好渔民的生计问题，并合理安排渔民补偿性收入的“收益流”，从政策上激发渔民保护资源的积极性，在保护中利用，在利用中求发展。

改善政府规制的措施之二是采取弹性的政策协调中央、地方与渔民在权力上的冲突。从前面分析可知，地方在与中央的博弈中，为了地方经济的发展和政绩，往往采取短视的对策，使中央的政策目标大打折扣。渔民与政府的产权矛盾主要表现在政府先根据自己的信息制定政策，目标是保护渔业资源，即实现整体利益最大化，而渔民作为后动者，是在政策制定后，按自己利益最大化原则做出自己的决策，即局部利益最大化，这就出现了渔民的决策目标和政府的决策目标不一致的矛盾。出现这种问题的原因是政策过于行政化而缺乏经济弹性。在地方和渔民的权力冲突上，中央不宜给地方绝对的垄断权，而应给渔民一定的自主权，另外，中央加强对地方政府行为的监督是防止地方政府机会主义和趋利主义失效的必要措施。

我国在海洋渔业资源资产管理政策实施中基本只采取行政规制手段，经济规制手段除财政补贴外很少使用，这是渔业资源资产管理政策实施中的误区。

渔业补贴激励是海洋渔业资源资产管理中最基本的激励手段。在这一点上，优化的途径在于如何筹集足够的补偿基金和给渔民足额的补偿以及补偿的阶段合理安排。对足额补偿，必须首先确定补偿标准，但如何量化确定不同补偿标准，是渔业补贴中的世界性难题。而补偿金应由公共财政完全负担，因为海洋渔业资源资产一直被看作是公共物品，其建设都是由政府扶持，有些发达国家由政府财政全额拨款；也有些发达国家采取向受益者收取生态补偿费等其他方式收集补偿金，由政府与受益者共同承担。我国正处于经济发展阶段，财政资金供需矛盾较突出，不可能像发达国家一样全额承担支出，只能采取部分补偿等其他补偿办法。

路径二：引入市场机制对接政府规制。

单靠政府行为很难把政策落在实处和取得很好的成效，单靠经济手段激励也不足以解决问题。而引入市场机制和建立市场，改变渔民行为的成本函数或收益函数才能达到实现供求平衡的目的。利用市场主要是在现有市场框架体制内，政府按照社会福利最大化原则，给行为主体附加一个外在成本或收益，改变经济主体的行为达到实现均衡的目的。

引入可流转的海洋渔业资源资产产权是引入市场机制的必要条件。

第一节　高效率海洋渔业资源资产产权制度的设计要求

设计高效率的海洋渔业资源资产产权制度首先应确立设计的要求，这是一切制度创建的逻辑前提。由于主体多样性、多层次性和主体需要及利益的差异性，不同主体的价值尺度是不同的，自然会提出不同的要求。就海洋渔业资源资产产权制度而言，下面从合理性、合法性和现实性三个方面进行设计。

一、合理性

海洋渔业资源资产产权制度的合理性就是产权制度安排的具体内容是否符合制度的内在规律；其外在体现是否真正合逻辑和规范。海洋渔业资源资产产权制度合理性的基本要求首先是形式合理性，主要表现为手段和程序的可计算性和形式的逻辑性。就海洋渔业资源资产产权制度而言，其制度合理性的外在体现主要是产权制度实施中的程序合理性，即不考虑其内容如何，是否公平；不考虑其形式如何，是否逻辑一致，就是即使在这样的情况下，只要在一定时间段内，对于任何所涉及的主体都能前后一致地使用。海洋渔业资源资产产权制度合理性的真正内容应是产权制度的合规律性，也就是产权制度运行与发挥作用合乎自然规律和社会历史规律。在现实中，海洋渔业资源资产产权制度背离合理性将会产生两个问题。

（一）产权制度僵滞

制度的一个重要特征就是相对稳定性和有效性。在特定时期内，针对相应的现实社会经济发展状况及其人文环境，产权制度是实用的、具有合理性的、稳定性的。但出现与当时条件不相符的社会经济环境时，产权制度就会功能失调，失去原有的合理性和使用性。与此同时，制度作为行为准则又具有公共确定性和强制性，与所要规范的人的行为相比较，则滞后于行为变易的节奏，且随着时间的推移将趋于保守并产生惰性。美国经济学奥尔森曾指出：制度稳定的社会容易产生一些垄断性的集团和组织，从中又会分化出许多分利集团试图维持现存的制度和秩序，阻止制度变革和秩序的变迁。这就必然导致产权制度的僵滞。

（二）产权制度效率

产权制度效率有两层含义：一是社会性效率，主要表现为促进社会政治经济的发展而产生的社会效益；二是创立和运行中以最小的成本获取最大化的收益。然而在现实中，产权制度在发生效用时的结果往往与其制度所涉及的大部分主体利益相悖。同时，制度所发挥的激励功能在制度演化过程中对不同主体的作用是不同的，一些有较大发言权的制度主体出于自身利益驱动可能会使其在产权制度设计、安排和运行中有利于自己一方，这就从客观上导致了制度背离其合理性。

二、合法性

海洋渔业资源资产产权制度的合法性包括两方面内容：一是产权制度能否以

及如何以社会价值观念和价值规范所认可的方式有效运行；二是产权制度有效性的范围、基础与来源。从根本上说，产权制度合法性的内涵是指公平与正义，是强调其制度应使海洋渔业资源利用的基本权利和利益分配趋于公平合理。这主要表现在：首先，应保障海洋渔业资源资产利用的平等权利，以保证每个人在人格和尊严上的平等不受侵犯；其次，给海洋渔业资源资产利用中的不同主体以公平竞争的机会，以促进人们通过自身的努力减少不平等的差别；最后，如果出现不平等，就必须把它限制在一定程度上，即一种不平等的后果必须对每个社会成员，尤其是处于社会劣势地位者（最不利者）带来最大的利益。

在现实中，海洋渔业资源资产产权制度丧失合法性将导致两个问题。

（一）特殊利益集团

在产权制度中主要是指官僚性既得利益集团，就是公共行政权力机构中的官员和工作人员将手中的公共权力私有化，把所掌握的能够为自己带来特殊利益的公共权力视为既得利益。

（二）产权制度非中性导致的公平问题

理论上讲，海洋渔业资源资产产权制度是中性的，同一产权制度下的所有主体都受到同样的影响、得到同样的利益、承担同样的成本。但事实上，产权制度不可能是绝对中性的，所以不可能对所有主体都是平等的。这一点在产权制度制定过程中，总有其立场、出发点和各种预设前提而有利于参与制定规划制度的主体。

三、现实性

海洋渔业资源资产产权制度的现实性主要是对海洋渔业资源资产产权制度的可实现性和可操作性而言的，其内涵主要包括：其一，产权制度必须与其历史发展阶段相适应，不能超越历史阶段，在不同时期有不同的时代特征，并在不同程度上准备了为解决特定任务所必需的条件；其二，产权制度必须具有实际的可操作性和可运作性，能够在实际生活中规范多元的和复杂的利益行为；其三，产权制度应关注其存在及实施的成本，这也是本书讨论的核心问题，如果对产权制度成本不加关注与控制，势必会降低其制度收益，降低产权效率，进而使得产权制度失去了现实存在的可能性。

海洋渔业资源资产产权制度的非现实性问题往往会导致其制度的乌托邦问题，主要表现为：

（一）产权制度安排超越了历史阶段

即在实践中容易产生寻求最优制度的冲动，忽略了制度的现实性基础，而这一基础最核心的则为利益基础。

（二）产权制度安排应考虑操作的可能性

即虽然从理论上讲得通的制度安排，到实际中做得到尚有相当长的路要走，有相当多的不可预见的制度成本要支付。

（三）应考虑制度成本问题

即在规划实践中，应考虑制度建立及运作的成本费用，以求耗费较小的成本而获得较大的收益（陈丽，2007）。

第二节　高效率海洋渔业资源资产产权制度的设计程序

高效率海洋渔业资源资产产权制度的设计既可以是通过以现有的可选择的方式为基础而进行的简单再重组，也可以是一种新的产权制度创新。在这一过程中，制度本身经历了由均衡到不均衡再到均衡的变化运动。

将整个程序简化如图 9－1 所示。

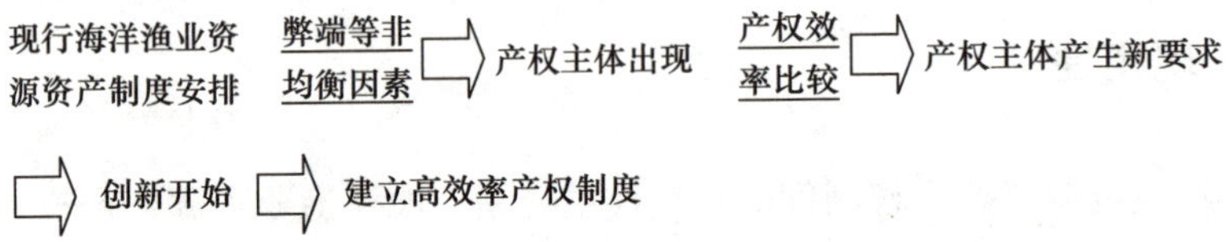

图 9－1　高效率海洋渔业资源资产产权制度的设计过程

第三节　高效率海洋渔业资源资产产权制度的设计方法

高效率海洋渔业资源资产产权制度的设计既是一种认识活动，又是一种决策活动，同时还兼有实践活动的性质（有时需要进行试验活动）。一般的设计方法有如下四种。

一、比较的方法

西方文化重制度建设。党的“十六大”提出了“借鉴人类政治文明的有益成果，绝不照搬西方政治制度的模式”的思想，这一思想其实也是世界各国进行制度设计的指导思想。根据这一思想，产权制度的设计可以运用比较方法，把我国的制度与西方的制度加以比较，在比较中求同，扬弃西方制度中的资本主义性质，寻求人类共同的制度文化成果；在比较中求异，创新出与西方制度不同的中国特色的产权制度体系。

二、科学预见与科学假设的方法

任何制度的设计都必须运用科学预见和科学假设的方法。科学预见是指“依据客观规律对某一事物和过程发展的结果或趋势所作的正确的预料或判断”，“科学上每一理论的产生开始往往需要提出一定的假设，把在实践积累的一定的材料加以整理和分析，做出某种解释”。人们依据事物的规律性能根据现有知识去考察新的领域，预见未来。科学假设则是在科学预见的基础上进行，是科学研究中常用的一种方法。制度设计作为一种认识活动同样需要科学预见和科学假设的方法。在完成了现存制度批判以后，紧接着就需要设计出新的制度，新制度的设计过程其实就是制度假设的过程，因为制度假设并不等于科学的制度，它还需要拿到实践中去验证，才能证明其正确和错误。经过实践证明正确的制度假设，就是科学的制度。

三、试验的方法

因为新设计的制度还只是一种假设，因而就需要做试验，试验的目的是检验制度的对症性、实用性和可操作性。试验的结果必须反馈到制度设计过程中去，正确的固定下来，有漏洞的进一步做修正。

四、系统的方法

应把产权制度设计活动看作一个系统，认为制度设计并非只是建立某种单一的制度去解决某个孤立的问题，而是建立一个相互配套、相互制约、相辅相成的制度体系，去达到对所要解决问题的综合治理。既然制度是一个系统，制度设计过程是一个系统，那么，在制度的设计过程中就必须运用系统的方法，首先对制度系统做结构分析（包括要素分析、层次分析、相关制约分析、结构模型分析）、功能分析、环境分析和系统目标分析；其次构建出结构合理，配套协同，功效最大化，可操作、可控制的产权制度体系（姚顺波，2005）。

第四节　高效率海洋渔业资源资产产权制度的设计

一、设计目标

（一）制度结构转变——投入控制到产出控制

前文已经对我国实施的几种渔业管理制度进行了比较分析，除了已经分析过的政府集权管理的局限性以外，还分析了捕捞许可制度、休渔制度等投入控制制度存在的增加捕捞努力的内在激励。在捕捞许可制度下，对许可证的5年有效的时限规定会降低渔民对未来的预期，使渔民产生就算牺牲资源未来价值也要增大目前投入、最大化目前收入的激励，所以鱼汛期来临时，每个渔民都想从有限的可捕捞资源中获得更大的捕捞份额，从而产生通过技术改造及其他手段提高捕捞努力的“捕鱼竞赛”激励；总体捕捞能力的提高又会迫使政府增加对船网工具的控制指标和许可证指标，从而形成更大的捕捞压力。捕捞许可制度存在的这些内在激励，使政府无论如何加强控制和管理都不能控制不断增加的捕捞强度，渔业资源衰退日趋加剧的势头难以扭转。

休渔制度存在与此类似的内在激励。渔民为了在休渔后的鱼汛期内获得更大的利益，会激励渔民在休渔期间通过各种手段提高自己的捕捞技术、增强捕鱼能力，从而使休渔后出现强大的捕捞压力；休渔结束后，为了获得尽可能大的份额，“捕鱼竞赛”更加激烈，休渔所取得的养护资源效果随之抵消；休渔所带来的增收效应将进一步刺激渔民增强捕捞能力，吸引更多人或更大的捕捞努力加入，使已经过度的捕捞强度进一步加大、使休渔效果消失得更快。捕捞许可制度和休渔制度所产生的上述激励是固有的，不会因加强管制、完善管制手段而消失，最多在一定程度上削弱。要改善我国海洋渔业资源制度的绩效必须改变目前这种以捕捞许可制度等投入控制为中心的制度结构，逐步引入以产出控制为中心的渔业管理制度，以产出制度为核心的渔业制度将从根本上改变渔业内部激励结构，形成以最低成本、最少要素投入达到个人配额的新的激励机制，从而可望使渔业资源衰退的局势得以扭转。

（二）政府与市场相结合

上一章已经指出政府集权管理不是解决海洋渔业资源的公地悲剧问题的唯一办法，并分析了我国海洋渔业资源集权管理体制的效率损失。由于海洋渔业资源的非排他性等特性，一方面，市场机制难以起作用，在海洋渔业资源等公共资源的管理中存在显著的市场失灵；另一方面，政府集权管理也并非总是有效的，同样存在政府失灵。政府和市场各有自己的优势、作用和功能，在海洋渔业资源的制度安排中，将市场与政府结合，发挥各自的优势和功能作用，能够在一定程度上避免政府失灵和市场失灵，从而提高制度效率。

假设某海域内有 A、B 两个渔民，可利用海洋渔业资源资产总量为 S，渔民 A 的边际收益线为 MB_A，用户 B 的为 MB_B，按照一般经济规律，二者的边际收益递减。如图 9－2 所示，ab 为用户 A 的边际收益线、cd 为用户 B 的边际收益线，由于二者的捕捞结构不同，二者的边际收益就不同，在此假设用户 A 的边际收益大于用户 B 的边际收益。

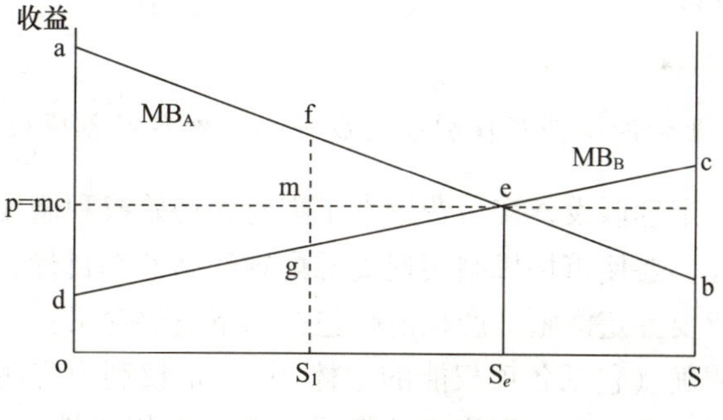

图 9－2 配额可转让的社会效应

由于政府对各渔民的信息不对称，假设政府在发放许可证时，赋予渔民 A 的可捕捞量为 S_1，渔民 B 的可捕捞量为 $S-S_1$，则渔民 A 的净效益为面积 $oafS_1$，渔民 B 的净效益为面积 S_1gcS，社会净效益为二者之和。假设政府完全了解各渔民的边际收益，按照收益最大的原则分配配额，赋予渔民 A 的可捕捞量为 S_e，渔民 B 的可捕捞量为 $S-S_e$，则渔民 A 的净效益为面积 $oaeS_e$，渔民 B 的净效益为

面积 S_eSce，社会净效益为二者之和，显然相对于第一种分配方案，渔民 A 增加收益为面积 feS_eS_1，渔民 B 减少收益为面积 geS_eS_1，社会净收益增加面积 efg，如果按照边际收益等于边际成本确定配额价格，如果允许二者以价格 p 协商转让 S_1S_e 的配额（假设交易成本为零），则渔民 A 因增加配额 S_1S_e，增加收益为面积 feS_eS_1，支付配额转让费为面积 S_1S_eem，收益净增加面积 mef，渔民 B 因减少配额 S_1S_e，收益减少面积 geS_eS_1，因转让 S_1S_e 用水量得到收入为面积 S_1S_eem，净收益增加面积 mge。配额转让也实现了二者效益最大化，因此，在信息不完全情况下，政府可以借助配额交易制度实现效益最大化目标，从而实现政府与市场的成功结合。

（三）交易成本最小化

根据产权效率的测度公式可以得出，在收益一定情况下，交易成本越低则产权效率越高。

ITQ 制度交易成本随渔民增多而增加；由于我国渔民众多、兼捕性强、渔区和渔民的组织化程度弱等原因导致执行成本和监督成本会很高。所以，如果要在我国实施 ITQ 制度，必须尽量将目前过多的捕捞业从业者转移出来，同时寻找降低其交易成本的途径和方法。

二、主要内容

（一）海洋渔业资源资产产权制度生成——清晰界定各项权能

按照科斯第二定理假设，交易费用大于零时，初始权利制度安排将影响资源的配置效率。因此，要使市场机制实现资源配置的高效率目标，必须关注初始权利的界定，即产权要界定清晰。产权清晰包括以下三层含义：一是产权的归属明确，即产权主体明确（包括各项权能的主体）；二是权利内容明确，即每个主体权利范围要明确（主要是因为海洋渔业资源资产的多用途性）；三是权利界区明确（主要针对流动资源的不可分割性）。应用到海洋渔业资源资产领域，其产权制度中的所有权归属相对明确，海洋渔业资源资产是属于国家的，但是对于海洋渔业资源资产的使用权却没有做出具体的规定。也就是说，在其使用权的归属、权限范围和取得条件等方面缺乏可操作性的法律条文，海洋渔业资源资产使用权的模糊带来的必然结果是各地区、各部门在分配利用渔业资源资产方面的冲突，从而导致海洋渔业资源资产使用和管理的混乱。因此，一切权力必须具有明确的行为主体、责任主体和利益主体。明晰的产权“确立了每个人相应于物时的行为规范，每个人都必须遵守他与其他人之间的相互关系，或承担不遵守这些关系的成本。”具体地说，产权的明晰化有助于明确交易界区；有效地约束和规范行为人的交易行为；有助于行为人在同其他人的交易中形成稳定的预期，从而最大限度地节约交易费用；有助于强化产权制度的激励和约束功能；最终有助于实现海洋渔业资源资产的可持续利用。

（二）海洋渔业资源资产产权制度形成——ITQ 制度

1. 核定资源承载力

资源承载能力是指一定区域内，其可利用的资源能够持续支撑经济社会发展，并维系良好生态环境的能力。经济发展与资源承载能力的关系十分密切，经济发展在资源承载能力以内，就能实现可持续发展；超越了，发展就会失去物质基础，造成生态系统破坏，生存条件恶化。这就要求对资源的利用限制在承载能力以内，只有不超过资源承载能力的开发利用才能避免资源掠夺性开发，避免环境的破坏而影响人类的生存安全。

以海洋渔业资源资产为例，其资源的承载力就是依据生物经济学原理制定的、不超过最大持续产量（MSY）或最大经济产量（MEY）的总可捕捞量 TAC。

2. 分配初始配额

配额分配涉及经济学的两个长期争论不休的问题：效率与公平。根据我国渔业管理的历史和现状以及渔民的认识水平，对总可捕量（TAC）的初始分配可以采取如下方法进行：

（1）分配给持有捕捞许可证的渔船。在我国捕捞制度下，无证捕捞是非法的。将 TAC 分配给有捕捞许可证的渔民（渔船）符合《渔业法》的规定，与现有管理制度相适应。

（2）按前三年捕捞记录给予配额，以体现效率原则。2002 年 12 月 1 日生效的《渔业捕捞许可管理规定》，只对大中型渔船（功率大于 44.1 千瓦或 60 马力的渔船）做出填写捕捞日志的规定，而并未要求小型且合法的渔船进行捕捞日志填写。建立高效的海洋渔业资源资产产权制度则应该要求所有合法渔船建立捕捞登记制度，对捕捞量进行记录。

（3）适当提高初始配额成本。为了使政府获得部分渔业租金，应适当提高 TAC 初始配额的成本。

（4）按比例分配 TAC 总量。TAC 在分配到有资格的渔民或企业时，可以分配一个绝对量配额给渔民。当以后的 TAC 总量增加时，政府可以出售剩余配额；当 TAC 总量减少时，政府则对渔民给予补贴。但是，这种绝对量分配方法增大了政府的运作成本，而且当 TAC 减少时还会造成租金的消散。因此，更可行的方法是将初始 TAC 总量按比例进行分配，单个渔民获得的配额是一个 TAC 比例，不管 TAC 如何变化，这个比例始终保持不变。这种分配方法是被实践证明有效的方法。

所分配到的配额就是渔民在渔业资源中拥有的一定权利。倘若一名渔民所得的配额是 X，在 X－n（n≤X）时，他拥有对配额进行出售、转卖、决策等一系列权利。一旦以上提到的几种权利所实施到主体配额超过了 x，变成了 x＋1，那么他的行为则会因侵犯了他人的产权而受到制止，因为那多出的 1 不属于他的产权。

由于每个渔民的配额是固定的，一旦某配额持有者达到配额上限，该渔民的捕捞活动将立即受到制止，所以渔民不用担心由于遵循自己的配额规定而吃亏。他们拥有更大的决策灵活性，渔民可通过发明更有效的捕捞技术来降低捕捞成本，也可通过选择在渔价最高的时间出海作业或选择渔价最高的地点卖出鱼货，这样就可以提高利润水平，从有限的渔获物中获得更多收入。

（三）海洋渔业资源产权制度功能的实现——交易制度

产权制度的资源配置效率功能能够实现关键在于产权的可让渡属性，即产权可以在不同主体之间转移。如同商品交易一样，伴随着商品在不同所有者之间的转移，商品内在的各种权利也相应转移，最终流向生产效率最高的经济主体。因此，经确认的海洋渔业资源资产产权，为了实现渔业资源资产配置的高效率目标必须赋予权能主体的转让权。只有能够交易的海洋渔业资源资产产权才能形成渔民保护资源的激励，提高渔业资源资产的利用率，从而实现海洋渔业资源资产管理的总量控制目标。从我国海洋渔业资源资产产权制度现实来看，渔民获得捕捞许可证不能流转，无疑降低了产权制度的资源配置功能，因此应允许渔民的捕捞许可证可交易。由于很难确定各渔民的捕捞边际效益，因此初始配额的发放很难满足各渔民的真实需求，而且发行价格很难与均衡价格同一。此时若允许配额可以转让，可以依靠市场的驱动力来达到海洋渔业资源资产的合理配置。

1. 建立多层次产权交易市场

市场化的前提条件为：海洋渔业资源资产具有公共产品的特性，其市场并不受政府的重视。然而由于对近年来海洋渔业资源资产面临的一系列问题，市场一直被看作是改进资源配置和降低稀缺经济影响的有效方式。通过市场可以对降低使用量者给予补偿，市场决策基于个人对海洋渔业资源资产价值的评价，这些信息的收集对政府部门而言是十分昂贵的，市场降低了有效配置的信息成本，产权交易的收益是十分巨大的。

有效市场运行的外在条件为：①产权市场运行所需的某些基本制度和组织安排；②关于需求和供给的信息。

有效市场运行的内在条件为：①份额确定的可交换产权或者使用权，这些权利必须是可记载的、可交易的、强制性的；②解决纠纷的原则的确立；③产权交易市场的建立。

作为产权流转的必要条件，海洋渔业资源资产产权市场应包括一级海洋渔业资源资产产权市场（以下简称一级海洋资源资产市场）和二级海洋渔业资源资产产权市场（以下简称二级海洋资源资产市场）。一级海洋渔业资源资产市场是国家将其海洋资源资产使用权通过直接划拨、拍卖、招标、租赁等方式转让给使用者的交易关系。二级海洋渔业资源资产市场是海洋渔业资源资产使用者在开发利用期限内，将海洋渔业资源资产使用权再转让给第三者的交易关系，而且这种转让要能够继续多个层次。

一级海洋渔业资源资产市场，在一定时期内将是一种不完全的市场。由于海洋渔业资源资产是人类生存发展的战略性物资和经济发展的重要资源，因此，国家在出让海洋渔业资源资产使用权时应本着公平优先、兼顾效率的原则，在地区之间以及海洋渔业资源资产使用权行为主体之间，科学、合理、公平地配置海洋渔业资源资产使用权。

在二级海洋渔业资源资产市场上本着优化配置资源的原则，海洋渔业资源资产使用者在符合法律规定的条件下可以有偿转让、出租、抵押海洋渔业资源资产使用权。对于海洋渔业资源资产转让租金数额、转让形式等都可以由当事人自由协商。国家只对海洋渔业资源资产开发利用方向予以监督控制，并收取相应费用和办理有关使用权转移登记手续。

2. 建立完善的海洋渔业资源资产产权价格体系

海洋渔业资源资产产权价格体系是以转让海洋渔业资源资产产权权利的主体、类别及内涵不同而划分为不同的一系列产权价格的组合。为保证海洋渔业资源资产产权流转的顺利进行，应建立科学的估价制度和估价运作程序，建立海洋渔业资源资产产权流转的资产评估体系，制定相对统一的标准，进行科学评估。

3. 建立市场化的配额流转机制

建立市场化的配额流转机制，先要了解配额交易市场基本运作原理，如图9－3所示。

配额流转机制是一种以使用权的让渡作为主要内容，配额需求者以有偿方式获得使用权的机制。建立市场化的配额流转机制要从以下方面着手：

（1）使渔民成为配额流转的决策者。渔民自己有权决定配额是否转、何时转、何时收回，用市场机制制定流转价格对流转做出补偿。所以，要稳定和完善海洋渔业资源资产的使用权，在此基础上搞好捕鱼权的流转，促进长期收益权。

（2）应建立各种层次与规模的产权市场，为渔民之间配额的交易提供信息、

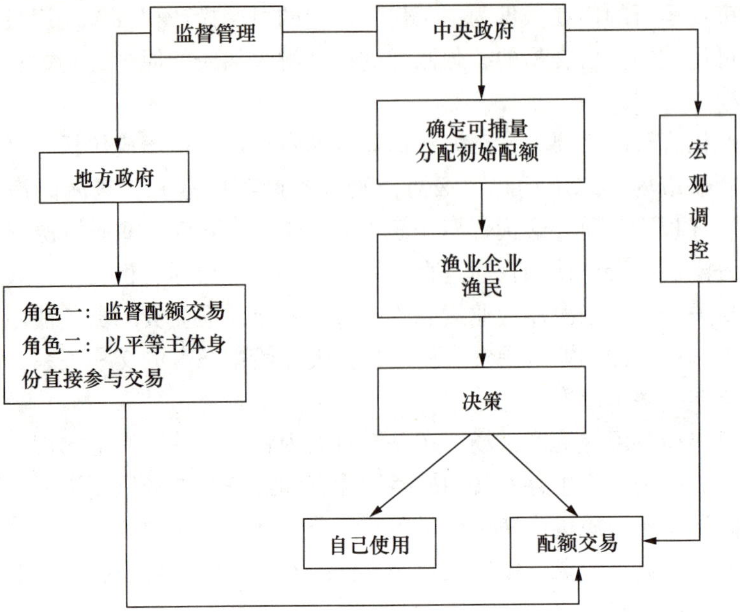

图 9－3　配额交易市场基本运作原理

渠道与场所，并使之规范化。公有制条件下商品化的实质是使用权商品化。通过租金等经济杠杆刺激配额流转和要素配置，提高资源资产的利用效率，为培育适度规模的经营主体提供一种长期自由作用的机制，为配额流转提供一种合理、高效的制度，为渔民转让配额提供必要的行为规范。

通过市场机制配置海洋渔业资源资产，有利于保障渔民对海域的使用权，消除行政方式调整的随意性，使渔民形成对捕鱼的合理预期，以调动渔民长期投资的积极性。同时，通过市场价值规律的作用，使渔民的投资得到相应补偿，保护渔民的投资效益，而市场化的配额流转制度有利于资源的合理流动与适当集中。

（四）高效率海洋渔业资源资产产权制度的配套完善

为了确保海洋渔业资源资产产权主体责权利的统一以及各项产权权能真正落到实处，实现海洋渔业资源资产的有效配置和可持续经营，必须重视与海洋渔业资源资产产权相配套的政策措施建设。而且现实的资源配置中，海洋渔业资源资产产权流转是一项复杂的系统工程，涉及面相当广，再加上目前市场机制配置海洋渔业资源资产所要求的完全性竞争条件尚不具备，以及市场运行机制本身的局限与缺陷，所以单纯依靠市场机制是不可能达到这一目标的。为了克服市场机制的固有缺陷，防止由于市场竞争不充分等原因所造成的海洋渔业资源资产在流转过程中的流失，必须充分发挥各级资产管理部门要会同工商等部门管理职能，加强对产权交易市场及交易活动的协调和监督管理，查处违规行为，取缔和打击非法产权交易行为。

1. 对国家而言，加强法制建设，完善宏观管理体系

具体操作内容应该包括：①在进一步开展海洋渔业资源资产的数量、质量、权属关系、利用状况和基本条件调查的基础上，完善海域管理制度，并颁布实施相应的法律法规；②建立产权流转制度；③以制度形式规定资源租中一定比例用于基础设施建设和扩大再生产；④完善生态效益补偿制度，科学制定补偿标准，多方筹集补偿资金。

（1）行政手段。泛指由行政主管部门及其代理人所进行的行政行为活动，如决策、组织、指挥、协调和监督管理等。而日常生活中的狭义解释一般仅指国家行政主管机关发出具有约束力的行政指令或采用其他直接干预手段。

（2）法制手段。泛指由一定国家机关制定法律、法规并由国家机关、组织、个人加以实施，也就是通常所说的立法、执法、司法、守法和法律监督等。

（3）经济手段。泛指运用经济规律或与经济利益直接联系的手段，其形式包括劳动、价格、税收、信贷、收费、奖金和经济制裁等。

2. 对社会而言，建立多层次社会保障体系

（1）建立海洋渔业资源资产产权市场的中介服务体系。构建规范化的海洋渔业资源资产产权市场必须建立市场中介服务体系，大力发展海洋渔业资源资产产权信息、价格评估、代理、咨询等中介服务机构，为海洋渔业资源资产产权市场提供专业化、社会化服务。

（2）建立国家扶持的渔业保险体系。渔业保险主要包括渔民人身意外保险、渔船保险和养殖保险，其中渔船保险占有相当大的份额。对从事捕捞的渔民来说，渔船是他们的生产资料，近年来，随着近海渔业资源的衰竭，渔民往往要出海远洋，增大了风险。而且每一次自然灾害或者意外伤害事故之后如果得不到及时救助如取得相应补偿，受灾渔民往往失去恢复生产的能力。

在当前的政策、法律条件下，强令商业保险公司经营渔业保险显然是不可取的，必须依托行政力量，采取“政府推动、市场运作”的模式，有效引导渔业保险推广，具体可以从以下几个方面着手。

1）专业化经营。通过成立专门的农业保险公司来经营涵盖渔业保险在内的农险，农险公司不仅可以经营各类渔业养殖险，同时应允许经营渔船险、渔民家财险和意外险等相关产品，并根据实际情况给予相应的优惠政策，在满足渔业风险保障需求的同时，帮助专业农险公司提高经营能力。同时，应当制定一套符合渔业发展要求的防灾防损和理赔制度，运用现代防损技术及测损手段帮助渔民防

范化解风险，并努力缓解高赔付压力。

2）通过立法形式建立对渔业保险专门的政府补贴。渔业生产的特殊性决定了政府补贴是渔业保险可持续发展的关键，多数发达国家均采用了这种形式并获得成功。一方面，中央及地方财政应提供相应的保费补贴，吸引渔业生产者投保，并通过自愿投保与法定投保相结合的方式扩大投保范围；另一方面，除了保费补贴外，政府还可以向专业农险公司提供一定比例的业务补贴，以提高农险公司的偿付能力，增强其经营积极性。渔业保险政府补贴属于给予发展中国家的特殊优惠政策，我们应充分灵活运用这种绿色补贴。

3）以险养险，建立专项风险基金。专业农险公司可以低赔付率的险种扶持高赔付率的险种，可以由政府组织推动部分效益型险种（如农村建房险、意外险等），将部分利润纳入统一的专项风险基金，专门用于对高风险业务的保险补偿，以支撑渔业保险发展。

4）积极尝试并支持民间互保组织和地区互保。中国船东互保协会是我国第一个完全由渔民自发组成的民间互保组织，几年来，在渔业保险业务不断萎缩的情况下，船东互保协会却不断发展，它对于增强会员防灾能力、维护会员合法权益、保障渔业生产稳定发展发挥了有效作用。根据全国各地实际，在不限制保险企业参与竞争的情况下，政府应对这种形式给予大力扶持，促进渔业保险的发展。同时，根据我国幅员辽阔、地域气候差异较大、相互交错的特点，可以尝试在沿海和内陆地区之间进行互保，以有效分散风险（黄丽琼，2005）。

3. 对渔民而言，提高渔民自身谈判地位

在海洋渔业资源资产产权制度安排中，产权的保护问题是一个非常重要的问题。产权的保护应是产权各项权能的所有者行使自己的权利而不受干涉，实际上就是渔民的谈判地位问题。一是拥有产权是拥有谈判地位的前提。在国家所有、渔民占有情况下，渔民拥有受到宪法保障的合法的、明晰的海洋渔业资源资产产权——依法占有和使用权，这是其权利的根本所在，是其拥有谈判资格的必要条件，也是其维护自己权利的法律依据，否则一切都无从谈起。财产权明晰是市场经济的基础、是民法的基础、是宪法的基础，也是人权的基础、民主的基础、法治的基础。渔民的民主权利从根本上说是以其财产权利的法律化为前提的，而法治对渔民来说就是维护渔民的民主权利。二是应建立渔民自己的组织（前面已经介绍过），让渔民自己代表自己。没有自己的组织，渔民无论在市场经济中或是在与政府的谈判中都没有自己的代言人。在这种情况下，渔民的权利是不可能得到尊重和保护的，侵害渔民权利的事就会经常发生。渔民在整个社会博弈结构中处于弱势地位，应把渔业中介组织作为渔民利益的主要代言人，其根本职责就是维护渔民的捕捞权利，因而它不应是政府的下级行政组织，而是渔民民主权利的载体，是渔民维护自己权利的谈判载体，政府只起到咨询和指导作用。三是应加强渔村法制建设和宣传，做到有法必依，执法必严，违法必究。关于这一点，相关文献已经论述很多，这里不再进行赘述。只有通过以上的措施让渔民自己代表自己，提高渔民的谈判地位，把渔民的财产权利和民主权利落到实处，才能使我国建立起高效率的海洋渔业资源资产产权制度。

三、两种发展方向

方向一：捕捞许可证制度、休渔制度和ITQ制度的整合。

前文已经提过关于捕捞许可制度和休渔制度产生的内在激励，这些激励是固有的。不会因加强管制、完善管制手段而消失，最多在一定程度上有所减弱。要改善我国海洋渔业资源制度的绩效必须要改变制度结构，逐步引入ITQ制度，将ITQ制度与现有的捕捞许可制度、休渔制度等进行整合，形成以ITQ_S为核心、捕捞许可制度和休渔制度以及其他管理制度为辅助的渔业资源制度结构。

个人配额的可交易性可能形成配额交易市场，通过“看不见的手”来调节捕捞努力量在不同时期的分布，降低捕捞高峰时期的捕捞强度和捕捞压力。当鱼汛到来时（如休渔结束后的1~2个月），单位捕捞努力生产率高（如单位功率的捕鱼量），可捕捞的鱼群规模大，捕捞成本低，经济效益显著。这样，单位配额的市场价格也会相应提高，因为单位配额的边际收益增加了，根据边际等值原理，人们愿意以更高的边际成本获得配额。当然由于单位配额价格提高带来的捕捞成本增加到足以使部分捕捞力量退出时，捕捞强度相继降低，资源所受压力得到缓解。单位配额价格的提高可能使部分渔民更喜欢出售配额，这样就将使配额向技术高、效益好的大中型渔船集中，一方面可以提高行业的经济效益，另一方面使部分捕捞力量退出，有利于渔业结构调整。当大量的人出售配额时，单位配额的价格会自然下降，又诱使部分渔民进入捕捞行列。总之，市场这只“看不见的手”会寻求一个均衡点，调节鱼汛期和其他时期的捕捞强度，使捕捞力量在整个捕鱼期的分配相对均衡。

当然，配额转让可能导致大型渔业公司的垄断。此时，如果能辅以捕捞许可制度中的船网工具管理措施，可以有效避免这种垄断的出现。即以捕捞许可证中所规定的船网工具指标为基础，只转让配额，不转让船网工具指标（渔船数和功率），这样配额转让方的船网工具指标仍属于原捕捞许可证持有人，配额接受方只增加配额而不增加船网工具控制指标，其捕捞能力保持不变。总之，将制度与其他管理制度有效结合，是我国海洋渔业发展的一条可行之路（郭守前，2004）。

方向二：ITQ制度与渔村社区组织的结合。

1. 前提——政府集权到分权的转变

现存的渔业资源管理制度维持了在资源保护和管理决策过程中的政府集权，使资源直接使用者远离有关海洋渔业资源使用规则的决策过程。而基于社区的渔业管理需要政府有把决策权以及渔业管理的实施参与权、知情监督权、管理维护权、监测评估权等相关职能下放给地方社区的意愿，使许多管理职能从政府转向社区，减少资源使用者与规则之间背离，增加复杂的渔业管理决策所依赖的信息水平，减少内化于政府集权管理方式中的代理成本。中央政府可以考虑采取以下措施加强地方部门的权力及管理能力，以更好地促进基于社区渔业管理的实施：平衡地方集权势力的影响及部门间的权力分配；增加对地方财政的支持；提供专业技术方面的指导；帮助地方投资建设大型基础设施；协调地方社区间出现的矛盾；以及承担评估及监督等职能。

2. 制度保证——正式制度和非正式制度

（1）渔村社区的正式制度。按照新制度经济学的观点，渔村社区的正式制度指的是在渔村社区存在的人们有意创造的一系列政策法则。包括政治、社会、经济规则和契约以及由这些规则和契约所构成的一种等级结构，从成文法到不成文法、特殊规则、个别契约均共同约束着社区成员的行为（杨正勇，2005）。这里主要列出以下四种。

1）村民自治的有关法律法规与渔村社区的强制性规定。自从1998年11月4日发布施行《中华人民共和国村民委员会组织法》后，村民自治就被国家以法律的形式确定下来，现在，村民自治制度作为治理渔村社区的基本制度的地位已经得以确立。

2）村籍制度。这是中国渔村至今仍然具有非常强大约束力的正式制度。

3）关于渔业经济生产经营活动如何开展的相关制度。

4）规定社区组织内部的制衡机制的有关规则。渔村社区组织之间往往存在这样或那样的交易，彼此之间总会存在一些限定彼此行为的契约和规则，每一契约都是渔村社区的正式制度的有机组成部分，用来限制社区成员的行为。

（2）非正式制度。这是人们在长期交往过程中无意识形成的，具有持久的生命力，并构成代代相传的文化的一部分。按照斯诺（2003）的观点，它包括价值观念、伦理规范、道德观念、风俗、习惯、意识形态等因素。就渔村社区来说，主要包括渔村社区意识形态、渔村社区的熟识信用制度、渔村社区成员身份承诺等。

3. 作用机制——降低ITQ制度的交易成本

（1）组织机制。为了降低配额分配中的交易成本，许多国家都通过渔村社区和渔民协会来分配配额。对别的国家来说，通过渔村社区和渔民协会来完成配额的分配工作也许只是一种可有可无的选择，但对我国来说这种选择却显得十分迫切。因为我国在进行公务员体制改革和渔村社区行政管理体制改革后，政府对渔民的管理和控制力已大不如以前。社会学原理告诉我们，社会控制必须依赖社会组织等实体来起作用，社会成员的组织化程度越高，越容易实现社会控制（秦诗立等，2002）。可以预见，渔村社区的组织化程度越高，政府与渔村社区组织进行交易时交易成本会越低；反之亦然。如果通过加强社区的组织化程度、组建渔民协会来完成配额分配的话，政府不需要再一次面对众多的渔民，而是面对数量要少得多的组织，因此可以从交易数量的下降中获得成本的节约。

此外，政府还可以通过协会等社区组织减少谈判成本和信息成本。如果直接通过政府一一给渔民分配配额的话，由于信息不畅通，讨价还价成本、信息成本较高，而现在由协会或社区的其他组织在接受政府指导的情况下来分配配额的话，配额分配者和接受者之间的信息传导距离缩短，交易集中在组织内，从而可以降低讨价还价成本和信息收集成本。

（2）社会嵌入机制。“除非一个集团人数很少，或者除非存在着强制或其他某些特殊手段以使个人按照他们的共同利益行事，有理性的，追求个人利益的个人不会采取行动以实现他们共同的或集团的利益”（斯通等，2003），这就是一种集体行动的困境。按照这个理论，由于集体行动困境的存在，团体越大，“搭便车”的人数会越多，公共产品的提供数量会越少。在运用渔业协会等渔村社区组织来协助实施 ITQ 制度时，如果仅仅在经济领域考虑问题，那么就很容易出现“搭便车”现象，但是一旦考虑到社会嵌入的作用，则渔民自觉遵守 ITQ 制度的可能性就会增加。因为渔村社区意识形态、熟识信用、声誉效应、渔村社区身份承诺等因素往往会嵌入到渔民行为的经济域里。在渔村社区，和任何一个其他社区一样，其成员之间的相互监督是通过熟识信用和声誉机制并进而通过社会嵌入机制起作用，正是因为熟识信用声誉效应、身份承诺、社区意识形态的存在，社区成员如果违法，则其声誉和信用在社区内部会受到损害，因此这种熟识信用和声誉机制的存在为其他成员实施有效的横向监督提供了路径。

4. 社区捕捞配额制度

社区捕捞配额是分配给各个沿海渔业社区的捕捞配额，除了保护沿近海渔业资源可持续利用外，该制度还能强化渔业社区以捕捞业为基础的经济活动，确保沿海渔业社区从海洋渔业资源的利用中获得相应的收益以促进沿海农渔村的地区发展。社区配额具有 ITQ 的大部分特征，主要的区别就是规定谁可以持有这种配额，对配额持有资格的限定主要是为了限制配额的转让范围，不允许把这种配额卖给甚至出租给社区以外的成员。社区配额的存在有其特定的法律基础，即从法律意义上来讲，该配额只能由社区成员所拥有。我国捕捞配额分配流程如图 9 –4 所示。

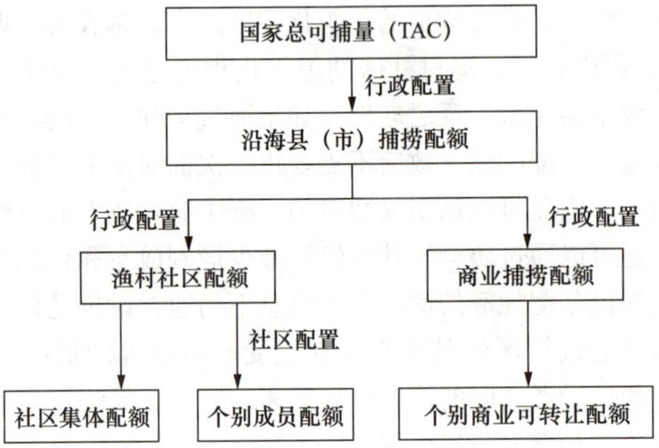

图 9 –4　我国捕捞配额分配流程

由于中国渔民众多、资源相对缺乏而其他就业机会又非常有限，所以通过渔村社区拥有配额的方法，不仅保证了海洋捕捞对规模作业的要求，也可以防止因资源配置中的不平等以及因人口流动而影响沿海渔村的社会稳定。另外，通过规定渔村集体问责制，可以有效地解决非法捕捞渔船大量存在的问题（慕永通，2004）。

参考文献

［1］王森．21 世纪我国海洋经济发展的战略思考［J］．中国软科学论文，2003（11）：27－32.

［2］王芸．我国海洋渔业捕捞配额制度研究［D］．中国海洋大学论文，2012.

［3］Coase R. The Problem of Social Cost［J］. Journal of Law and Economics，1960，13（1）：1－44.

［4］A. A. 阿尔钦．产权：一个经典的注释，财产权利与制度变迁［M］．上海：上海人民出版社，2004.

［5］R. H. 科斯．财产权利与制度变迁：产权学派与新制度学派译文集［M］．上海：上海人民出版社，2014.

［6］罗伯特·考特，托马斯·尤伦．法和经济学［M］．上海：上海人民出版社，1988.

［7］E. G. 菲吕博顿，S. 配杰威齐．产权与经济理论：近期文献的一个综述，财产权利与制度变迁［M］．上海：上海人民出版社，2002.

［8］Demsetz H. Toward a Theory of Property Rights［J］. American Economic Review，1967，57（2）：47－59.

［9］黄少安等．一种产权起源学说［J］．经济理论与经济管理，2003（8）：43－44.

［10］科斯等．财产权利与制度变迁——产权学派与新制度经济学派译文集［M］．上海：上海人民出版社，1994.

［11］蓝虹．环境产权经济学［M］．北京：中国人民大学出版社，2005

［12］卓思廉．社区物业管理［M］．北京：北京邮电大学出版社，2007.

［13］Macesich G，Raup P M，Campbell R，et al. Comparison of Economic Systems：Theoretical and Methodological Approaches［J］. Journal of Economic Issues，1973，7（1）：107－117.

［14］陈志刚．农地产权结构与农业绩效［D］．南京农业大学论文，2005.

［15］刘卫东．产权的性质和原因的研究［D］．东北林业大学论文，2002.

［16］张五常．经济组织与交易成本［J］．经济解释，2001（5）：407，413－414.

［17］黄少安．产权经济学导论［M］．北京：经济科学出版社，2004.

［18］Dietrich M. Transaction Cost Economic and Beyond：Towards a New Economics of the Firm［M］. London：Routledge，1994.

［19］Barzel Y. Economic Analysis of ProPerty Rights［M］. Cambridge University Press，1989.

［20］卢现祥．西方新制度经济学（修订版）［M］．北京：中国发展出版社，2003.

［21］彭德琳．新制度经济学［M］．武汉：湖北人民出版社，2002.

［22］汤吉吉．交易费用理论综述［D］．吉林大学论文，2006.

［23］贺卫，彭驰．交易成本量化问题理论综述［J］．郑州航空工业管理学院学报，2007（4）：19－20.

［24］马克思恩格斯全集：第1卷［M］．北京：人民出版社，1956.

［25］马克思恩格斯全集：第3卷［M］．北京：人民出版社，1972.

［26］李春龙．经济增长中的效率问题研究［D］．中共中央党校国际战略研究所论文，2003.

［27］刘晶．基于制度效率的黑龙江省农村社会保障制度研究［D］．东北林业大学论文，2010.

［28］林毅夫．关于制度变迁的经济学理论［A］//科斯等．财产权利与制度变迁［C］．上海三联书店，1994.

［29］柯武刚，史漫飞．制度经济学［M］．北京：商务印书馆，2000.

［30］袁庆明．制度效率的决定与制度效率递减［J］．湖南大学学报，2003（1）：40－41.

［31］赵晓雷．产权制度效率与资源配置优化［J］．生产力研究，1994（5）：21－24.

［32］高鸿业．西方经济学［M］．北京：中国经济出版社，1997.

［33］科斯，阿尔钦．财产权利与制度变迁［M］．上海：上海三联书店，1994.

［34］徐秀英，石道金．集体林地产权制度改革探析［J］．林业经济问题，2003（6）：131－132.

［35］Homans Frances R，James E. Wilen. A Model of Regulated Open Access

Resource Use [J] . Journal of Environmental Economics and Management, 1996, 3 (32): 1 -21.

[36] Wilen J E. Towards a Theory of the Regulated Fishery [M] . Marine Resource Economics, 1985, 1 (4): 369 -388.

[37] Wilen J E. Limited Entry Licensing: A Retrospective Assessment [J] . Marine Resource Economics, 1988, 5 (6): 313 -324.

[38] 刘舜斌. 我国渔业资源产权化管理的理论探讨 [J] . 农业经济问题, 2009 (3): 93 -98.

[39] 刘国文. 渔业资源产权化管理在我国本土化的研究 [J] . 湖北农业科学, 2011, 50 (2): 430 -432.

[40] 慕永通, 马林娜. 个别可转让配额理论的起源与发展 [J] . 中国海洋大学学报 (社会科学版), 2004 (1): 1 -8.

[41] 陈艳, 慕永通. 资源租金与基于产权的渔业管理 [J] . 中国渔业经济, 2005 (4): 19 -21.

[42] 于会国, 陈静娜, 慕永通. 我国海洋渔业资源产权化管理模式研究 [J] . 浙江海洋学院学报 (自然科学版), 2006, 25 (2): 164 -169.

[43] 马林娜, 慕永通. 渔业共同管理模式初探 [J] . 中国渔业经济, 2004 (5): 33 -34.

[44] 张晓泉. 中国海洋渔业资源资产产权制度的变迁与变革研究 [D] . 中国海洋大学论文, 2009.

[45] 吴飞飞. 基于产权理论的渔业制度研究 [D] . 中国海洋大学论文, 2012.

[46] 方明, 王颖. 观察社会的视角: 社区新论 [M] . 北京: 知识出版社, 1991.

[47] 封志明. 资源科学论纲 [M] . 北京: 地震出版社, 1994.

[48] 辜阻胜, 简新华. 当代中国人口流动与城镇化 [M] . 武汉: 武汉大学出版社, 1994: 34 -35.

[49] 农业大词典编辑委员会. 农业大词典 [Z] . 北京: 中国农业出版社, 1998.

[50] 中国农业百科全书编辑委员会. 中国农业百科全书 (水产业卷) [Z] . 北京: 农业出版社, 1994.

[51] 陈新军. 海洋渔业资源可持续利用评价 [D] . 南京农业大学论文, 2001.

[52] 姜文来, 杨瑞珍. 资源资产论 [M] . 北京: 科学出版社, 2003.

[53] 王兆君．国有森林资源资产运营研究 [M]．北京：中国林业出版社，2003.

[54] 李金昌，姜文来，靳乐山．生态价值论 [M]．重庆：重庆大学出版社，1999.

[55] 谷树忠．资源性资产 [M]．北京：中国大百科全书出版社，2000.

[56] 姜文来．自然资源性资产折补研究 [J]．中国人口·资源与环境，2004 (5)：8.

[57] 袁栋．海洋渔业资源性资产流失测度方法及应用研究 [D]．中国海洋大学论文，2008

[58] 陈新军，周应祺．论渔业资源的可持续利用 [J]．资源科学，2001，23 (2)：70－74.

[59] 陈百灵，郭守前．海洋资源特性及其管理方式 [J]．湛江海洋大学学报，2002 (2)：7－12.

[60] 王志凯．渔业权制度与渔民权益保护 [J]．中国渔业经济，2005 (5)：10.

[61] 李晓钟．政府管制的利弊及放松管制的思考 [J]．江南大学学报，2002 (5)：20.

[62] 武华光．山东省灌溉水资源利用管理研究 [D]．山东农业大学论文，2006.

[63] 卢秀荣．中国海洋渔业资源可持续利用和有效管理研究 [D]．华中农业大学论文，2005.

[64] 陈伟，卢秀荣．海洋渔业资源过度利用的原因分析 [J]．湛江海洋大学学报，2005 (10)：4－5.

[65] Clark J G D. Prehistoric Europe：the Economic Basis [M]．Cambridge University Press，1952.

[66] Juda L. International Law and Ocean Use Management －The Evolution of Ocean Governance [M]．Landon and New York. Routledge，1996.

[67] 黄硕琳．海洋法与渔业法规 [M]．北京：中国农业出版社，1990.

[68] 陈新军，周应祺．国际海洋渔业管理的发展历史及趋势 [J]．上海海洋大学学报，2000，9 (4)：348－354.

[69] 慕永通．渔业管理：以基于权利的管理为中心 [M]．北京：中国海洋大学出版社，2006.

[70] Charles A. T. Fisheries Conflict：A Unified Framework [J]．Marine Policy，1992，16 (5)：397－393.

［71］ Ostrom E. Governing The Commons：The Evolution of Institutions for Collective Action ［M］. New York：Cambridge University Press，1990.

［72］ Boreman J，Brian S. Nakashima. James A. Wilson and Robert L. Kendall. Northwest Atlantic Groundfish：Perspectives on a Fishery Collapse. Bethesda ［M］. MD：American Fisheries Society，1997.

［73］ 许寅寅．基于产权的渔业共同管理研究［D］．中国海洋大学论文，2009.

［74］ 钱阔．森林资源资产化管理与社会主义市场经济［J］．林业经济，1993（2）：24－30.

［75］ 刘舜斌．我国渔业资源产权化管理的理论探讨［J］．农业经济问题，2009（3）：93－98.

［76］ 王冠钰．基于中加比较的我国海洋渔业管理发展研究［D］．中国海洋大学论文，2013.

［77］ 姚震，骆乐．渔业制度变迁对渔业生产率贡献的分析［J］．中国渔业经济，2001（6）：16－17.

［78］ 柳正．如何建立和完善我国渔业法律体系［J］．中国渔业经济，1999（4）：18－20.

［79］ 朱玉贵．中国伏期休渔效果研究［D］．中国海洋大学论文，2009.

［80］ 农业部渔业局编制．中国渔业统计年鉴 2012［M］．北京：中国农业出版社，2012.

［81］ 郭守前．资源特性与制度安排——一个理论框架及其应用［M］．北京：中国经济出版社，2004.

［82］ 胡增祥．现行渔业法制课题研究情况［EB/OL］. http：//www.agri.gov.cn/gndt/t20030228－60388.htm.

［83］ 王芳，王自力．对中国海洋渔业法律体系的审视［J］．中国渔业经济，2005（5）：46－47.

［84］ 张建华．新形势下渔业行政管理体制改革初探［J］．中国水产，2002（11）：20.

［85］ 郭守前．海洋渔业资源管理的理论探讨［J］．华南农业大学学报（社会科学版），2004，2（3）：93.

［86］ 农业部产业政策与法规司．农业法律法规规章选编资源保护与环境保护类［M］．北京：中国农业出版社，2003.

［87］ 郭文路．国际渔业管理制度与我国渔业管理发展方向研究分析［D］．上海水产大学论文，2001.

[88] 张永民，赵士洞．全球生态系统服务的状况与趋势［J］．地球科学进展，2007，22（5）：517.

[89] 刘克岚，黄硕琳．中国渔业政策与渔业管理问题探讨［J］．上海水产大学学报，2000，9（2）：169－171.

[90] 贺义雄．我国海洋资源资产产权及其管理研究［D］．中国海洋大学论文，2008.

[91] 刘勤．现代渔业大背景下渔业产权制度探析［J］．渔业信息与战略，2012，27（1）：30－34.

[92] 吴永建．对产权界定问题的探讨［J］．社会科学研究，1994（3）：37－39.

[93] 丹尼尔·布罗姆利．经济利益、经济制度［C］．上海三联书店，1994.

[94] 唐云波．湖南省矿产资源产权改革研究［D］．湖南大学论文，2006.

[95] 谢识予．经济博弈论（第二版）［M］．上海：复旦大学出版社，2002.

[96] 林光纪．禁渔期管理的动态博弈分析［J］．福建水产，2005，3（1）：39.

[97] Kreps D. Intrinsic Motivation and Extrinsic Incentives［J］. American Economic Revivew，1997，87（2）：359－364.

[98] 赵全军．中央与地方政府及地方政府间利益关系分析［J］．行政论坛，2002（3）：18.

[99] 文森特·奥斯特罗姆，M. 麦金尼斯．多主体体制与地方公共经济［M］．毛寿龙等译．上海：上海三联书店，2000.

[100] 王秋石．产权经济学电子教案［D］．江西财经大学论文，2002.

[101] 陈志刚．农地产权结构与农业绩效——对转型期中国的实证研究［D］．南京农业大学论文，2005.

[102] 安宁，翟印礼．农民合作经济组织变迁动因的制度经济学分析［J］．农业经济，2006（12）：41－42.

[103] 高鸿业．西方经济学（微观部分）［M］．北京：中国人民大学出版社，2004.

[104] 陈丽．我国转型时期土地利用规划的制度均衡分析［D］．南京农业大学论文，2007.

[105] 赵晓丽，邓荣霖．交易成本经济学理论与企业的制度变迁［J］．经济问题，2006（11）：1－2.

［106］方浩. 中国农地制度变迁：一个分析框架——对 1949 年以来我国农地制度变迁过程的理论分析［J］. 中共浙江省委党校学报，2006（1）：89－92.

［107］卢现祥. 西方新制度经济学［M］. 北京：中国发展出版社，1996.

［108］赵守国. 从科斯定理的实质看企业产权界定的效率［J］. 西北大学学报，1995（4）：3－6.

［109］何维达，杨仕辉. 现代西方产权理论［M］. 北京：中国财政经济出版社，1998.

［110］王野林. 产权效率实现的两个度向——产权权益个体化与产权社会化［J］. 江苏商论，2008（2）：221.

［111］谢地. 论我国自然资源产权制度改革［J］. 河南社会科学，2006，14（5）：1－7.

［112］徐亚文. 西方法理学新论：解释的视角［M］. 武汉：武汉大学出版社，2010.

［113］斯科. 企业、市场与法律［M］. 盛洪等译，上海：上海三联书店，1990：105.

［114］代吉林. 我国的自然资源产权、政府行为与制度演进［J］. 当代财经，2004（7）：19－23.

［115］蒋里克·拉斯缪森：博弈与信息［M］. 王晖等译，北京：北京大学出版社，2003.

［116］周彬彬等. 法律经济学［M］. 长沙：湖南人民出版社，2008.

［117］高磊. 产权结构动态演进中的制度成本结构分析［J］. 学术界，2009（1）：259.

［118］樊纲. 两种改革成本与两种改革方式［J］. 经济研究，1993（1）：2.

［119］张旭昆. 制度变迁的成本—收益分析［J］. 经济理论与经济管理，2002（5）：13.

［120］柯武刚，史漫飞. 制度经济学［M］. 北京：商务印书馆，2001.

［121］曼瑟尔·奥尔森. 集体行动和逻辑［M］. 陈郁等译. 上海：上海三联书店，1995.

［122］王跃生. 不同改革方式下的改革成本与权益的再讨论［J］. 经济研究，1997（3）：20.

［123］徐蕊，王芹，王岩. 森林社会效益内涵及主要指标的计量方法［J］. 林业科技，2009（7）：71.

［124］伏季休渔效果好［EB/OL］. http：//www. qzsc. com/scnews/n23. htm.

［125］程家骅．东海区伏季休渔效果分析研究［D］．中国海洋大学论文，2006.

［126］李国华．2004 年广东茂名市伏季休渔效果分析［J］．渔业现代化，2005（1）：49－50.

［127］方芳．捕捞限额制度施行效果及实施对策的初步研究［D］．中国海洋大学论文，2009.

［128］冯军．中国农村土地产权制度变迁及现代化思考［D］．山东大学论文，2007.

［129］高德步．产权与增长：论法律制度的效率［M］．北京：中国人民大学出版社，1999.

［130］夏海波．产权理论的发展与产权制度构建研究［D］．吉林大学论文，2007.

［131］沈晓梅，朱雷．林业产权结构变革的制度效率分析［J］．林业经济问题（双月刊），2004（12）：354.

［132］胡祖光．基尼系数理论最佳值及其简易计算公式研究［J］．经济研究，2004（9）：60－69.

［133］畅建霞，黄强，王义民等．基于耗散结构理论和灰色关联熵的水资源系统演化方向判别模型研究［J］．水利学报，2002（11）：107－112.

［134］Pearse Peter H. Property Rights and Forest Tenure Systems：Introducrion to Forest Econornics［J］. UBC Pre，1992（5）.

［135］姚顺波．中国非公有制林业制度创新研究［D］．西北农林科技大学论文，2005.

［136］黄丽琼．我国渔业保险发展初探［J］．福建水产，2005，12（4）：83－84.

［137］杨正勇．海洋渔业资源管理中 ITQ 制度交易成本研究［D］．复旦大学论文，2005.

［138］道格拉·斯诺．经济史中的结构与变迁［M］．陈郁，罗华平等译．上海：上海人民出版社，2003.

［139］秦诗立，岑丛．从交易成本视角的解释［J］．上海经济研究，2002（4）：52－60.

［140］安德鲁·斯通，布赖恩·利维，里卡多·帕雷德斯．公共制度与私人交易：对巴西和智利商业交易的法规与管制环境的比较分析［C］//道格拉斯·诺思、张五常等著，李·阿尔斯通、思拉恩·埃格特森等编．制度变革的经验研究［M］．罗仲伟译．北京：经济科学出版社，2003.